学分银行建设的
基本理论

Foundamental Theories of Credit Bank Construction

吴南中　胡　娜 ◎ 著

云南大学出版社
YUNNAN UNIVERSITY PRESS

图书在版编目（CIP）数据

学分银行建设的基本理论 / 吴南中, 胡娜著. -- 昆明：云南大学出版社，2019
ISBN 978-7-5482-3655-9

Ⅰ.①学… Ⅱ.①吴… ②胡… Ⅲ.①终生教育 – 学分制 – 研究 – 云南 Ⅳ.①G424.71

中国版本图书馆CIP数据核字(2019)第093075号

策划编辑：陈　曦 / 责任编辑：周　飞 / 装帧设计：殷明月

学分银行建设的基本理论
Foundamental Theories of Credit Bank Construction
吴南中　胡　娜◎著

出版发行：	云南大学出版社
印　　装：	昆明理煌印务有限公司
开　　本：	787mm×1092mm　1/16
印　　张：	15.5
字　　数：	246千
版　　次：	2019年7月第1版
印　　次：	2019年7月第1次印刷
书　　号：	ISBN 978-7-5482-3655-9
定　　价：	62.00元

社　　址：昆明市一二一大街182号（云南大学东陆校区英华园内）
邮　　编：650091
电　　话：（0871）65031070　65033244　65031071
网　　址：http://www.ynup.com
E-mail：market@ynup.com

若发现本书有印装质量问题，请与印厂联系调换，联系电话：0871- 64167045。

序

对许多人来说,"学分银行"是一个陌生的词汇,但对成人教育的研究者和实践者来说,却是一个非常有意义的选题。自终身教育、终身学习、学习型社会等概念提出来之后,建立支持终身教育体系的制度和机制,成为成人教育工作者关注的话题,学分银行就是在这样的背景下提出来的。现在,构建学分银行,沟通各级各类教育类型和办学机构,铸就人才成长的"立交桥",全面支持经济的"转型发展"和"终身学习",已经开始从理论转向实践。

但学分银行的进展却远远谈不上顺利。2004年,职业教育领域开始尝试建设学分银行;2010年,我国一个重要的规划文件《国家中长期教育改革和发展规划纲要(2010—2020年)》,再次提出要"建立学习成功认证体系,建立'学分银行'制度"。随后,相关的文件多次提及学分银行,但全国性的学分银行还是未能建成。其原因是多方面的,有体制机制的原因,有高等教育长期以来积累的弊病,也有学分银行自身理论体系和建设模式并没有从整体上形成有效的探索的原因。

本书的作者是我的研究生,现在是我的博士生,他是深爱电大事业、深爱成人教育的人,对终身教育体系理论和实践的研究有执着的追求。在他当专职教师期间,为电大远程开放教育设计适合成人阅读的教材做了大量的改革工作;在他当教务教学科科长时,探索混合学习模式,参与构建远程教育服务支持模式,探索专业评价引导机制,参与电大质量保证体系的建设等;

当学校需要他来主持学分银行建设工作时，他自觉有难度，对他有挑战。而后，找我汇报工作，我认为学分银行工作非常有意义，并迟早会大有作为，就鼓励他站在教育系统需求的角度，挑战自己，将青春奉献给学分银行和我国的终身学习体系建设。

该书就是这两年他在学分银行领域探索的结晶，他以自己建设学分银行的经验为基础，对学分银行原理、要素、机制、路径、策略等进行了全方位的梳理、总结、分析，并提出了基于现实的一些问题和对未来发展的思考，试图为成人教育、学分银行工作的同行提供一个了解学分银行的窗口，引起更多的学分银行研究者和实践者的讨论，引起教育同行关注学分银行的相关话题，共同推动学分银行的发展，推动我国终身教育的发展。我认为，这样一部带着如此美好愿望的著作，应该是他对即将全面铺开和全速推进的学分银行建设的贡献吧！

欣喜之余，我对吴南中及其团队寄予了更大的希望，希望他们的持续创新能为成人教育的发展提供源源不断的活力，从而完成博士学业，实现不平凡的人生意义和价值。

是为序！

夏海鹰

2018 年 9 月 10 日

前　言

　　Siri能做越来越多的事情，它似乎越来越理解你；当你打开网页，发现网页呈现的都是你想要检索的内容；遥控器能听得懂你说的话了；阿里精灵开始成了你的陪伴；支付宝和微信基本取代了钱包；出国带上一个"翻译神器"即可……这些都是在近几年发生的事情。其实不止于生活，近年来，随着经济转型发展和社会进步，几乎所有的工作领域都面临着基于"互联网＋"的转型升级。我们称之为"互联网＋"的新业态已经来临，这种新业态的形成和发展亟待教育体系回应人力资源队伍的升级需求，以应对"数字化时代""互联网＋"工具和技能应用的各类问题，尤其是低技能岗位产业工人的知识、技能和能力与数字化社会并不适应的问题。在当今社会，越来越多的人已经认识到终身学习已经成为一种生活方式。我们都希望自己能适应"无卡式"生活，适应"无人生产线"，了解人工智能等，不管是生活还是工作，都对我们现行的知识体系形成了挑战，我们需要学习，还需要支持我们学习的体系，通过体系获取资源，形成动力，指引方向，获得社会认同，并取得相应的社会地位。

　　变化越大，学习的需求越迫切！

　　我们知道，教育是关于社会不公平的最大测量者。从在整个工业化世界的发展历程中可以发现，教育是开发资产资源的工具，也是社会流动的主要通道。对于很多中产阶级而言，教育扮演的角色具有传奇性。甚至可以说，现代社会的大部分中产阶层，都是依靠教育实现社会分层过程向上的流动的。

对于社会发展而言，教育的拓展（深度、广度）是获取社会发展的一个必要条件，也是各国大兴终身教育体系建设的主要原因。从这种意义上来说，终身教育体系建设不仅是一个教育问题，还是一个社会问题。正因为如此，意大利学者艾特里·捷比尔（1983）认为，"终身教育不仅'以达成作为本质的个人的自主性或文化的自律性为目的'，同时还'作为社会的、政治的诸过程中的一部分而存在'"。富尔（1996）等人认为，学习化社会应该要将教育的功能扩展到整个社会的各个方面，这些观点推动了终身学习体系的发展。

丝毫不用怀疑，终身学习体系构建和学习型社会建设的迫切性正在加快。学分银行是一种借鉴银行的部分特征制度体系和运行机构，通过形成以学分制为基本制度的教育管理体制，对自主学习的支持，对自定步调的适应，对弹性学制的拥抱，对不同教育机构的衔接和沟通，有天然的支持力。可以说，建设学分银行，可以消除教育机构之间的壁垒，沟通各类教育机构，整合各类教育资源，激活学习者参与动力，使之由一种理论理性转化为实践理性。

本书在理论探索和实践探讨的基础上，对学分银行构建的基本理论和基本策略进行了阐述。一方面，希望通过研究过程，对学分银行是什么、学分银行怎么运行、学分银行如何建设等问题进行深入的思考；另一方面，希望通过分享，吸引更多同行参与讨论，得到更多专家的指导。

有人说："世界上有许多事情不愿意去做，又不得不做，这就是责任。"而我更喜欢这样一句话："世界上有许多事情愿意去做，又有机会，这是幸福。"回首学分银行研究和实践的两年，虽然成效并不明显，离学分银行的理想状态还有较长的距离，也面临着具体的难题，压力大的时候会无法顺利入眠，但整体是幸福的，学分银行的价值在接触过程中得到了自己的更大认可。也许学分银行建设还有很长一段时间才能完成，也许一直在路上，但是来自于目标的指引，来自于远方的召唤，而又能把控在自己手中，怎么能不愉快？

本书在撰写过程中，得到了学校多个部门的大力支持和帮助，得到了各位同行的悉心指导。同时，本书的实践部分亦是学校在重庆开放大学筹建的部分成果，是重庆开放大学学分银行工作组集体智慧的结晶。本书得到了重庆社科联规划课题"重庆终身教育学分银行制度构建研究"（课题编号：2018YBJY102）的支持，为该课题的结题性成果。由于作者受自身水平所限，书中多有不足甚至谬误之处，敬请读者不吝赐教。

吴南中
2018年8月于重庆

目 录

第一章 终身学习体系构建何以需要学分银行 | 1
一、终身学习体系概念与建设问题回顾 | 3
二、终身学习体系构建和与学分银行的关系 | 10
三、以学分银行为支柱的终身学习体系构建要义 | 15
四、终身学习体系构建理念下学分银行建设的总体思路 | 20

第二章 学分银行的起源、现状及其发展趋势 | 28
一、学分银行概念的产生与回顾 | 28
二、学分银行概念的辨析与功能定位 | 30
三、学分银行建设现状 | 33
四、中国建设学分银行的基本判断 | 41

第三章 学分银行的理论基础 | 50
一、终身教育、终身学习、学习型社会 | 50
二、学分制 | 56
三、泛在学习 | 58
四、自我效能感 | 60
五、自我导向学习理论 | 62

第四章 学分银行建设的动力机制 | 66
一、学分银行建设的动力源 | 66

二、学分银行建设的动力机制 | 73
三、学分银行动力机制的构建 | 77

第五章 学分银行建设的阻力及其消解 | 83
一、阻力与学分银行建设阻力 | 84
二、学分银行阻力来源及其归因 | 85
三、学分银行阻力的消解策略 | 92

第六章 学分银行认证标准体系建设 | 97
一、学分银行认证标准体系的内涵 | 98
二、学分银行认证标准建设的基本依据和建设原则 | 100
三、学分银行认证标准建设的内容 | 105
四、学分银行认证标准建设的运行机制 | 108

第七章 资历框架制度功能与建设策略 | 112
一、国内外资历框架建设的进展与问题扫描 | 113
二、资历框架的制度功能 | 117
三、资历框架的运行体系设计 | 123

第八章 行业子框架建设的模式设计 | 128
一、国内外行业子资历框架建设的经验 | 129
二、行业子资历框架建设整体运行的制度设计 | 132
三、行业子资历框架的具体建设流程 | 134
四、行业子资历框架的运行保障 | 138

第九章 非学历教育学习成果认证标准建设 | 142
一、非学历教育认证在终身教育体系中的重要作用 | 143
二、非学历教育认证标准建设的内容与原则 | 147
三、非学历教育认证的运行体系设计 | 150
四、非学历教育学习成果认证的运行保障 | 155

第十章 学分银行模式下的课程建设 | 157
一、基于学分银行理念的课程建设内涵 | 158
二、基于学分银行理念的课程建设逻辑 | 162
三、基于学分银行理念的课程建设运行体系 | 165
四、基于学分银行理念的课程建设保障支持体系 | 169

第十一章 学分银行模式下的教学运行 | 172
一、学分银行视角下教学运行特征的梳理 | 173
二、学分银行视角下教学运行的实现策略 | 177

第十二章 学分银行质量保证机制的建设 | 182
一、学分银行质量保证机制相关词义阐述及内涵 | 182
二、成效为本的学分银行质量保证机制的价值与特征 | 185
三、成效为本的学分银行质量保证机制建设顶层设计 | 191
四、推进成效为本的学分银行质量保证机制建设的策略 | 197

第十三章 学分银行联盟构建路径 | 200
一、沟通不畅是阻碍学分银行发展的硬伤 | 201
二、组建联盟是学分银行发展的必然选择 | 203
三、学分银行联盟战略的构建路径 | 206

第十四章 学分银行商业模式的讨论 | 212
一、什么是市场逻辑？什么是学分银行的市场逻辑？ | 212
二、学分银行存在商业模式吗？ | 215

参考文献 | 221

后　记 | 232

第一章 终身学习体系构建何以需要学分银行

在大家看来，学分银行和终身学习体系是两个不同的概念。学分银行似乎是一个与学分相关的体系，偏重于管理；终身教育体系似乎是教育体系，覆盖教育的不同层次和不同机构，体现为一种建设理念，其目标和宗旨是面向未来的无限可能性，有导向意义，从表面看是机构之间的有效组合。然而，在终身学习理念下的新教育体系——终身教育体系是教育体系建设的一种新的理念，蕴含了新的取向和全新的模式，是社会建设的一部分，其最大的特征是在一定区域或者一个国家或者多个国家建立内在关联性、持续稳定性和教育一致性的体系。在这个体系中，各级各类教育机构是能沟通和衔接的，学习者可以从不同体系和机构中获取学习成果；各级各类教育的教育内容、教学方法和评价方式是为终身学习做准备的；阶段性的学习和分段式的学习都是被认可的；教育内容关注的是全人教育，而不是为了某一特定目标开展的学习，尤其不是为了应试；评价不再止于知识量的提升，而是终身学习能力、终身学习习惯等指标。

我们需要将目前的教育体制，按照需要转变为促进人们能够高效学习并如何在一生中具有学习动力的体制。也就是说，要通过重新设计，以终身教育理念为核心，旨在终身发展，形成一些新的东西，进而取代现有体制，或者是实现对现有体制的转变。前者是终极目标，后者是适应之策。

实现这种变化，要满足三个条件：第一，体制在技术上是可行的。教育体制的建设和设计，并不是科幻小说，而是在现实环境中的可行性探索，技术上行不通的不在此列。第二，设计要能得到实施。也就是说，教育设计是可以操作的。可行的东西并不见得都能实施，比如学分制，作为支持自由选课的学分管理模式，在推进过程中遇到了各种阻力，是因为技术上可行，但现实环境中有一定的不适应性，而我们现在构建的体系要体现可行性。第三，要设计的体制必须是理想的体制，内部和外部能够得到不断完善。也就是说，体制要有快速有效学习和适应的能力，要有开放的结构。

显然，这样的体制并不是一件艺术品，而是在现有环境中通过资源的重新配置，实现以长期效益替代短期效益——或者并不准确，终身教育体系的核心不见得要消除短期效益，实际有可能增加了短期效益。任何教学上的相互沟通都能在一定程度上提升人才培养质量，人才质量显然是长期效益和短期效益兼有的效益。而资源重新配置就是消除关联性的内在特征，为那种孜孜不倦、无所不包、坚持不懈的学习的动力保持刺激。

比较常见的场景是，学习者具有内在驱动力会寻求自己的发展节奏，我们称之为自发型动力。这种自发型动力在我们的终身学习理念中，会促使我们自发地了解我们的未知——通过求助同伴、请教先贤、借助搜索、阅读书面材料等各种方式，使我们紧随时代的变化，熟练地使用新时代所带来的物质文明和文化规则。学习者渴望缩小与大人之间的差距、与优秀同龄人的差距，将学习与职业期待联系起来，通过不断的探索、努力来实现发展，我们称之为自为型动力。在大量的自为型动力中，儿童自学者自定步调，自我适应，自我成就，逐渐成为强大的自我。

随后的学习内容，在某种程度上束缚了学习。比如从幼儿园开始，鼓励学习者个性化发展，教师尝试用周一、周三、周五穿蓝色的园服，周二、周四穿绿色的园服来训练他们。小学、初中和高中——所有的基础教育阶段，用不同层次的应试教育卡住任何想得到自由发展的学习者。而大学，则成为高高的围城、象牙塔，高校之间的学分通道成了问题，学习者发现，广泛地吸取来自精神世界的营养或者是勇敢地投身于实践，并不能获取回报——他们的很多行为对于求职或者是毕业来说于事无补——即便是他们有充足的证据，证明自身确实具备了这方面的能力，也不得不按照课堂的结构进行学习。更有甚者，他们虽然通过了类似课堂的学习，比如获取到 MOOC 学分，但是没有得到学分认可的渠道。这样的行为阻碍了学习者的进步。

学分银行就是通过不同学习成果的认定，寻求一致性、阶段性、持续成长性的终身学习，实现沟通终身教育体系的价值。这就是学分银行的作用。要思考这个问题，我们需要从终身学习体系建设的问题开始回顾。

一、终身学习体系概念与建设问题回顾

（一）终身学习与终身学习体系

1. 终身学习

终身学习起源于终身教育，终身教育是由联合国教科文组织教育局局长保罗·朗格朗在1965年提出的概念。其背景是二战后世界经济的复苏，知识更新的速度前所未有，社会、职业、家庭日常生活，一切都在产生急剧的变化，人们所面对的是全新的和不断变化的职业、家庭和社会生活，他们要从衣食住行的窘境中解放出来，拥有更多更充裕的自由支配时间关注精神生活。他们必须用新的知识、技能和观念来武装自己，以实现自身对美好生活的不断期待。按照保罗·朗格朗的观点，终身教育不是在"传统教育形态上添加一个新的名词"，而是一个"更为广泛的概念"，其主要意涵体现在两个方面：第一，未来教育不再是"一个学校毕业之后的完结，而是需要持续一生"；第二，未来教育是社会对整个教育体系全部渠道的整合，使"在其生存的所有部门，都能根据需要方便地获得教育的机会"[1]。随后，R. H. 戴维也提出："终身教育是通过每个个人的一生所经历的一种人性的、社会的、职业的过程"，"是一种整合和统一的理念"[2]。意大利学者埃特里·捷尔比在此基础上提出："终身教育不仅是以达成自律性和自主性为目的，还应该作为社会与政治诸多过程的一部分而存在。"[3] 这开启了将终身教育与社会、政治诸多过程相联系，这种关系的阐释，导致了政府、政治人物对终身学习体

---

[1] 保罗·朗格朗. 终身教育导论[M]. 北京：华夏出版社，1988：12-23.
[2] 吴尊明. 现代国际终身教育论[M]. 上海：上海教育出版社，1999：13, 16.
[3] 特里·捷尔比. 生涯教育——压制和解放的辩证法[M]. 东京：创元社，1983：198.

系的关心，加速了终身教育体系的推广。富尔通过著名的终身教育书籍《学会生存：教育世界的今和明天》强调："终身应该包括教育的一切方面和所有事情。"① 这说明，终身教育要贯彻到社会体系建设的所有部分之中。建设终身教育体系，率先在欧洲和日本等国家和地区得到响应，逐渐向亚非大陆扩散。20世纪80年代，终身教育已经成为一种社会发展潮流，对现代教育影响巨大，是现代教育体系转变的趋势——这种趋势随着互联网时代的诞生显得更加急迫。

终身学习是在终身教育概念的基础上提出的词汇，它逐渐取代终身教育成为教育领域的核心术语，强化"终身生涯自发的意愿而进行的学习活动"②，强调将学习者的主动性还给学习者，强调教育体系必须围绕学习者的学习需求运转。1994年在罗马举行的首届世界终身学习会议明确地提出："终身学习是通过一个不断的支持过程来发挥人类潜能的过程，它激励并促使人们赢得权利去获取他们终身所需要的知识、价值、技能与理解，并在各种任务和环境中有信息、有创造地、愉快地应用它们。"③ 终身学习由于其面向未来的前瞻性和其于社会建设的扩散能力，逐渐超越教育范畴，使学习变成一种建立在学习者自主性基础上的生存方式，是贯彻一生的、全面的和无所不在的学习。如此，学习走出了校门，真正走向了社会。教育体系对社会与人民的责任在于，在必要的时候给予必要的应答，教育逐渐走向开放，它们通过不断的学习支持促进学习者发挥自身的潜能。在这样的体系下，学习的目的不但是技术技能的习得，而且体现为建立一种自信和能力，自觉适应社会变化。这促进了终身学习概念的形成，终身学习的过程由学习过程转化为不断的知识、技能与能力积累、运用与创造的过程。

---

① 联合国教科文组织.学会生存：教育世界的今天和明天[M].北京：教育科学出版社，1996：200－201.

② 高志敏.关于终身教育、终身学习与学习化社会理念的思考[J].教育研究，2003（1）：79－85.

③ 高志敏.关于终身教育、终身学习与学习化社会理念的思考[J].教育研究，2003（1）：79－85.

2. 终身学习体系

随着终身教育、终身学习等概念的兴起,学习不再局限于校园,同样也不再局限于人生的某一个阶段。各国政府敏锐地观察到了这样的变化,为国民建立持续一生的学习支持服务体系,成为各国政府的构建目标。在这样的目标驱使下,需要重新考量教育系统的价值,构建新教育系统,使之为终身学习服务,成为政府的工作职能和工作范围。在终身学习理念支持者的理解中,终身学习体系就是这种超越了传统教育制度的体系,是一种新的教育体系建设理念、取向和模式。结合终身教育的内涵与终身学习的概念,我们可以为终身学习体系下定义:终身学习体系指的是以终身教育思想为指导而建立的一个内在关联性、持续稳定性和教育一致性的体系,其内在特征是促使学习者能充分发挥潜能,外在特征是各级各类教育的相互沟通与衔接,满足广大社会成员对终身学习的多元需求。在理念上,终身学习体系是促进人人终身全面发展的体系,是一种素质观、全人发展观、超越正式教育的大教育观;在政策上,要求政府教育机构提供多种类型、多元方式的教育,满足学习者在学习时间、学习空间上的多种需求;在技术层面上,是以学校教育体系为依托,以社会各个教育机构和非教育机构为载体,以多媒体技术、大数据技术、云计算技术为支撑的资源共享体系,是通过技术实现的各类教育的相互沟通与衔接;在形态层面上,是学校教育、社会教育和家庭教育的相互协作,是正规教育与非正规教育、正式教育与非正式教育相互沟通的教育形态,是"方便、灵活、开放、多样"的学习体系①,是教育供给的多样化、弹性化,是利于学习者的适应需求,一生中任何时间与阶段都可进行的学习体系建设。

(二)终身学习体系建设的障碍与问题

终身学习体系建设过程中究竟遇到了什么样的问题?或者是什么阻碍了终身学习体系的建设?我们先看在各国政府工作中,教育体系向终身学习转

---

① 褚宏启.建设终身学习体系:中国教育发展的重大战略选择——兼评《跨进学习社会》[J].教育发展研究,2007(19):70-74.

型具体是怎么操作的。作为当今世界教育改革和社会建设的重要内容,终身学习推进的主要举措有三个方面:一是回归教育,即保障成人在工作中参与继续教育的权力。比如,美国在 1976 年 10 月通过了美国议员蒙代尔提交的《蒙代尔议案》,将所有人纳入了终身学习的范畴,推动了公民重新回到教育范畴。日本于 1990 年通过了文部省提出的《终身学习振兴法》,为推进日本民众开展终身学习提供了依据,日本各地政府不遗余力地加强了促进人们回归教育的法规建设、政策建设和条件建设。韩国 1996 年 8 月通过了《终身学习法》,1999 年更名为《终身教育法》,旨在建立一个"人人想学、人人都可以学"的终身学习国家,认为如果每个人都能实现个人的目标及改善生活的质量,国家的竞争力和知识机构就能得到显著的提升。欧洲也出台了各种法案,在欧盟国家实现了各种学习参与的补偿机制,各国立法的目的就是促进回归教育。二是发展以学习者为中心的教育,提供多样化的正规教育和学习机会,建立资历框架体系,认可过往资历。20 世纪 80 年代中期以来,全球有 160 多个国家和地区建立了不同层面的资历框架,对认可非学历教育和拓展学习机会起到了无可替代的作用。三是发展远程教育。各国建立了形式多样的开放大学,发展在线教育,其中最为著名的是,1971 年英国建立了英国开放大学,它采用了远距离教学和开放式办学,通过函授、电视、广播、计算机网络等现代教学技术手段,以新颖的办学形式、齐全的专业设置、超大的教学规模,为一切想要学习的人提供通道,以带动世界范围内的开放大学建设。我国于 1979 年建立了中央广播电视大学和各个省级广播电视大学,为我国培养了大批的应用型人才。回顾终身教育体系建设,在发现终身学习体系建设在理念、政策、实践上给我们带来惊喜的同时,裹挟而至的还有迷茫、困顿甚至失落,开放教育质量问题备受关注,远程教育的边缘化问题迟迟得不到解决,教育的供给与教育的需求矛盾日益突出,并没有因为"终身教育""终身学习""学习型社会"等概念的先进性、理念的先导性,快速地推进学习型社会步入正轨。就我国而言,分析终身学习体系建设的问题主要集中在四个方面。

第一,终身学习立法工作滞后,导致终身学习体系建设的意识基础不具备。自教育部发布《教育事业"十五"规划和2015年发展规划》明确了"研究起草推进终身学习的法律法规"以来,终身学习立法工作一直在被探索,但没有实质性的进展。早在2001年,教育部在《全国教育事业第十个五年规划》中就正式提出了"调研、起草《终身教育法》"的任务,当时引起了全国对终身学习立法的关注。2006年,教育部在《2006年职业教育工作要点》中又提出:"加快推进终身学习法"立法工作。然而,直到现在,中国终身学习相关的立法工作还没有完成,导致通过法律建设支持终身学习体系构建不能完成。"终身教育立法的宗旨是定位于对学习者终身学习机会的保护"①,必然会触动利益相关者,比如企事业的正常运行。同时需要政府的强力支持,比如经费的落实方式和途径;比如涉及各级各类资源共享共建的问题以及各类教育结构之间的相互衔接问题。这些问题不解决,终身学习立法工作会在很长时间无法真正推进。除此之外,终身学习体系从概念上应该覆盖所有的教育类型,而国家所希望的终身学习立法工作是想通过终身学习的立法,实现民众职业能力的提升,重点在于学习群体的回归。韩国为了规避概念上的争议,将国家所实施的《终身教育法》的边界做了清晰的定义:终身教育就是指学校教育以外的,有组织的教育活动。② 这种概念上的混淆又导致了新的问题,就是学术界对其不认同,以及与终身学习所倡导的整体教育范式的改变形成了冲突。同时,学术界认为,《终身学习促进条例》与《终身学习法》的战略高度、约束能力和指导能力是截然不同的两个层次:前者在于提供条件,创造机会,起到倡导和规范作用;后者是将终身学习资源作为一种共管产品,是国家主导的主动性行为,从上而下必须形成强有力的法律制约,这就引发了第三个讨论:对违反者适不适用法律措施的问题,这就与现实利益形成了直接的冲突。以上原因造成了终身学习的相关法律工作迟迟得不到真正的落实。

第二,教育治理框架没有真正形成,教育系统供给方式有待优化。治理

---

① 黄欣,吴遵民. 中国终身教育法为何难以制定——论国家终身教育法的立法思想与框架[J]. 开放教育研究,2014 (12):36-41.

② 杨晨. 我国终身教育立法三难[J]. 教育发展研究,2009 (12):48-49.

指的是教育体系、政府、社会与市场共同管理教育公共事务的过程,是一种新型的民主形态。[①] 教育治理指的是在教育领域通过构建多元主体对话的平台,通过对话的方式,解决发展中的问题,实现教育多元利益的诉求,是形成民主管理模式的发展方向,解决的是多元主体的利益问题。比如,不同利益诉求能充分表达,各类决策通过全方位论证,以此消除传统教育管理的人治显性或隐性的存在。学校等教育机构依靠政府资源办学,导致教育体系在面对各种利益诉求时,更多地偏向政府的需求,甚至导致有的教育机构瞄准政府喜好办学,而不是面向社会与市场需求办学,造成了教育资源的无效供给、低效供给。在资源建设领域就可以发现这样的例子,比如精品课程建设是通过政府出资的形式予以建设的,政府自身无法去评价资源的好坏,往往是通过邀请专家的方式进行。这对于政府处理其他事务来说,似乎无可厚非,但是对于教育体系而言,如果对资源的评价者是专家,在课程与资源评价中学习者缺位,就会导致教育机构在资源建设中紧紧围绕专家的喜好来开展。这种方式导致了闭塞的网站、烦琐的登录、糟糕的学习体验和接近忽视的学习支持服务,稀释了学习者参与终身学习的积极性。

第三,资历框架没有形成,各级衔接的壁垒没有真正打破。终身学习体系的外在特征是各级各类教育的相互沟通与衔接,在终身学习体系中最为突出的特征是对非学历教育学习成果的认可和不同类别的学习者可以通过对资历的认可,完成转轨的问题,也就是我们常说的终身学习"立交桥"构建。自2010年我国颁布《国家中长期教育改革和发展规划纲要(2010—2020年)》正式提出"立交桥"建设问题以来,拓宽终身学习通道,消除各级各类教育的壁垒,成为教育研究者关注的重点问题。资历框架的建设引起了各级政府的重视,教育部多次发布相关的文件,并通过项目支持和试点建设等方式,开展了大量的前期工作。在资历框架的理论意义上,资历框架的重要意义得到了研究者的一致认可,国外资历框架建设的成效得到了实践上的印证,建立国家资历框架是目前终身学习体系构建不得不解决的问题。国家开

[①] 褚宏启. 教育治理:以共治求善治[J]. 教育研究,2014(10):4-11.

放大学[①]、上海开放大学、广东开放大学等主动尝试构建国家或者区域性资历框架，重庆广播电视大学等从职教体系子框架入手，对"小而美"资历框架做出了有效的探索。[②]但基于资历框架的运行都存在各种各样的问题，没有充分的证据证实以上资历框架在中国的环境下能很好地促进学分交流与互换，实现打破教育机构壁垒的价值问题，各个教育机构整体上还是呈现各自为政的局面。广播电视大学体系（开放大学体系）也没有足够的赋权，让资历框架的标准得到政府的支持而强力推进，导致教育系统之间的教育机构各类衔接和沟通无法真正实现。由于教育机构的专业与学科组织框架和分类模式不适应"交叉"创新的社会环境和"终身成长"的个人需要，因此，从国家层面着力建设资历框架已经成为终身学习体系构建的核心议题。

第四，以学习者为中心的理念没有真正落实到教育教学层面。以学习者为中心的理念已经倡导了很多年，但并不是一个不辩自明的问题，在现实中偏离学习者的现象较为明显。在理念层面，终身学习体系是促进人一生全面发展的体系，是一种全人素质观、全人发展观、超越正式教育的大教育观。在教育实践中，以人为本已经在各项工作中积极践行，但由于根深蒂固的思维传统，由于区域差别、发展差别、观念差别，所以，"分数导向"较之于"能力导向"，"考核导向"较之于"过程导向"，"知识传授"较之于"知识建构"都处于弱势地位。客观地讲，以学习者为中心的实践制度并不如意，如何通过积极改造教育教学层面的价值导向问题、制度设计问题、评价体系问题等，将以学习者为中心的理念落实到资源建设、课程建设、教育教学实施、教学评价全过程，还有更长的路要走。回归到终身学习体系构建的具体情境中，在宏观制度上的策略和实施路径并没有真正将学习者中心的理念落到实处，比如促进学习者持续参与学习的制度设计，尤其是针对企业职工而言，促进参与学习的制度设计非常缺乏。即便是促进"国家队"（事业编制

---

① 鄢小平. 我国学分银行制度的模式选择与架构设计[J]. 远程教育杂志，2015(1): 30-38.

② 吴南中，吴易雄. 职教体系学分银行的建构理念与推进策略[J]. 中国职业技术教育，2016 (33): 26-32.

单位和公务员等）学习者高效无重复、可持续的学习支持体系，更好地支持学习者个性化发展的支持服务，也还较少提及。这造成在实践参与终身学习的过程中，各类重复性的、反复性的学习大量存在。有的学习安排甚至对学习者自身参与学习的积极性造成困扰，比如对一些学习者已经明确掌握了的知识、技能和能力的反复培训，受到学习者的抵制。

二、终身学习体系构建和与学分银行的关系

通过上述论述，我们已经得知，终身学习体系是各级各类教育的有机整合，是多向协同的系统，是国家转型发展和世界"同呼吸、共命运"构建的基础，是整个社会建设的重要内容和核心组成部分，是引导各个教育阶段开展变革的重要理念。同时，终身学习体系由于区域不同、经济发展基础不同、政治条件不同，发展状态并不平衡。就世界趋势而言，美国、欧洲等西方国家和地区处于社会经济基本成型阶段，它们之间已经拥有了完善的通道，但就完备的终身学习体系而言，还有较大的距离。从它们的实践来看，其核心阻碍是整个教育体系并没有围绕终身学习体系所需要的能力和架构做出根本性的调整，比如它们没有真正实现围绕学习者适应终身学习体系而开展相应的能力储备——当然，它们的基础教育改革和高等教育改革本身较为注重学习者的能力，但很难看出改革的重心是围绕终身学习体系而进行的。部分国家对于终身学习的价值还停留在认可但缺乏绝对支持的层次，这在不发达国家和地区相对比较明显，更多的国家是处于两者的中间状态。对于中国而言，不同区域的终身学习理念、成效也存在较大的差距。在沿海地区，终身学习体系的构建需求极其旺盛，比如上海已经建立了较为完善的终身学习服务体系，基本实现了从上而下的终身学习支持，在立法等保障方面也走在中国的前沿。但是，客观来讲，其成效还不足以支持区域经济发展的需要。当然，区域性终身学习体系的构建也具有积极意义，其构建是在终身学习体系建设的大背景下开展的，它们通过区域建设，完成终身学习体系的子体系构建；它们在建设过程中发现的问题，是其他区域建设自身终身学习体系的参考；它们由于区域不同、经济发展基础不同、政治条件不同等各个方面的条件不

同而采用的一些有效措施，是改善终身学习环境的有效诱因。

毋庸置疑，社会整体的终身学习体系建构是极其有意义的，但任何人都不能否认在960万平方公里、近14亿人口的国度整体推进终身学习体系建设的难度。从区域入手，可以有效减少直面巨大难题的问题，比如上海，"海派文化"是城市发展的"基因"，依托其"海派文化"的内蕴"广阔视角、外来文化"所造就的打破陈规、锐意革新和兼容并蓄的精神，以及在这种精神下所取得的社会发展与经济建设成就，在推进终身学习体系建设方面有天然的优势；重庆是一个大城市、大农村并存的地区，是国家最新的直辖市，是国家城乡统筹发展示范区，重庆人依托城乡统筹发展和相关政策优势、领导者决心和经济实力，也能在一定程度上促进终身学习体系的跨越式建设；江苏等沿海地区经济发展，经济支持力度较大，区域发展较为均衡，各级教育体系较为强大，也具备良好的发展条件。这些地区能合理利用自身优势，建立区域性终身学习体系有较大的便利条件。这些群体的大力发展，通过"示范""范例"的方式，为终身学习体系建立了样本，也为更为广泛的终身学习体系建设提供了条件。"示范"即"样本""范例""榜样"，这种带头作用，不仅体现在"以点带面"的社会影响辐射层面，更体现在自身内部活力的激发与人力资源的充分挖掘之上。

无论是终身学习还是终身学习体系建设，并不是在原有教育体系中建设新的内容，而是系统性的改造，体现为一种新的模式与方法。其内在特征是一贯、连续和一致性的教育，是从帮助学习者成长到自身潜能发挥的学习体系；外在特征是各类教育的衔接与沟通，体现到具体的构建过程，是系统性的改变。比如通过立法，保障学习者的学习权利；建立区域性资历框架，拓展终身学习通道；建立优质资源，提升终身学习效率等，这些需要在各地区产生作用，需要一些典型的样本，从而坚定推动者的意志和整个社会的情绪，带动整个终身学习体系的建设。终身学习体系建设的推进速度不尽如人意，与终身学习体系的系统性巨大难题相关。在国外建设终身学习体系有很多经验，而在中国建设终身学习体系，目前虽有一些探索，但还不能说是成熟的案例，问题多于成效。终身学习体系建设需要周密分析各类建设问题，通过问题进行系统性整合、分类和原因深度挖掘,以问题为导向,思考整个终身学习体系的布局问题、建设问题和推进问题,服务整个终身学习体系的发展。回到主题,我们从区域性终身学习体系中找到了一些学分银行与终身学习体系构建之间的相互关系,这种关系在制度设计的过程中实际上是存在的。下面,我们对此问题进行分析,以便更好地理解这个问题。

(一) 学分银行解决了终身学习体系建设中的资历框架建设问题

学分银行是模拟银行存储功能和特点,促进学习者自由选择学习内容、自主决定学习时间、自愿选择学习地点的教育管理模式。[①] 其核心特征是开放、灵活、支持服务。从国外学分银行建设经验和成效来看,学分银行实现了教育资源的共享,提升了教育机会的均衡性,激发了全民学习的热情等,得到了较多的关注。[②] 我们知道,在终身学习体系建构中,重要困扰是资历框架建设的问题。(对于资历框架概念的理解,我们后面会有专门的章节阐释) 资历框架是学分银行的内核,学分认证的标准、方式都是在资历框架的规范下完成和建设的。从本质上讲,资历框架实际是完成了对不同层级知识、技能和能力标准的界定。这就形成了在中国当前国情中,解围不同层次教育标准混乱的问题。在教育实践中,我们会发现大量这样的事实:同专业中职学生学习的内容和高职学生学习的内容似乎没有本质的差异。同样,高职教育的内容与本科教育的内容也没有本质的差异,有的甚至存在高职学生的课程学习难度高于同专业的本科学生学习难度的情况。这种差异性造成了教育教学标准混乱的问题,尤其是教育评价的困扰。资历框架通过确定知识、技能和能力的规范要求,实现了不同层次的边界清晰、准确。这就为终身学习体系建构中所需要的不同层次之间的沟通与衔接提供了很好的基础。具体来说,教育体系的学习者可以按照资历的层次,通过不断地参与不同形式的学习,获取相应的资历,这是政府为颁发主体的资历框架,有效地规避了认可

[①] 黄欣,吴遵民. 中国终身教育法为何难以制定——论国家终身教育法的立法思想与框架[J]. 开放教育研究,2014 (12): 36-41.

[②] 汤诗华,毕磊,朱祖林,郭允建. 我国学分银行研究与实践述评[J]. 中国远程教育,2013 (5): 16-21.

各类非学历教育的学习成果缺乏标准的问题,为民众参与终身学习提供了各种便利。

(二)学分银行解决了教育体系的活力激发问题

在原则上,但凡达到了学分银行学习成果认定标准的相关成果,就应该得到各个教育机构的认可。也就是说,学分银行真正建成之后,学习者参与学习的通道就增加了很多,他们可以不再在其所注册学习的地方参与学习,可以通过在线学习平台学习北大的课程,也可以通过实体学习参与其他高校的课程。同时,国外高水平的课程也应该纳入学分银行认定的范围。哪里的课程更符合他们的实际情况,满足他们学习的要求,同时满足学分银行所建立的标准要求,他们就可以选择去修读。这样,教育机构就从"买方市场"转向了"卖方市场",它们必须提供更高质量的课程、更满意的支持服务、更完善发展环境,才能吸引更多的学习者参与它们的课程学习,从而获取自身生存的资本。如此一来,学分银行就通过制度体系,沟通各级各类教育机构,将各级各类教育机构纳入同一个平台,提供给学习者选择。在这样的平台中,教育机构可以按照自身的能力进行课程布局,可以根据社会的需求进行专业设计,可以根据学习者的需求开展个性化服务等。它们所做的一切,都是在满足学习者的要求,真正实现了将学习的选择权利更多地还给学习者。由于学分银行改变了相应的规则,所以原则上只要满足了学分银行标准的学习成果,都能得到认可。教育产品的质量决定了学习者的参与量,教育机构参与竞争,扩大自身影响力,唯一可以走通的道路就是提供教育教学质量,满足学习者的需求。因此,教育机构必须寻求改变、提升质量、拓展成长空间等,实现将死气沉沉的教育体系转化为有活力、有追求的教育体系。

(三)学分银行建设为终身学习体系所需要的治理体系提供了通道

治理体系是对现在教育管理模式的革命性改变,更加重视多种类型利益相关体的价值,是治理体系构建的根本目标。什么是治理?治理的本质就是"建立高效、公平、自由、有序的教育新格局"[①],关键在于各个利益相关体

---

① 褚宏启.教育治理:以共治求善治[J].教育研究,2014,35(10):4-11.

的参与。学分银行不管是构建过程还是运行方式,都是多主体参与的典范。比如在建设过程中,认证标准的建设,是专业委员会领导的专家行为,需要广泛地征求相关利益体的意见;资历框架的建设,是政府主导,行业主体、教育机构参与,学习者充分表达意见的建设过程;运行体系建设,是教育机构协同、沟通的有效方式,比如根据学分认证的来源,可以判断出教育机构的特色专业、特色课程以及支撑其特色专业和特色课程的内在影响因素。这就较好地规避了在原有模式中,教育机构之间协同较少、沟通较少,不关注别的教育机构发展的现实。在学分银行建设过程中,教育机构不得不参与竞争,不得不努力提升自身的办学质量,不得不通过教学与环境的改变来吸引学习者,不得不打造自身的特色。教育机构为了避免同质竞争,需要进行特色发展、错位发展、抱团发展。而人才培养的志趣是全人的,什么样的学习成果进入学分银行、什么样的学习成果可以获取资历,都需要行业充分表达观点、教育机构围绕标准进行教育教学、社会需要评价人才培养成效,各个利益相关体都需要表达话语,由此,治理框架就容易实现。

可以说,学分银行就是终身学习体系建设的骨架,学分银行建设实际就是终身学习体系建设的核心内容。基于此,学分银行建设逐渐显示了其支持力度。2010 年,国务院颁布的《国家中长期教育改革和发展规划纲要(2010—2020 年)》(以下简称《纲要》)在"继续教育"相关的内容中提出:"加快发展继续教育,构建灵活开放的终身教育体系,搭建终身学习立交桥。促进各级各类教育纵向衔接、横向沟通,提供多次选择机会,满足个人多样化的学习和发展需要,建立继续教育学分积累与转换制度,实现不同类型学习成果的互认和衔接。"《纲要》在"组织开展改革试点"中提出:开展终身教育体制机制建设试点;建立区域内普通教育、职业教育、继续教育之间的沟通机制;建立终身学习网络和服务平台;统筹开发社会教育资源,积极发展社区教育;建立学习成果认证体系,建立学分银行制度等。[①] 终身学习立

---

① 国务院. 国家中长期教育改革和发展规划纲要(2010—2020 年)[EB/OL]. http://www.moe.edu.cn/srcsite/A01/s7048/201007/t20100729_171904.html,2010-07-29.

交桥是通过学分的认证、积累、转换来实现的,人们通过不同类型教育的学习所获得的学分要得到认可,需要得到论证,这就需要建立学习成果论证体系,以保证各种各类学习成果的可比性和转换性。所谓学分银行,是一种模拟或者借鉴银行的某些功能特点,对不同类型学习成果通过学分进行认证、积累、转换的形象化表述。通过学分银行数据库,每个人可以建立个人终身学习账户,实行学分的积累和转换,规划个人的终身学习发展。2013年,我国政府提出,试行普通高校、高职院校、成人高校之间学分互认和转换,拓宽终身学习通道。2014年8月18日,习近平同志在主持召开中央全面深化改革领导小组第四次会议上,要求深化考试招生制度改革,构建衔接沟通各级各类教育、认可多种学习成果的终身学习立交桥。在他的讲话中,强调了多种学习成果。终身教育包括正规学习、非正规学习和无一定形式学习(非正式学习),任何一种形式的学习成果都可以通过评审获得认可,从而鼓励人们终身学习。2016年3月17日,中华人民共和国第十二届全国人民代表大会第四次会议和中国人民政治协商会议第十二届全国委员会第四次会议授权发布的《中华人民共和国国民经济和社会发展第十三个五年规划纲要》(简称"十三五"纲要)强调,建立个人学习账号和学分累计制度,畅通继续教育、终身学习通道,制定国家资历框架,推进非学历教育学习成果、职业技能级别学分转换互认。这些政策的指向,实际上解释了学分银行对终身学习体系建设的必要性。

三、以学分银行为支柱的终身学习体系构建要义

落实到具体的建设过程,终身学习体系构建要建成什么样?是一种什么样的形态?需要教育体系做出什么样的回应?与现代教育体系的关系是什么?终身学习体系作为一种全新的理念、取向和模式,要实现的不是教育机构的增减,而是对学习的认识和改变区域性社会的意识形态。按照翁朱华对日本终身学习学者的访谈观点,终身学习体系建设打破的是人们对教育的认识,

是一种社会制度,也是社会本身。① 这个观点将终身学习体系的建设从教育领域拓展到了社会建设领域,更为广泛的范畴意味着更多的责任,也意味着更大的变化。那么,终身学习体系体现了什么样的社会特征,体现了什么样的建构要义呢?

(一) 学校教育要为学生持续发展进行系统性改革

终身学习体系建设作为社会建设本身,呈现了什么样的特征呢?又需要学分银行提供什么样的支持呢?

第一,这类社会的首要特征是,学校教育不再是教育的终点。"活到老,学到老"是从岁月长河中总结的至理,但"活到老,学到老"是民众自发参与学习的方式,而终身学习体系是社会性的支持,是学校教育从始至终围绕这样的目标开展的工作。社会必须为这种学习方式提供条件,学校集中教育解决的是学习能力的问题,关注的是学习者的基础。所以,通过学分银行将学校教育成果进行累计,在后续开展教育时能根据学校的情况有针对性地做出调整,就需要学分银行提供便利的支持条件。

第二,学校要将重心放在学生的可持续发展之中。从本质来讲,"教"与"学"是一种共生的关系,互为对方存在的基础,没有"学",也就没有"教";没有"教",也就没有"学"。对此,有的人提出质疑,认为"学"是可以脱离"教"存在的。在笔者看来,既然学习分为有意识的"学"和无意识的"学",那么教也应该分为有意识的"教"和无意识的"教",当没有可以"教"的对象,也就无所谓"学"。因此,"教"与"学"是一种共同体关系。在这种关系中,注重"教"会导致教育者思考问题,从"教"的角度去思考,如效率、便捷等。那么,如何更好地关注学习者的"学"呢?作为教育起点的学校教育的"学",应该以培养学习者的独立和自主学习能力为核心,关注学习者的可持续学习能力,从根本上改变"学"与"教"的关系。这点在全国推动改革的难度很大,需要从区域、单体学校、教育机构

---

① 翁朱华. 终身教育体系的整体再建构——中日学者三人谈[J]. 开放教育研究, 2010 (5): 4-14.

入手，对于那些经济基础好、师资力量强、发展稳定的城市学校或者是区域城市，它们有极大的优势，它们经过一定的培训，能很快转变。这样的转变过程实际上就是供给优化的过程。学分银行提供了"学分竞争"的概念，谁能真正将学习者的学习放在首位，谁就能赢取更多的学习者。

第三，终身学习体系建构需要学校对社会开放。在传统教育体系中，学校是封闭的，是"象牙塔"，高校尤甚，有的高校甚至连校园都不向外开放，当然也有保护学生和学校秩序的关系，但这种人为的封闭对思想的桎梏是非同一般的，我们需要的是学校的教育资源向整个社会开放。在终身学习体系中，学校需要对社会开放。这种开放不仅是实体校园的开放，更是资源、文化层面的开放；社会的需求者能自由地从学校获取相应的支持，如学习场地的支持、学习资源的支持等。学校要为社会学习者提供资源，同时以服务社会的能力作为自身建设的依据。

第四，学校教育要与社区教育等教育类型实现协同。显然，在终身学习体系中，依赖学校教育不能满足人们日益增长的学习需求，以社区教育为代表的边缘教育逐渐走向主流，成为教育体系中重要的组成部分。这就需要：在资源上，社区教育等教育类型要与学校实现资源共享；在关系上，社区教育等教育类型要与学校教育形成互补。比如，社区教育为社区居民提供有效的社会能力培养服务等。

（二）通过学分银行机制建设突破终身学习体系建设过程中的机构壁垒问题

教育体系的壁垒问题是终身学习体系建设的重要障碍，与终身学习体系的要求格格不入。终身学习体系建设的重要标志是关联性、持续性、一致性的教育，这就要求各级各类教育机构形成"贯通"的学习体系，而不是聚集于传统思路停留在一个持续感兴趣的区域，需要思考与其他教育体系的连接问题。因此，终身学习体系的建设需要通过整体架构的搭建，打破原有教育体系中的壁垒问题，实现"联通"。

第一，建设认证标准，突破教育壁垒。在现有教育格局中，由于认证标准的缺乏，导致不同机构难以实现学分互认，在推进资源共建共享上也缺乏应有的条件。以学分银行为支架的终身学习体系借助学分银行运行所需要的认证标准建设，将课程体系按照认证单元和能力矩阵的模式，实现了"标准化、层次化、模块化、全人化"的课程建设模式。"标准化"指的是在内容层次上要按照课程所属等级的知识、技能和能力的要求，设计课程方案、确立课程标准、设计课程内容、实施课程评价。"层次化"指的是课程建设要按照所对应的资历等级，体现明显的梯度，提供给不同层级的学习者。"模块化"指的是将课程进行标准化界面结构处理，使之成为具有独立功能的课程子结构。"全人化"指的是通过在科学内容中融入对生活的热爱、尚善的价值、终身学习的技能，使之支持人的个性发展、和谐发展和全面发展。由于能按照学分银行认证标准进行课程建设，在理论上保证了课程的基本质量，不同教育机构之间的相互支持能力加强，原有壁垒被打破，因此各级各类教育机构参与资源共建共享的可能性提升。

第二，通过学分银行破解现行教育体系中的纵向衔接和横向沟通的问题。在高等教育领域，国家层面开始有一些具体的政策措施。比如支持部分新晋升的本科院校和民办院校转向应用型本科院校，支持职业教育的层次提升；又如学校与学校之间缺乏合作的问题，学习者跨学校、跨学科、跨专业流动的"世纪难题"。当然，每所学校的门槛不同，要完全自由流动有难度，但是横向流动的机制应该具备，比如评估制度。

第三，通过学分银行解决学历教育与非学历教育的问题。终身学习将学习从一个阶段转化为终身行动，原本学历教育的封闭性需要被打破，接受非学历教育成果，尤其是专业资格转换为课程学分的认可，减少受教育者的无效反复教育，这就需要用学分银行的方式将成果存起来。比如职业资格证书成果。在职业教育领域，部分课程和证书本身就是紧密相连的，但是很少执行课程学习等同于职业资格证书的评价。同样，取得了职业资格证书，也不能有效地影响获取课程学分。除此之外，工作场学习、师带徒学习、泛在学习领域学习，都应该按照知识、技能和能力的标准进入所预设的成长通道，为学习者资历的提升增加筹码。

（三）通过学分银行的资历框架建设改善社会民众参与积极性问题

资历框架是一系列资历成长的阶梯，它的作用发挥在于民众的认同。资历框架涵盖了学历教育与非学历教育，对非学历教育成果的承认需要一定的时间，但对非学历教育成果的承认，能有效地解决终身学习体系的参与度和积极性问题。非学历教育成果不能自动转化为学分，需要通过学分银行的中介作用来实现。

第一，调动全体民众参与终身学习体系。与传统教育体系不同，终身学习体系面向的是任何有意愿参与终身学习的学习者，也就是说，对任何人都是开放的。资历框架的内在含义是，只要获取了相应资历的知识、技能和能力，就能取得相应的资格，或者在经济上获取相应的待遇，或者在社会生活中取得相应的上升通道。终身学习体系应该认可包括各类教育培训、各种职业资格和其他非学历教育形式。比如，长期工作和职业培训所积累和领悟的知识，这种经历是传统方法无法鉴定的，通过资历体系实现对其认可，能有效地激发学习者参与各类职业培训，提升自身资历，获取更高待遇。

第二，通过资历框架引导学习者积累学分提升自己。由于资历框架能按照本区域的实际情形进行知识、技能、能力标准的设置，教育机构和民众可以有目的地按照知识、技能与能力的要求提升自身的素养，学习者有更强的目的性，学习成果有更多的获得感，因此学习受众就有可能大大增加。

第三，通过资历框架建设解决开放入学的问题。在我国，广播电视大学系统（开放大学系统）、成人高等教育、网络教育、自学考试等面向终身的学习领域，都多少存在入学资格问题，影响了部分具有能力的学习者继续参与终身学习。比如，学习者通过学分银行认证了专科资历，那么他去申请就读本科就可以免去专科学习，能为学习者减少大量的学习时间，这可以极大地调动学习者的积极性，以获取更高的资历。

（四）通过学分银行系统优化解决学习体验问题

学习体验既是一种生命体验，又是建构知识意义、焕发生命活力、提升生命价值的手段和途径,是通过教学活动揭示、展现、提升生命意义的关键。[①] 终身学习体系建设要围绕学习者的需求与体验来进行,支持学习者通过终身学习的参与,实现完善生命的构建。

第一,学分银行可以通过构建便利学习者参与的便捷通道,从而实现良好的学习体验。终身学习体系相关的学校教育、社区教育、继续教育、成人教育、老年教育等通过学分银行进行标准整合,形成终身学习中心,扩大终身学习体系的空间布局;通过学分银行建设,形成便利的在线学习平台,增加技术的融入,以实现对学习者数据的捕捉,推荐适合学习者的学习方式与内容。

第二,学分银行引入了竞争的概念,要求资源更加满足学习者的内在需求,建设理解资源。要按照资源理解的价值取向和内容选择去建设各种资源,进行基于学分认证的布局。终身学习资源建设要以理解为教学设计的逻辑起点,彰显终身学习的目的、意义和价值,通过在线资源、实体资源构建学习者舒适取向的终身学习环境,提升学习体验。

第三,对于终身学习体系建设,需要形成系统性的评价机制,引导以满足学习者体验的教与学交互形成。

第四,通过学分积累,培育泛在学习习惯。认定在线学习的成果,还要培育学习者的在线学习习惯,尤其是利用各种零碎时间开展泛在学习的习惯。比如引导和倡议地铁阅读行为,在地铁站设立流动书屋等形式,为终身学习体系建设培育多元学习方式。

四、终身学习体系构建理念下学分银行建设的总体思路

人的发展动力具有自发型和自为型,正是这两种动力类型支持着人类的进步。学分银行建设在终身学习体系建设中具有一定的自为性,是教育体系与政府在正确认识终身学习体系价值、内涵和要义基础上的主动构建行为。

---

① 陈亮,朱德全. 学习体验的发展结构与教学策略[J]. 高等教育研究,2007(11):74-77.

但作为一种组织体系，它显然不能自动成为教育体系乃至社会的重要内容。所以，要推动学分银行建设，以支持终身学习体系的建设；要进行前瞻性布局，做好顶层设计，采取有效的策略，不断突破建设过程中的障碍，推动终身学习体系的建成。

（一）推进机制建设：明晰主体，明确目标，责任到人

一般而言，有意识的转变和主动的变革需要经历发展、演进与转变阶段。[①] 就推进机制建设层面讲，学分银行需要从三个层面入手。

第一，明晰主体。终身学习体系建设是社会发展到一定阶段的自觉行动，适度引导会加快其发展进程，学分银行就是可以加速其进程的有效工具。在学分银行建设过程中，需要明确政府的主导责任，政府要作为，通过以权力介入等形式，培育学分银行建设动力，消解学分银行建设阻力。比如，建立学分银行认证资历与一般性通过学校渠道获取的资历等效，在消解阻力、消除壁垒的相关法律条例的形成等方面，都是政府可以大力作为的空间。

第二，明确目标。学分银行要明确其建设目标，以提高执行力。学分银行是以终身学习理念为指导，建立个人学习账户和学分累积制度，为广大学习者的学习成果认证、积累与转换提供服务的学分管理和服务机构。学分银行以改革创新为动力，以促进教育公平为方向，以职业教育、继续教育为重点，旨在实现各级各类教育之间的沟通和衔接，实现学习成果的认证、积累和转换，拓宽终身学习通道，搭建人才成长立交桥。学分银行建设的相关行动是经过深思熟虑的，考虑到了经济发展状况、产业发展与转型状态、人才特征等方面的相关因素，可以按照机制设计，将有章、有序、有效的机制设计传达到学分银行的相关主体。

第三，学分银行建设需要落实到人。一般而言，终身学习体系是社会建设的重要组成，是政府的重头工作，学分银行建设是政府主导下终身学习体系构建的重要内容。在学分银行建设前期，需要协调各个方面的关系，

---

① 吴南中．在线学习培育的顶层设计与推进机制研究[J]．电化教育研究，2016(1)：45-50．

这是需要极其富有责任意识的人承担的办学行为。因此，学分银行建设，需要教育主管部门甚至更高级别的行政长官担任负责人，地方行政长官担负或者任命负责人，负责区域类学分银行组织框架建设的任务，确保终身学习政策的"政令通达"。同时，在具体的工作中，也需要通过职责的有效划分，实现机制运行的高效。需要指出的是，学分银行建设是整个教育生态系统性的变化，对整个教育生态形成了实际的冲击，需要通过逐渐发展、演进与转变，有的内容还涉及许多深层次的观念革命、行为革命和方式革命。比如，学分的渠道问题、资历的获取方式问题，要通过逐渐完善机制来实现全方位的进步。

（二）推进体系设计：内核清晰，组织有效，协同多个体系

学分银行建设面向多个层次、多种教育类型的机构，同时还面向未知的领域。比如，支持学习者通过泛在学习渠道获得学分，对师带徒学习的学习成果认可。因此，体系设计先要解决价值追求的问题。在行为转变的过程中，价值追求是行为的先导，它所倡导的行为目标的实现程度，又依靠系统化的策略，故系统设计的价值极其关键。社会各界要支持学分银行的建设，是以理性认识学分银行的价值为前提的。要实现民众对学分银行价值的理解，通过讨论、理解、内化等环节，实现组织共识，进而形成共同愿景，建立顶层设计。对于学分银行而言，终身学习体系构建是战略目标，开放、全纳、多元是价值取向，资历架构是战略选择，标准体系是基础性工程，保障体系是运行基础，要在理解这个逻辑的基础上开展顶层设计，形成以多种学习成果的认证、积累、转换为基本格调，确定学分银行的政策与方略。

第一，学分银行要做到内核清晰。资历框架作为学分银行的内核，要覆盖各级各类教育类型，通过标明不同资历等级所达到的标准，实现不同资历等级之间的有效沟通。同时，逐步完善行业资历框架，指导行业的人才培养、专业划分、课程建设、评价体系建设等，梳理出行业的"骨架"。

第二，学分银行要实现组织有效。在建设期间，学分银行应该建成建设委员会，建设委员会应该承担学分银行的主体责任。建设后，建设委员会转变为管理委员会，通过联盟、分联盟的形式拓展学历教育成员，通过

认证拓展各级各类教育机构，同时建成"学分银行中心—学分银行分中心—学分银行业务受理点"三级网络，建成职责清晰、边界有效的整体组织框架。

第三，学分银行要实现多个体系协同。学分银行需要实现多个教育机构的串联，沟通人力资源与社会保障等外围关系，实现协同。同时，学分银行的服务对象是鲜活的，社会技术应用的多样性和创新性决定了学分银行内容建设的复杂性和组织协调的时代性，需要不断创新方式，直面回应各类变化，保障运行体系的有效。

第四，培育变革型领导，推动学分银行的发展。从历史向度考察国内外教育变革历程，可以看到，发展阶段聚集于权力、管理、决策和问责，领导在变革中扮演着极其重要的作用。变革型领导是通过改变下属的价值观和信念，提升其需求层次，促使下属意识到工作方向的价值，或者是通过愿景、使命激励下属，使下属不断超越自己，开发新技能、激活新潜力，增加组织效能的领导方式。① 从经济角度来分析，我们可以看到，学分银行本身并不会带来显著的经济效益，不能提高社会生产总值，更不会带来直接的教学效率提升，它更多地体现在促进教育教学体系的变革上。比如，提高教学质量、提高人才培养质量来实现学分银行的经济功效。要有认同这种价值的人，才能促进学分银行的整体提升，同时通过资源的调配，推动学分银行的发展。

（三）推进制度建设：强化"资历+标准"的执行体系

第一，规范以"资历+标准"的建设过程，确保学分银行的基础牢靠。我们知道，资历框架是一项基础性、先导性的工作，解决的是学分银行建设中核心骨架的问题；标准建设是一项规范性、过程性的工作，解决的是可行性问题。没有资历框架，转换标准没有意义，也不可能建立起来；没有标准的资历框架，也不会形成社会公信力，尤其是在高等教育体系如此复杂、覆盖地域范围如此广阔、人口如此之多的国家。在部分国家实施"资历框架+

---

① 徐长江，梁崇理，时勘，田学红. 高校变革型领导与交易型领导有效性的比较研究[J]. 高等教育研究，2014（1）：38-39.

协议"运行的学分银行体系,其"异己者"利用规则破坏学分银行存在的案例经常发生,最终使学分银行失去生存生态。学分银行需要依据所对应人才的培养等级,通过广泛调研一线应用型人才的工作过程和工作任务,与行业、企业、学科专家等共同参与建立标准体系,以标准约束学分银行认证、积累与转换过程的规范,使学分银行运行有质量。通过"资历+标准"的核心运行体系,逐渐转向教学过程、学习评价的影响,可以有效地解决国家教育制度滞后的问题,如学分制的建设问题、教学过程关注不够问题、质量保证体系建设不畅的问题等,能推进普通教育、职业教育和远程教育系统性的变革。

第二,以制度体系建设为依托,快速推进学分银行建设。纵观国内外教育教学系统性的变革,制度建设是权力介入的最优形式,能起到快速推进系统性变革的作用。一般而言,有意识的转变和主动的变革需要经历发展、演化和转变阶段。[①] 要实现学分银行的建设,需要在初期得到权力介入,进而快速打开局面。最有效的方式是制定相关法律法规。在法律体系建设周期较大的情形下,通过政策上的指引、资金上的投入、人员上的保障等制度建设,也是可以很快形成发展态势的方式。就学分银行建设而言,制定制度比运行制度要简单得多。学分银行的运行涉及各个层面,有学习者的主动参与因素,有教育机构的支持因素,有学分标准的科学因素,等等。总之,学分银行制度的运行会涉及多种工作模式的转变,比如较之于学习渠道狭隘的原有教育体系,拓宽的学习通道自然会导致行政事务的工作内容的拓展,给行政工作人员带来诸多工作量。对此,制度建设过程的科学、民主、开放,将各个因素之间的关系,各类阻力因素和动力放在一起协同考虑,从整体的角度来设计学分银行的制度体系。同时,在制度建设过程中,要形成协商机制,充分考虑制度本身的系统性、层次性和延展性,扩大群众的参与程度和参与水平,提升学分银行制度的有效程度。

(四)构建保障:理论先导,上下联动,全要素调动

要实现学分银行体系构建,保障体系建设是关键支撑。因此,在建设学

---

① Wylie C. The Local and Systemic Roles of School Trustees [M]. Paper in Symposium at New Zealand Association of Research in Education Conference, 2002.

分银行体系过程中，需要形成完善的保障体系。

第一，理论先导：与政策互动的理论研究引导学分银行体系建设。作为一个系统工程，终身学习体系建设视角下的学分银行涉及各个方面的关系协同和运行方式设计，这些都需要理论研究的引导。首先，通过理论研究，推进学分银行理念精髓的普及。学分银行理论研究，可以很快梳理出学分银行的各种相关关系，沟通和处理好各类相关关系的联系。同时，通过理论研究的先导作用和环境营造作用，可以快速塑造支持学分银行的环境，为实现学分银行体系建设奠定良好的理论基础。其次，通过理论研究，解决学分银行体系建设的问题。学分银行体系建设面临着许多问题，如立法问题、区域协同问题、学分标准建设模式问题、教育机构积极性问题、学习者参与的积极性问题、政府扮演的角色问题等，都是关系学分银行体系建设的重要问题，需要进行高瞻远瞩的设计，进而转换为学分银行的运行实践。最后，通过理论研究，逐步反思学分银行体系建设的过程，提升学分银行运行的效率。在学分银行体系建设早期，容易陷入政策滞后于理论的境地，政策不能跟上理论的需求，理论研究容易陷入理想主义。这就需要相关的理论研究根据现实的情形进行有效的反思，进而转变行为，以此带动学分银行体系的构建，并支持终身学习体系的构建。

第二，上下联动：整合终身学习资源。学分银行的建设，没有成熟的先例可以参考，也没有成熟的理论构建指导，它需要"自上而下"和"自下而上"的有效结合，走整合发展、创新发展的道路。在"自上而下"维度，政府通过理解学分银行的紧迫性，明白学分银行在支持经济社会建设中的作用，从参与全球人才竞争的高度建设学分银行，进而建设终身学习体系和学习型社会。并在这样的理念下，开展学分银行建设布局、规划和实施，采取文化、制度、邀约、激励等措施，清晰表达全方位推进的决心和意识，同时加快终身学习立法工作，促使学分银行建设工作规划化、制度化和法制化。"自下而上"指的是终身学习参与者、基层终身学习机构要发挥主观能动性，激活自身发展动力，积极参与学分银行体系。对于终身学习机构而言，更需要有主人翁态度，将经济发展和自身发展结合起来，提供有质量的学习成果，尤其是推动开放办学，促进终身学习体系的建设。对于基层学习者而言，需要积极参与学分银行，利用学分银行的规则为自身谋求利益，进而带动更多的人参与学分银行体系。

第三，全要素调动：优化终身学习体系供给水平。供给学派构建了一个"供给创造需求"的经济运行机制，这一理论框架在互联网及其相关产业兴起之后得到不断佐证，被许多国家所重视。学分银行体系建设，实际上是教育供给的优化，比如学分银行对扩大教育机构学分的供给，能有效优化教育机构的布局和功能。实现学分银行的建设价值，要全要素调动，以优化配置，激发活力。首先，要从动力机制建设入手，通过学分银行动力机制的建设，提升社会机构参与的积极性。学分银行体系的建设，需要明确建设的动力问题，设计体系的层次机制、形式机制和功能机制，科学调动终身学习体系建设的全方位资源。其次，要消解阻力。需要在政府的主导下，对阻碍学分银行发展的一些制度、行动、行为方式等进行改造，形成灵活的发展环境。比如，大规模推进学分制的普及。再次，要与社会需求形成深度互动。供给侧优化是创新发展动力，聚集发展动能，从而与需求形成良好的互动关系，完成供给质量的转化。对于学分银行体系建设而言，要准确瞄准学习者需求，如经济结构所产生的资历认可需求、课程学习需求、在线学习资源需求等，形成需求与供给的对接，促进学分银行体系的建设。

第四，以质量保证为手段，实现学习成果高质化。质量不仅是教育的生命线，更是学分银行的生命线，学分银行需要确保学分的质量和运行的规范，从而提高公信力。因此，要推进学分银行建设，就需要把握好质量这条"红线"，全过程强化质量意识。首先，在学分银行的价值追求上，需要形成"质量为先"的意识。价值追求体现了学分银行的认识问题。学分银行建设需要各类教育机构开门办学，并且提升其课程学分质量、资历教育质量，同时实现开门办学，认同其他教育类型中达到质量要求的学习成果。其次，在学分银行运行过程中，要保证运行科学规范，不能将学分银行变成社会人员为获取资历而投机取巧的通道。这就要求在学分银行建设过程中，完善学分认证、积累与转换全过程的质量控制，通过运行细节的把控，提高成果质量。

最后，在构建政策支持体系中，要把握好质量意识在制度框架上的有效传达。这就需要建立起相互协同、相互支持、相互促进的制度，形成完整的制度体系，保障有质量的学习成果的流动。

第二章 学分银行的起源、现状及其发展趋势

第一章探讨了终身学习理念下,终身学习体系建设何以需要学分银行,以及形成学分银行的整体思路。学分银行缘起于终身教育理念的终身学习体系构建和学习型社会建设,在经济转型发展的今天,成为产生实效的"建构体"。现代经济社会的发展,对于教育制度和教育体系而言,需要通过一种特定的形式,将现有封闭的、非终身的、阶段性的教育格局转向开放的、终身的、持续性的教育体系的需求。学分银行首先要面对的问题是校内校外教育的壁垒问题和不同级别教育的分裂问题。1999年,韩国率先提出了学分银行制度,并开始试行;2004年,我国从职业教育领域开启了对学分银行的探讨;2010年,我国通过一个重要的规划文件《国家中长期教育改革和发展规划纲要(2010—2020年)》,提出要建立学习成果认证体系,建立学分银行制度,全国开启了全面深入的探索。然而,学分银行历时8年的筹备与试点,并没有建成真正的学分银行。随着外围条件的不断变化,尤其是社会转型速度的加快,对学分银行建设的进度提出了要求,学分银行进入了攻坚期。本章我们通过阐释学分银行建设过程中的探索,试图梳理出学分银行的预测发展趋势。

一、学分银行概念的产生与回顾

从时间上来看,美国最早开始学分转移的实践。1892年,威廉·哈伯通过对芝加哥大学的改制,将芝加哥大学分为了两个二级学院,其中一、二年级为初级学院,三、四年级为高级学院。初级学院后来逐渐发展成为美国高

等教育体系中重要的组成部分——社区学院。社区教育学院修读年限少，费用要低很多，大大提高了美国的高等教育入学率。1947年，美国总统高等教育委员会将初等学院正式定名为社区学院，并制定了将社区学院所修学分转移到普通本科的办法，这是学分银行建设的雏形。20世纪90年代，为了加快欧洲一体化进程，欧盟建立了学分转换和累积系统，其有效地促进了欧洲大陆31个国家之间的学分转移。欧洲学分转移与积累系统旨在以服务学生为目的，提供一种不同教育机构之间的测量、比较和转换学习成果的工具，不仅可以用于课程学习，也可以用于项目学习，同时还可以对不同学习者的状态开展评价。1994年，罗马终身学习会议将终身教育的概念拓展到全球，许多国家都以终身教育为出发点，着手构建适应本国情况的学习成果认证、评估和转化制度。随后，加拿大、澳大利亚和韩国依次建立了学分转移制度，其中韩国提倡用学分银行制度"实现非正规教育的价值和功能"，第一个在国家层面建立了学分银行。

国内最早介绍学分银行的文章为发表于1982年《成人教育》杂志的《美国成人教育一览》一文，其介绍了美国成人教育学习者通过学分存储获取学历文凭的经验[①]，但没有获得太多关注。2004年，教育部提出在职业教育领域推行学分制，建设学分银行，学分银行的研究与实践逐渐兴起，但在随后的许多年，直到今天，由于种种因素，我国并没有建立起有效的学分银行。2010年，《国家中长期教育改革和发展规划纲要（2010—2020年）》提出要建设"终身教育立交桥"，使学分银行制度建设成为关注的热点问题。2015年，党的十八届五中全会提出"建立个人学习账号和学分累计制度，畅通继续教育、终身学习通道"，将学分银行的功能要求提到了政策和政府层面，较之于2010年的《国家中长期教育改革和发展规划纲要（2010—2020年）》，内容更加明确，内涵更加清晰。同年，教育部发布《高等职业教育创新发展行动计划（2015—2018年）》，提出高职层次要逐步实施学分制，开展不同类型学习成果的积累、认定，建立全国统一的学习者终身学习成果档案

---

① 关世雄. 美国成人教育一览[J]. 成人教育，1982（1）：39–42.

（包含各类学历和非学历教育），设立学分银行。这些政策的出台，使学分银行概念逐渐从小众走向大众，在中国高等教育界掀起了波澜。

二、学分银行概念的辨析与功能定位

（一）学分银行概念的种类

随着对学分银行关注的加大，国内学者开始对学分银行进行理论探讨，也有的开展实践试点。在已有的学分银行相关论述中，学分银行的概念主要有以下几种。

1. 作为弹性学制的制度存在

在早期的观念中，学分银行是一种弹性学制，通过嫁接银行的基本功能而形成。比如，存储、汇兑，通过存储学分，兑换学历或者资格证书而存在。其价值就是零存整取，将学生学习生涯从固定学制转变为弹性学制。

2. 作为一种教学管理模式的体系存在

学分银行是一种模拟学分银行功能特点的教学管理模式，其特征是学习者能自由选择学习内容、学习时间、学习地点。选课制是学分银行的内核和灵魂，可以将学分银行的功能从一所学校或者一个机构转到整个教育体系层面。

3. 作为学分转换和累积系统而存在

受到欧洲教育体系的影响，认为学分银行是一种学分互认的体系，指的是在学分制管理模式下教育机构之间的学分互认和换算。与教学管理模式不同的是，在这个体系下，学校之间能通过开放和合作，实现学习者的流动，从而节省学习者重复学习的时间和精力。

4. 作为学分认定与转换体系的存在

学分银行应该建立各类学习下认证的标准和体系，将各级各类学习成果的认定先折算为学分银行标准学分，并通过标准学分和有效学校的转换实现各级各类教育的衔接和沟通。有学者还提出应该建立一个第三方独立机构，以保证学习成果认证的权威性和公信力。

5. 作为终身学习账户建设和维护的存在

学分银行作为终身学习账户建设和维护的存在的核心在于，学分银行不仅是"学习成果的认证与转换"，还应该建立服务全体公民的终身学习账户。"它对于普通市民所参与的各类学校以外的，只要具有教育意义的终身学习活动，甚至包括文化娱乐休闲活动，都有一个积累和记录的过程，最终给予认定和激励。"①

（二）学分银行的功能定位

学分银行的不同概念意味着不同的操作模式和运行方法，比如作为学分积累存在的学分银行，更多的是学分中介的功效。显然，以学分中介为主要功能不能满足学分银行的建设需求。那么，学分银行究竟应该承担什么功效呢？笔者认为有三个层面的定位。

1. 作为沟通终身学习体系的定位

作为沟通终身学习体系的定位，是由社会发展、政府需求和学习者需要三个层面决定的。就社会层面而言，社会的转型升级需要整个教育体系的协同支持，最重要的是教育机构之间的相互沟通和衔接，破解我国教育发展中的分裂问题。就政府层面而言，要促进终身学习体系的建设，需要通过特定的抓手，实现显示决心、提升成效和激发社会学习参与积极性的作用。学分银行建设既是政府破解问题的抓手，也是其自身无法规避的责任。就学习者层面而言，一个内在关联性、持续稳定性和阶段一致性的学习体系，是由保护自身参与学习的积极性、获取回报的正当性、提升自我发展能力的迫切性决定的。学分银行可以明确自身参与学习的方向，指引前进的道路，回馈学习成效，是个人回应终身学习体系建设的现实中介。要沟通终身学习体系，首先要让它作为"线索"存在。通过终身学习账户的设立，将个体学习信息和记录整合进学习账户，作为政策实施层面的决定力量和教育发展的大数据支持。其次是沟通教育机构。终身学习体系构建的要求就是全人发展、全面

---

① 孔磊. 学分银行制度：国际经验和本土探索——"中国远程教育学术论坛"综述[J]. 中国远程教育，2012（5）：5-20.

发展、全过程发展。落实到教育机构层面，就是要实现灵活开放的学分制，鼓励工作场等非传统学习场地学习，鼓励按照自身需求参与不同机构的学习，鼓励按照自身学习风格选择课程和学习方式，鼓励机构之间的协同和沟通，将学历教育和非学历教育整合在一起，构建按照资历提供级别，协同建设优质资源，等等。这些需要学分银行以一定的标准、资历等级形成知识、技能、能力的清晰要求，需要学分银行提供质量的中介作用，发挥质量监督和评价的作用。

2. 作为教育管理模式的存在

就教育本身而言，要积极参与终身学习体系，需要自身进行系统性的变革，比如支持学分的自由流动、支持学制的灵活多样、实现基于标准的特色课程和学习方式、支持教育机构之间的相互协助等，需要学分银行建立系统的制度。首先，学分的自由流动需要按照特定的标准来实现。标准不是扼杀创新和特色，而是对应的资历所需要达到的最低要求。比如高职专科层次的学习者，需要在知识层面掌握原理性的知识，在技能上解决具体问题，在能力上能在变化且可预测的环境中进行管理、监督和评估。高职层次的教育机构需要理解这样的知识、技能和能力要求，按照其内核来设置课程体系、开发课程内容、组织教学、开展学习成果评估，只有具备了相应的标准，学习者获取的学分才能通学分银行实现自由流动。其次，要支持灵活的学制。相对于传统教学模式，学制的灵活性在教育管理中得到了一定的体现，但与适应终身学习体系的要求而言，还相差甚远。取消硬性学制要求，实施弹性学制，支持成人学习者按照自身需求参与学习，获取相应的资历和学历，成为融入学分银行的教育管理模式新要求。

3. 作为学分认定与转换的体系

落实到学分银行基本业务层面，学分认定和转换成为学分银行服务社会、服务政府和学习者的主要途径。首先，不管是实现终身学习体系之间的沟通，还是破解教育系统之间联系不够的问题，都需要学分银行的学分认证，以及将其转换为可以清晰展现学习成果的知识和内容含量，这在中国庞杂的教育体系中显得尤其重要。其次，终身学习体系建设需要将学习成果的覆盖范围从狭义的学历教育、阶段性教育向形式多样的非学历教育和终身教育拓展。非学历教育和终身教育的成效要得到法理上的承认，必须依托一定的评价标准。制定认定与转换相关的法律法规以及一般性的操作流程，能有效支持学习者通过各种途径获取学习成果。

三、学分银行建设现状

（一）国内学分银行的建设历程与现状

1. 国内学分银行的建设历程

国内最早开展基于学分积累的实践源自于2004年教育部关于职业教育《农村劳动力转移培训》的通知，提出"大力推进学分制改革，探索和建立'学分银行'制度，形成学分互认机制，为学习者跨地域、转专业、分阶段参与学习和培训创造条件"。同年，教育部颁布了《关于在职业学校逐步推行学分制的若干意见》，提出探索和建立职业学院学分累计与转换信息系统。在政策的推动下，全国千余所职业院校尝试开展学分银行项目。[①] 由于职业教育还处于封闭系统，在一定时期内还需要相应的门槛，所以这段时间的学分银行建设并没有产生较大的社会影响，组织机构也并没有理顺学分银行的内在要求。真正开展学分银行建设并开始取得成效的是《国家中长期教育改革和发展规划纲要（2010—2020年）》，它明确了"建立区域内普通教育、职业教育、继续教育之间的沟通机制；建立终身学习网络和服务平台；统筹开发社会教育资源，积极发展社区教育；建立学习成果认证体系，建立'学分银行'制度"。随后，学分银行以《关于开展国家教育体制改革试点的通知》的名义，在北京广播电视大学、上海广播电视大学、云南广播电视大学、广东广播电视大学、江苏广播电视大学、中央广播电视大学等学校进行试点。上述成人教育高校面对的是全年龄阶段的学习者，在参与的积极性、试点的便利性和自身管理的灵活性上有较大的优势，学分银行建设进入高速通道，其中的各种问题也开始逐渐被挖掘出来。

---

① 潘陶．"学分银行"的启示[J]．中国远程教育，2004（18）：58-60．

2. 国内学分银行的建设现状

按照周晶晶等人的整理，现有学分银行可以分为以下六个类型。①

第一，终身教育学分银行。终身教育学分银行以上海终身教育学分银行和广东终身教育学分银行为代表，云南、江苏、福建、浙江依托区域性广播电视大学（开放大学）建立了终身教育学分银行，其他省份也在积极筹建之中。通过几年的发展，它们成为主流话语体系的学分银行类别。终身教育学分银行一般定位为向区域内全体市民提供的学习成果的认证、积累与转换为主要功能的终身学习服务机构，基本概念内涵与外延和本研究提出的类似。比如《广东终身教育学分银行建设工作方案》中明确："广东终身教育学分银行是面向广东省全体社会成员，服务终身学习的省级学分银行。旨在促进各类教育之间的沟通与衔接，实现学习成果的认证、积累与转换，拓宽终身学习通道，搭建人才成长的'立交桥'。"从运作方式和操作模式来看，学分银行一般由当地教育主管部门主办，由当地广播电视大学（开放大学）具体运行和实施，其他各类教育机构作为网点或者合作单位参与。从现有的成效来看，平台、认证积累转换流程、信息公告服务、成绩证明服务等是学分银行的主要服务途径。

第二，市民学分银行。市民学分银行以浙江慈溪市市民学分银行为代表，其主要职责是建立市民终身学习账户，对市民终身学习成果进行记录和激励，进而助推终身学习体系建设。它在沟通各级各类教育上没有太多的关系，是一种功能较为单一的银行模式。慈溪市市民学分银行的主要部分是学习记录、学分积累、学分兑换，其运行过程是建立终身学习的记录系统，市民将参与终身学习的成果登记到相应的账户，系统按照学分标准体系折算成统一的学分，市民使用学分可以兑换各类奖励。还有的学分银行可以和教育服务、社区生活服务联系起来，比如北京西城区市民学分银行，可以在签约机构优惠打折。市民学分银行在激活市民参与终身学习的积极性上有一定的作用，由

---

① 周晶晶，陶孟祝，应一也."学分银行"概念功能探析——基于国内理论研究的回顾和实践探索的梳理[J].现代远距离教育，2017（1）：3-10.

市民学分银行所延伸出来的教育培训市场以及大数据布局,对于国家如何发展社区教育、闲暇教育、指导教育培训有积极的意义。

第三,联盟学分银行。联盟学分银行指的是通过联盟的方式,认定联盟内机构的学分,实现以学分银行为中介的学分互认。较为著名的联盟学分银行有2012年成立的陕西高等继续教育学分银行。其运作方式是西安交通大学、西安工业大学、西安电子科技大学、陕西师范大学等17所高校签订联盟协议,实现以学分银行为基础的学分互认,并设立了全省高等教育资源共享平台,尝试将各个学校的特色课程进修整合,提供给学习者学习,并建立了激励措施,支持省外高水平大学将优势特色专业和课程参与学分银行联盟,共享课程建成成果。联盟学分银行有多种形式,部分联盟学分银行并没有以"学分银行"的形式公之于众,比如2011年江苏、浙江、上海签订协议,推动"长三角"地区的高校学分互认;广州建立了大学城联盟,大学城的高校能提供选修课给所有人选修。更多的学分互认在合作高校成立的教育联盟中产生,比如上海29所成人高校对学历教育学分的互认等。

第四,成人高校学分银行。成人高校学分银行指的是成人高校将成人学习者已有的学习成果(学历教育学分、职业资格证书或非正规正式学习成果等)按照认证标准认定、转换为专业课程体系的学分,从而提升学习效率,减少非必要的重复学习,实现不同类别学习成果的互认。比如,上海建立了成人高等教育对非学历证书认证的标准和程序,形成了成人高等教育对非学历教育证书学分的认定一览表①;广播电视大学体系更是有英语、计算机等证书免修免考课程学分的长期做法;各类自学考试机构,比如广西大学高等教育自学考试学分银行。

第五,职业院校学分银行。职业院校学分银行兴起于2004年之后,其实质是在建立弹性学制的基础上对学分进行管理。比如,获取相应的职业资格证书、获取技能比赛的奖励、获取科技创新的成果等,可以按照一定的转换

---

① 王宏.学分银行构建的初步尝试——上海普通高校成人高等教育非学历证书认证研究[J].开放教育研究,2012(4):44-49.

规则转换为课程学分,最大限度地调动学习者的积极性。又如,2008年江苏技术师范学院实施了"学分银行"机制,通过鼓励学习者发挥特长,获取创新学分和拓展学分,形成了涵盖教育教学、技术技能、学科发展、辅修专业、体育文化竞赛的学分获取取代,应用于替换教学计划内要求的选修课学分。[①]职教体系学分银行应为具有超越自我的学习者成长体系构建功效和发展基于学习者职业能力的工具需要,并且自身课程的特征是按照"社会职业技能需求—职业教育课程—技能模块"组织,能较好地通过学分银行形成标准化的认证体系,这在理论上是可以率先建立起来的学分银行类型。

第六,企业学分银行。企业学分银行指的是企业自身,通过将培训模块转化为企业学习内容,并按照学分银行账户管理的形式,鼓励员工参与学习的体系。比如,安徽马鞍山烟草公司、浙江奥康集团等都建有自身的企业学分银行。

除此之外,还存在各类学分银行项目和计划。比如,北京市教委批准的"学分银行计划",为北京市高等教育改革的立项项目;在燕山石化公司试点,采取"企业推荐+几本技能综合测试+全国统一成人考试"的方式,为企业人员提供学习机会;浙江第三监狱的学分银行项目,为服刑人员办成人"双证制"教育培训班等。

(二) 国外学分银行制度

20世纪70年代以来,随着经济全球化的迅速推进,国际人才流动频率和层次不断提高。尤其是欧盟建立以后,欧洲加快了一体化建设进程。90年代,欧洲区域基本实现了经济政治一体化,人才的自由流动频率加快,需要更完善的体系支持人才的流动。随后,美洲、亚洲和非洲等地区也形成了区域性的各种层次的组织,比如美洲建立了"北美自由贸易区",亚洲建立了"东盟"等组织,基于区域的合作日益加深。这些区域性的合作极大促进了全球化的进程,也为人才流动打下了良好的基础。20世纪90年代,世界贸易组织成立,更是推动了全球化的发展。如今,全球化已经成为时代的主旋

---

① 郑晋鸣.用"学分银行"鼓励学生创新[N].光明日报,2011-2-24 (006).

律。与经济全球化如影相随的是教育全球化,世界教育全球化以留学生市场迅速扩大、跨国教育合作范围和深度提升、质量认证成为一种趋势、项目合作成为新常态、区域联盟效率发挥等多种形式的合作,改变了原有的教育生态,也影响了国家教育存在的外部环境和内部环境。一个国家的教育发展,对外必须加强合作协同能力建设,通过不断学习国外先进模式,不断提高教育教学质量,使自身成果得到其他国家的认可,实现不同系统之间的成果认证;对内必须改变教育发展的生态,必须围绕终身学习体系来重构教育体系,必须给学习者一个完整的学习通道,支持学习者的自由流动。在这样的条件下,各国需要建立各式各样的学分认证机制,解决教育壁垒、教育分割等现实问题,从而实现与其他国家的学分交流。在这样的背景下,国外逐步将学分认证变为一种全球趋势,成为推动终身教育体系构建和全球教育协同的重要力量,在一定程度上推进了教育公平的建设。[①] 但由于国情不同、制度不同、相关的名称迥异,学分在认证机制上有较大的差异,在体现各国文化的多元性和发展的包容性的同时,呈现了明显的区域性。从整体来看,各国的学分认证机制可以分为以下几种。

1. 以英国为首的"框架+标准"模式

在原英属殖民地,教育形态基本相同,外部环境类似,学分认证模式也较为类似。英国、澳大利亚、南非、中国香港等为代表的国家和地区学分认证机制的内核是"框架+标准"。框架就是我们所指的资历框架,标准指的是认证标准,其中澳大利亚是最早建立资历框架的国家。当然,最有影响力的资历框架还属英国。早在1987年,英国就建立了国家职业资历,试图对本国的各类资历进行归类。2001年,苏格兰政府推出苏格兰"学分和资历框架",威尔士政府推出"威尔士学分与资历框架"等五个资历框架[②],英国成为运行资历框架最多的国家。它们的资历框架有一些共同的特征,比如普通

[①] 鄢小平. 我国学分银行制度的模式选择和架构设计[J]. 远程教育杂志, 2015 (1): 33.

[②] 张伟远, 段承贵. 英国实施各级各类教育衔接和沟通的实践与教训[J]. 中国远程教育, 2014 (4): 13.

教育与职业教育紧密对应，同时与职业资格证书和其他培训形成对应关系，"将高等职业教育和平台高等教育实质性地等值起来"①，实现了将所有教育类别、培训成果及职业资格证书等不同的资历纳入同一个框架的目的。由于英国资历框架的分散性影响了实际实施的效果，2008年，英国政府试图推出一个全国性的资历与学分框架，以覆盖所有的教育类型和地区，实现整合英格兰、威尔士、北爱尔兰等高等教育与专业团体所有资历框架。② 这个全国版的资历框架，其显著的特点是引入"单元"和"学分"的概念，将课程分为任务单元，规定了每个学分为10个学时的学习时间，实施了以成效为本的学习评价原理，为学习者构建一个灵活的学习体系，鼓励学分相互认证，在世界上得到了较大的认同度，影响了英联邦小国和非洲、亚洲、大洋洲等国家的学分认证机制建设。

2. 以欧盟为代表的"框架+协议"模式

欧盟在20世纪90年代开启了经济、社会、文化一体化建设，是世界上使用区域货币的地区，人才流动性非常高。同时，由于历史的原因，欧盟各国的高等教育还是存在一定的差异，需要通过一定的机制集合在统一的比较框架中，建立统一的资历框架就应运而生了。欧盟资历框架建设的目标是建立适应欧洲统一的劳动力市场需求，显著特征是国家与国家之间，通过"协议"的方式，实现学分互认。2015年，欧盟正式推出的基于学习成果的8级资历框架，成为世界上认可度最高的资历框架，也影响了其他国家的资历框架。欧盟资历框架的特色不是具体、特定的资历，而是参考劳动力市场对教育和培训的人才要求，进行各类级别对知识、技能和能力的具体描述。其所提供的标准是"参照标准"，其他国家和地区的资历要与欧盟资历对接，前提条件是该资历已经在本国资历框架中得到认可。在学分互认的机制中，国家之间通过签订谅解备忘录来实现，也就是形成"协议"。同时，参与机构

---

① 匡瑛.英、澳国家资历框架的嬗变与多层次高职的发展[J].高等工程教育研究，2013（4）：124.

② 张伟远，傅璇卿.试论欧盟构建资历和学分跨国互认终身学习体系的运作[J].中国远程教育，2013（11）：22.

被要求保持互相信任并积极参与合作，保证信息上的透明度，促进跨国认证的公正性。这种模式充分释放了跨国之间的学分认证需求。对于国内而言，资历框架为学习者提供了广泛灵活的学习通道，方便学习者在不同的教育机构接受学习，对学习者选择优质资源有益；对于欧盟成员国而言，其支持劳动力的跨国学习和培训，促进了劳动力的职业教育和培训的流动。欧盟资历框架的建设，使欧盟各国与其他国家的资历交流较为顺利，显得更加国际化。欧盟资历的对接和认可，为欧盟国家的人才流动与经济、社会发展提供了充足的活力。

3. 以美国为代表的"协议式"模式

"协议式"的代表是美国、加拿大等行政分权国家实施的学分认证模式。在前文我们讨论过社区学院和普通本科院校之间的学分互认，具有典范意义的是美国的认证制度，其运行的核心是"协议"，即以建立认证制度为基础，各个高校通过签署协议，承认对方的学分模式，这不仅用于同地区的高等教育机构，还用于不同州的高等教育机构。美国作为一个典型的分权制国家，各州教育的大权主要掌握在州政府手中。因此，美国的教育相对比较多元，分散性比较严重，这种模式也带来了很多负面问题，比如"刚性"的缺乏。由于没有统一的"刚性"制度驱使教育机构必须认证其他教育机构的课程，参与高等教育体系的互动，因此，美国需要一种质量保障制度，即在高等教育内部及高等教育与其他利益相关关系体之中形成具有多重功能的认证制度，对内保障质量，对外实现各种教育资源的统一协调发展，使美国高等教育整体能按照一致的步调应对来自各方面的挑战，实现多元主体之间的制衡，这就是"协议式"认证机制的背景。为了与美国高等教育体系相适应，美国的"协议式"学分认证机制覆盖了法律系统、组织系统、标准系统和操作系统等系统，多种系统相互支持、相互作用，通过多方制衡支撑高等教育市场的有序竞争，[①] 实现了"环环相扣"的认证机制，确保了美国高等教育市场的有序。其显著的特点体现在以下几个方面：首先，通过认证机制建设，确保

---

① 熊耕. 美国高等教育认证制度的功能分析[J]. 比较教育研究，2005（2）：76.

了民众的真实教育信息，保障了民众在教育中的选择权。其次，政府将认证资格当作经济资助的前提。要获取政府的经济资助资格，就必须参与认证体系，这就将教育机构的生存和发展与认证制度捆绑在一起，对教育质量的基本面起到了有效的保障作用。再次，美国协同认证制度，建立了共同核心课程的机制。通过核心课程的确立，实现了社区学院与本科院校的沟通，也提高了社区学院的基本质量。最后，认证制度成为美国对教育调控的有效手段。美国的分权制特点，使各州的教育自由发展，认证制度对教育基本面的保障，解决了高等教育自身可能被肢解的问题，使整个治理体系更加有效。

4. 韩国的"学分银行"模式

韩国是正式建立了学分银行并大规模运行的国家，这是由韩国高等教育体系的特点决定的。在韩国，教育体系不区分公立和私立，全部实施完全学分制，学习者的自由度较高。[①] 但韩国国内优质高等教育资源较为匮乏，学习者通过正常途径入学的比例非常低，大量学习者不能进入普通高等院校学习。随着20世纪80年代韩国工业化的基本完成，社会转型的特征逐渐显现，国家进入"后工业化"时代，亟待提升人力资本的价值，支持韩国的快速发展。在这样的制度环境下，韩国迫切需要建立终身学习体系，回应这种向"后工业化"时代转型过程中的人才需求。在这样的背景下，韩国推出了学分银行建设作为终身学习体系建设的核心和关键支撑，拉开了韩国学分银行建设的序幕。

1995年，韩国发布"5·31教育改革"报告，确定了将学分银行建设作为终身教育体系建设的核心发展战略。1996年，韩国颁布教育史上有名的《教育基本法》，为实施学分银行建立了法律依据。1997年，韩国颁布了《关于学分银行认证的法律》和实施令（总统令第1548号），确定了韩国学分银行的建设主体，由韩国教育科学技术部和终身教育振兴院联合建设学分银行，并通过详尽阐述教学目标、课程科目、专业课程等，提供给学习者选择，学

---

① 覃兵，胡蓉. 韩国高等教育学分银行制探析[J]. 比较教育研究，2009（12）：65.

习者只要按照学分银行的要求完成特定专业学习课程的研修,并将学习成果存入学分管理系统,积累到特定数量,就可以获得高等教育学分证书。① 学分银行建成以来,其便捷的学习方式受到韩国社会的追捧,在韩国取得了一系列的理论与实践成果,推动了韩国终身教育体系的建设与发展,成为一种新兴的学分认证制度。但其证书的成效却让人担忧,有研究显示,取得学分银行高等职业证书的"证书含量"仅仅为普通高中水平。

四、中国建设学分银行的基本判断

中国的国情相对而言有些区别,区域差异巨大。有的区域已经完成了工业化,并向"后工业化"时代转型,有的却还远远没有达到工业化的水平。除了区域差异外,要在一个约14亿人口、960万平方公里国土面积的国家建立学分认证制度,有现实的难度。

(一)学分认证机制建设的中国教育发展需求

1. 教育体系的庞杂需要学分认证机制建设

中国有多种办学类型,既有层次分明的普通教育办学体系,又有职业教育、继续教育、成人教育、网络教育、老年教育、社区教育、远程教育、非学历教育、中外合作办学等。可以说,几乎所有的教育类型,都能在中国找到,或者是有类似的类别。这和中国国家的体量有关,也和各个地方发展不平衡有关。各种办学体系以不同的形式承担着中国教育的大任,也构建了中国教育的大生态。同样,中国教育也面临着标准缺乏和沟通失效的问题,尤其是高等教育体系在经济上依靠政府,政府对高等教育的控制力度也较大,围绕政府办学而很少考虑标准体系建设和与其他高校协同办学的问题。这样的高校,往往不认真思考自身使命,围绕更高层次的办学类型的获取而努力,导致有限的资源不能有效地为本层次的学习者服务。同时,中国庞大的教育机构,导致对其监管极其困难,尤其是对民办院校的监管和网络教育、开放

---

① 林晓凤,安宽洙. 韩国学分银行十五年:成就、挑战与未来[J]. 职教论坛,2015(3):44.

教育的监管。比如，有的网络教育学院设置大量不合格的教学点，不能实现规范招生，不按照基本的质量要求开展人才培养，导致大量的学习成果达不到其他教育机构认可的质量底线，伤害了学分认证体系的建设。在学分银行的推进过程中，其主要承担者是各个省级电大，而部分普通院校不认可省级电大的学习成果质量，要在此基础上实现合作，何其难也！

2. 数字化时代学习者主体意识觉醒对学分认证的现实需求

"主体意识是指支配人行为活动的潜在意识"，它驱动着人们求真、求善、求美和追求自由与创造。随着互联网的发展，在知识传播通道的多元化趋势下，学习者接受了更多的学习资源，也更深刻地理解了外部世界。比如，2012年随着MOOC的兴起，大量的学习者参与网络在线课程的学习，通过免费的网上在线课程拓展了视野。同时，这些行为也唤醒了学习者的主体意识。比如，在线学习隐匿的人际交互为学习者的批评性思维提供了保障，学习者对喜欢什么、接受什么有清晰的认知和思维能力。学习者主体意识的觉醒促使他们寻找属于自身的生活，同时也考量教育体系所提供的课程与学习对其适应程度，将学习领域拓展到了更为广泛的网络世界。这就产生了真切的学分认证需求，使教育者不得不扩大教育供给范围，而提供多元的学习途径，拓展学习成果的来源，建立多渠道的认证机制，使之能适应数字化时代的需要。也正是在这样的情形下，广东省率先提出了在线学习课程的认证。2015年，教育部发布了《关于加强高等学校在线开放课程建设应用于管理的意见》，鼓励学校通过开放课程建设、应用、引进与对外推广，提高教学质量。鼓励高校制定在线开放课程教学质量认定标准，将本校认定的在线课程纳入培养方案和教学计划，并制定在线课程的教学评价办法和学生修读在线课程的学分认定办法。

3. 对外开放合作的问题

随着中国更多融入世界经济圈，中国和世界的人才与教育交流问题逐渐被提出。在对外合作方面，教育一方面需要承接与"一路一带"等建设合作体开展教育、文化与人才交流，另一方面也需要通过不断吸取国外先进教育模式和办学经验为中国经济国际化提供创新型人才。因此，要加强人才培养的国际交流与合作,成为新世纪"中国崛起"的重要着力点。已有学者将对外合作作为高等教育的基本职能,这体现了对外合作的具体价值。对于教育本身而言,参与人才培养国际合作,实现人才的交流培养、人才的跨地区流动,充分借鉴合作主体之间的优势,分享先进的研究经验,对提升教育质量是有非常大的积极作用的。那么,要促进更好的合作,资历和学习经历的互认是极其有必要的。世界范围内建立资历框架和学分互认体系的经济体,本质上是为了提升国际教育合作的程度。比如,国际合作的典范,欧盟国家与国家之间,通过资历框架所规定的知识、技能和能力培育学习者,本国的学习者所取得的学习成果,可以得到其他国家的认可,这就极大地提升了人才流动的自由性。中国要拓展其教育影响力,也应该设置相应的认证通道,使自身办学质量得到更多国家的支持,同时,也需要吸引更多不同经济体的学习者来到中国学习。

4. 学习机会需要扩大供给

在中国,组织教育供给的因素有很多。在普通高校,招生制度等一系列原因引起的教育机构之间的壁垒现象,造成了教育机构与教育机构之间的不沟通;在整个教育系统,职业教育与普通教育的沟通渠道受阻;在职业教育领域,各类培训与职业教育本应该紧密联系,却长期处于分裂的状态,导致学习者本可以协调的学习机会,因为现实冲突被迫放弃。近年来,创新创业行动方兴未艾,其实践中蕴含了许多能力的淬炼,事实上与相应的课程学习成就相当,但由于学籍制度的关系,创业者只能选择终止学业,开展创业。近年来,继续教育得到了积极的发展,但就整个教育分布而言,存在人民群众参与继续教育程度偏低、时间偏少、内容连贯性程度差等问题。更为可怕的是,文化层次越低的民众,获取继续教育的机会越低,这种状况严重影响了学习者的素质,他们需要学分认证机制拓展资历与学历的来源,获得更多的学习机会。总之,在终身学习体系建设和知识经济兴起的大环境下,民众需要更多的学习机会,并得到学分认证机制的支持,帮其获取资历与学历,成就自己和服务社会。

(二) 中国学分认证机制建设的已有经验

中国没有形成统一的学分认证机制,也没有建立起类似于韩国的国家学分银行,但多个领域和多个区域在学分认证机制上进行了一些尝试,并取得了宝贵的经验。

1. "学分银行"的试点建设

国务院于 2010 年发文在"5+1"(国家开放大学与北京、上海、江苏、广东、云南)地区"探索开放大学建设模式,建立学习成果认证和'学分银行'制度"[①],我国真正开启了"学分银行"的试点工作。在拓展试点中,试图将职业院校、成人院校、开放教育等进行整合,实现学分的互认。其工作的重心在于希望建立学分认证的标准,按照课程向下延伸认证单元,试图通过认证单元在内容、标准上的对照,实现课程学分之间的互换。这种认证机制在中国国情中有一定的现实生存土壤,能有效地保障认证的质量,但认证层面的规范没有建立在成熟的基础制度之上,导致了认证标准建设工作的难度和实施需求缺乏。同时,过于关注操作层面的运行指导,忽视了基础的制度建设,导致在认证标准建设过程中人为因素过大,课程是什么级别,支持什么样的知识、技能和能力要求,并没有相应的基础制度来判别。

2. 政策驱动的学分认证机制

在国家层面,为推动学分互认机制建设,出台了许多政策文件,既有直接文件,也有政策依据文件。政策依据文件主要有 2010 年发布的《国家中长期教育改革和发展规划纲要 (2010—2020 年)》和《关于开展国家教育体系改革试点的通知》。《国家中长期教育改革和发展规划纲要 (2010—2020 年)》提出:"搭建终身学习'立交桥',促进各级各类教育纵向衔接、横向沟通,提供多次选择机会","建立继续教育学分累计与转换制度,实现不同

---

① 国务院办公厅. 关于开展国家教育体系改革试点的通知(国办法〔2010〕48 号)[EB/OL]. http://www.gov.cn/, 2017-03-16.

类型学习成果的互认与衔接"。① 《关于开展国家教育体系改革试点的通知》提出:"探索开放大学建设模式,建立学习成果认证和'学分银行'制度。"② 为落实这些文件的要求,2016 年 9 月教育部出台了《关于推进高等教育学分认定和转换工作的意见》。它是建立学分认证机制的直接文件,提出了推动各级各类教育学分认定与转换的实施要求。在省市层面也出台了一些政策,比如广东率先要求高校认定在线学习的课程学分,并出台了相应的文件;上海也发布了区域性的学分认证文件,推动了学分互认机制在学校层面的落实。总体而言,学分认证机制有了一定的政策基础,但还没有形成一系列的相互认可的机制。

3. 区域联盟的学分互认

区域联盟的学分互认指的是区域内的各级各类教育机构在政府组织或者是基于自身发展的需求推动下实施的学分互认行为。较为有代表性的是:2011 年,江苏、浙江、上海签订协议,推动"长三角"地区的高校学分互认;2014 年,广州建立了大学城联盟,中山大学、华南理工大学、华南师范大学等校"以平等自愿、优势互补、协商自治、合作发展的目的"设立了非法人的大学联合体,试图在"跨校选课、学分互认、精品课程共享"等领域实现协同。③ 另外,上海 19 所高校在市教委领导下,实现跨学校学习,所取得的成果可以互认。④ 其他有一定影响的还有北京学院路地区高校教学共同体、浙江四个高教园区学生跨校选课、五所交通大学学分互认的探索等。

---

① 教育部. 国家中长期教育改革和发展规划纲要(2010—2020 年)[EB/OL]. http://www.moe.edu.cn/publicfiles/business/htmlfiles/moe/moe_838/201008/93704.html, 2017-03-17.

② 汤诗华,毕磊,朱祖林,郭允建. 我国学分银行研究与实践述评[J]. 中国远程教育,2013(5):17.

③ 南方网. 广州大学城 12 所高校成立高校联盟 将实现教育资源共享[EB/OL]. http://kb.southcn.com/content/2014-12/30/content_115330089.htm.

④ 殷双绪,姚文建. 我国高等教育领域学分互认的典型案例分析及启示[J]. 中国远程教育,2012(11):29.

(三) 我国学分银行建设的基本判断

1. 逐步形成了以终身教育学分银行为主的学分银行体系

从现有的研究与实践来看,各省都以自身的步调来推进区域性学分银行,并且基本采取终身教育学分银行建设模式。这是由我国基本国情和现实需要决定的。首先,社会的转型升级需要借助学分银行拓展学习通道,决定了学分银行建设的主要类型是面向全体社会成员的。从现有发展环境来看,产业的转型升级势必造成劳动力市场的转型升级,需要教育系统的支持,依托学分银行激发学习者参与终身学习的内在动力,形成一致性、连续性和内在关联性的成长通道,实现人力资本的升值,是新时代对学分银行的要求。其次,教育系统融入终身教育体系的关键障碍是教育机构之间的协同不够。要打破这种长期形成的分裂状态,需要学分银行或者类似机构承担中介作用,优化资源配置方式,提升协同能力。终身教育学分银行面向的对象从某个、某类教育机构拓展到全体,通过资历框架建设,在理论上可以形成学历教育与非学历教育、学历与资历、能力与资历等之间的内在联系,与市民终身教育银行等仅仅作为物质和精神激励有比较大的提升,应该成为主导的模式。最后,新时代人们参与学习的零碎性、间断性和终身性是终身教育学分银行建设的基础。从学习者层面看,受到信息化浪潮的冲击和社会知识技能更迭速度的影响,参与学习逐渐变得零碎、间断和终身,阶段性的学分银行不适应这种发展需要,建立适应这种变化的终身教育学分银行是满足学习者学习变化的有效方式。

2. "框架 + 标准"成为学分银行建设的理想选择

在筹建或者积极推进的学分银行中,广东、湖南、浙江等地选择"资历 + 标准"模式,将"资历 + 标准"模式打造成学分银行建设的内核。对于学分银行而言,资历框架是一项基础性的、先导性的工作。不以建设资历框架来建设学分银行,学分银行的功效只能停留在简单的兑换业务中,而深层次的教育教学系统的变化,比如资历在多元化、"学"与"术"并重、质量导向中的作用,在不同级别资历之间的衔接作用,促进个体获取资源的资本作用和对终身教育体系建设的规划作用以及加大资源共享的建设作用,都不能实现。"标准"指的是"认证标准",包括过程标准、内容标准、监控标准等范畴。过程标准指的是学分认定的运行过程要规范科学;内容标准指的是在不同层级的知识、技能、能力上要边界清晰,过程可以界别;监控标准指的是要形成严格的质量保证体系,保证学分认定、学习成果转换等具备公信力的监督。忽视标准建设,学分的认证、积累与转换会消解参与者的积极性,削弱教育机构自身的话语权力,造成学分银行体系内对学分银行认定结果的不信任,进而消解学分银行的社会价值和教育价值。

3. "协同合作+纵横联动"的运作方式

学分认证机制建设是一项巨大的系统工程,资历框架和标准的建设都需要大量的人力和物力。资历框架的建设需要发挥行业的价值,在行业的主导下,政府组织与学校、企业等多元利益相关体形成治理机制,行业清晰地提出用人需求,学校组建学科专家将用人需求分解为任务模块,并设计能支持任务模块发生作用的课程体系与认证标准,企业对认证结果与是否达到需求进行有效反馈,各个环节紧密合作,形成多向交互关系和反馈关系。因此,"协同合作"是学分认证机制建设的基本运作方式。同时,在认证标准的建设上,课程的时代性需要企业的及时反馈,行业不断修订不同层级的人才标准,不断更新认证标准建设,使课程的质量能满足现实需求。对于课程内容建设而言,需要形成"纵横联动"的运作方式,纵向是各级各类教育机构的教学成果要形成有效的衔接,比如高职层次的课程与本科层次的课程之间的衔接,要在深度和广度上形成阶梯;横向是不同课程的认证标准要能力边界清晰,语义准确明了,不同教育机构在使用课程学分时能清晰知道学习者的已有水平。

4. 开放性、合作性、特色化的学分银行建设整体特征明显

在现有的学分银行建设过程中,不管是资历框架建设还是标准建设,可接入性成为学分银行建设的共同特征。比如,广东颁布"广东版"资历框架,将与欧盟框架、东盟框架、国家开放大学框架的对接方式进行了阐述;重庆颁布的"职教与远教一体化资历框架"也能与其他资历框架形成对接。除此之外,学分银行联盟建设、基于学分银行的资源建设和课程开放等成为

学分银行建设的重要内容，其重要发展指向就是通过不同教育机构的深度参与，共享学分银行建设的成果。同时，也鼓励发挥自身优势，将自身具有良好条件的课程、专业打造成特色，通过学分银行平台获取相关利益。不同区域的学分银行根据自身的特色，选择了差异性发展，比如重庆由于获取资源的有限，将现阶段发展的重点放在本科及以下的资历框架建设中，而资源相对较为丰富、支持力度较大的广东则选择了全阶段的学分银行建设。同时，在学分银行生态下，关注终身学习账户建设的学分银行，比如湖南终身教育学分银行、浙江终身教育学分银行；关注学习成果兑换的学分银行，比如上海终身教育学分银行等，都具有一定的特色，满足了当地发展的实际需求。

5. 认证主体问题、认证对象问题、质量保证问题是学分银行发展的瓶颈

上海开放大学学者率先提出"学分认定主体不清、学分积累能力不济、学分转换需求不足"的问题[1]，引发了学者们对学分银行建设的反思。笔者在《学分银行建设阻力及其消解策略研究》一文中提出了学分银行的七种阻力：制度建设滞后带来的阻力、学习成果的质量问题带来的阻力、办学者认知阻力、学习成果体系质量保证不健全阻力、学习者参与积极性不高造成的阻力、学分银行信息平台体验不佳、教师阻力。[2] 对其归因基本可以总结为三个因素：认证主体问题、认证对象问题和质量保证问题。认证主体问题指的是由谁来认证。理论上，学分银行作为政府主导建设的单位，学分银行认证学分是"理所当然"的归属，但是在现有制度环境下，学分银行的能力不济也是事实，这就造成学分银行所认证的成果并不能得到终身教育体系所有机构的认可。有学者讨论增加第三方认证服务，那么学分银行存在的必要性又要打折扣了。认证对象在理论上涵盖学历教育与非学历教育的所有学习成果，而非学历教育比如工作场教育要得到认可，其认证体系建设要解决的问题非同小可。"标准时间"是学者解决这个问题提出的方法，但"标准时间"的操作方式落地，同样充满建设者的主观性。质量保证问题指的是学习成果

---

[1] 杨晨. 我国"学分银行"建设的三大问题[J]. 中国远程教育, 2012 (6): 41-46.

[2] 吴南中. 学分银行建设阻力及其消解策略研究[J]. 成人教育, 2018 (2): 9-14.

的质量问题。由于认识差别、行业差别、社会需求差别、发展差别等主观和客观原因,对于学习成果的质量,学界存在较大的分歧。其依据也非常合理,比如不同本科相同名称课程的学习成果,在内容上差异性太大,要实现广泛的认可,需要从教学内容、教学方式和评价方式等方面形成一系列的制度。在目前环境下,这似乎不太可能。当然,形形色色的问题是学分银行建设的现实条件,学分银行"各方多赢、功在社会、利泽百姓"的发展价值受到广泛的认可,在发展改革中解决各种问题的前景是清晰的,道路是曲折的。

总之,从国际国内的经验来看,学分银行作为承载终身教育体系建设的重要载体,担任着沟通各级各类教育的作用,在支持社会转型过程中极其重要。自2004年提出学分银行建设开始算,已有14年之久;自2010年开始计算,也有8年的历程。纵观学分银行的建设现状,还不能说建立了真正的学分银行。在建设终身教育体系的关键阶段,教育理论界与实践者把握好建设什么样的学分银行的问题显得极其重要。可以预见,学分银行的价值依然值得期许,学分银行的阻力同样会在相当长的时间存在,实践者需要保持清晰的思路,把人民的利益放在学分银行建设的关键位置,保持攻坚克难的决心,顺应社会对终身学习的需求,在创新中建设学分银行。

第三章 学分银行的理论基础

从前两章我们已经知道,学分银行是在终身学习体系构建需求中的产物,受到终身教育理念和终身学习理念的支持,并深入分析了在终身学习体系构建的大环境下学分银行建设的必要性和整体策略。显然,要全面深入地理解学分银行的价值、推进学分银行建设,需要建立起更为广泛的理论支持。比如,学分制对学分认证运行体系的支持,成人自我导向学习对学分银行参与的动力机制的支持,泛在学习理念对多种不同学习成果的价值支持,等等。只有将这些理念贯穿于学分银行设计的各个环节,学分银行才能真正实现流畅运行。

一、终身教育、终身学习、学习型社会

(一) 终身教育

"活到老,学到老",已经成为我们日常生活中督促人参与终身教育的一个口号,这个口号在多次社会转型中得到发扬光大,是各类畅销书和"鸡汤文"中常见的励志语。在学术上的"终身教育",萌芽于19—20世纪的欧洲成人教育运动,在20世纪上半期欧洲阶级冲突和战乱频繁的社会困境中酝酿,在20世纪60年代以保罗·朗格朗为代表的成人教育学者的兴起以及影响力的产生下正式成型。其标志性事件是,1965年法国成人教育学者、联合国教科文组织成人教育计划处处长保罗·朗格朗在联合国教科文组织召开的"第三届促进成人教育委员会"会议上提交了一份《关于终身教育》的提案,

就终身教育的未来发展提出了五项基本目标。①

第一，社会要为人的一生（涵盖从出生到死亡的全过程）提供教育的机会；

第二，对各级各类教育的实施必须进行协调和整合；

第三，对小学、中学、大学以及地区性的社会学校、地区性的文化中心等场所和机构所发挥的教育功能，政府和社会应当给予积极的支持和鼓励；

第四，政府和社会应对类似工作日调整、教育休假、文化休假等针对本国公民的相关制度或者相关举措的实施发挥促进作用；

第五，要从根本上转变以往的教育观念，应使终身教育理念渗透到教育的各个领域。

1970年，在进一步完善和发展的基础上，保罗·朗格朗结合当时的国际社会发展背景，就终身教育发展的重要性和必要性做了更加全面而深刻的分析和阐释，在其重要著作《终身教育导论》中发表。在他看来，社会习俗的变迁、世界人口的膨胀、民主进程的深入、科技发展的迅猛、传播媒介的扩容、闲暇时间的增加、生活方式的嬗变、精神信仰的危机等，是需要一代人通过不断地学习和教育才能面对的问题和挑战。每个人参与教育和学习成为一种必然。教育需求的发展，冲击了原有的教育系统，必须以全新的教育制度来应对，教育问题不仅是一个纯粹的教育问题，还是社会转型发展中社会建设的重要内容。对此情形，保罗·朗格朗阐释："如果教育要在个人的整个一生中，在个人生活的诸多方面发挥作用，那么很清楚，主要的需要就是使它冲破学校体制的束缚，以占有（覆盖）既和工作有关又和闲暇有关的人力活动的全部……它并不处于'占有'的地位，而是处于'存在'的地位。"② 保罗·朗格朗对社会新的现实条件和现行教育制度深刻敏感，提出了

---

① 吴遵民. 现代国际终身教育论[M]. 北京：中国人民大学出版社，2007.
② 保罗·朗格朗. 终身教育导论[M]. 滕星，等，译. 北京：华夏出版社，1988.

教育应该向终身化的方向发展,并使之成为教育改革和发展的基本思想和基本原则。教育不仅需要鼓励社会力量参与教育活动,还需要整合社会资源,为终身教育提供相应的制度保障。

保罗·朗格朗的思想得到了联合国教科文组织的高度认同。1972年,联合国教科文组织发表《学会生存:教育世界的今天和明天》的报告,将终身教育思想带入了全球推广时段。该报告充分吸纳了保罗·朗格朗的终身教育思想,阐述了终身教育的内涵、目的,以及与民主社会相关的一系列观念和见解,成为教育类经典著作,在全球多次重印。关于终身教育内涵,该报告认为:"终身教育这个概念,从个人和社会观点来看,已经包括整个教育过程了……因此,终身教育就变成了由一切形式、一切表达方式和一切阶段教学行为构成的一个循环往复的关系时所使用的工具和表现方法","终身这个概念包括了教育的一切方面,包括其中每一件事。整体大于其部分的总和"。[①] 而教育的目的则变成了"在于使人成为他自己,'变成他自己'",也就是说,成为"完人","如果学习者从教育对象变成了学习主体,教育的民主化才是可能的,当教育采取了自由探索、政府环境和创造事物的方式时,那它就更加民主化了"。这些论断,清楚地传达了当时教科文组织对终身教育的基本追求,我们可以概括为以下几点:首先,教育应该是一个终身的过程,包括生活的各个方面;其次,终身教育的根本目标是完人的培养;再次,终身教育是人的基本权利;最后,教育的民主应该建立在自由、平等、尊重主体能动性和鼓励创造的基础上。教育最终的目的则是"学会生存",也就是通过学习者终身不断的自主学习与积极学习,努力追求人的"完成性",而非来自外在的规定。终身教育的参与是学习者内在自觉、自为和自决的结果,而且会因个体和时代的不同体现出无限的丰富性和可能性。

在联合国教科文组织的大力推介下,作为政策的终身教育开始在部分国家和地区启动,它们共同建构了20世纪70年代到80年代中期世界终身教育政策发展的基本图景。比如,1967年,巴西颁布《关于青少年和成年人实用

---

① UNESCO. Recommendation on development of adult education [R]. 1976.

读写能力训练及终身教育法》;1968年,丹麦颁布了《成人教育法》,明确要扩大成人学习和培训的机会;1970年,德国通过《教育制度结构计划》,确定了"学习的学习"为核心的终身教育原则;1971年,法国国民议会通过《终身职业教育法》,实施了全球闻名的"1%事业"制度(凡是雇佣10人及以上的企业,必须拨出职工年工资总额的1%作为职业继续教育经费)和"带薪教育休假制度";1976年,美国通过《蒙代尔法案》,确立了终身教育的法律地位;等等。从此,终身教育进入全面布局和实践推进阶段。总之,终身教育的政策思路主要是:缓解社会贫困;促进性别平等;促进跨国流动。围绕终身教育体系的着力点变成了促进终身学习参与、培养终身教育习惯、提高教育体系的互通互动和开放。

(二)终身学习

"终身教育是通过一个不断的支持过程来发挥人类的潜能,它激励并使人民有权利去获得他们终身所需要的全部知识、价值、技能与理解,并在任何任务、情境和环境中有信息、有创造性和愉快地运用它们。"[1] 终身学习是伴随终身教育的实际进展而产生的,随着终身教育的开展,学习者的被动地位不能实现终身教育关注全人性和全域性的目标,将学习的主动性还给学习者成为终身教育实践中成长出来的理念。在联合国教科文组织1972年的《学会生存:教育世界的今天和明天》和1976年的《关于发展成人教育的建议书》中写道:"教育正在越出历史悠久的传统教育所规定的界限,它逐渐在时间和空间上扩展到它的真正领域——整个人的各个方面。……在这一领域内,教学活动便让位于学习活动。虽然一个人正在不断地接受教育,但他越来越不成为对象,而是越来越成为主体了。"事实上,终身教育和终身学习意涵相一致,细微的区别在于终身教育强化提供者,终身学习强化学习者的主体地位。但这样的差别对于其学习本质而言,是统一的。一方面,教与学本身是相互联系的教育共同体,失去任何一方都会失去教育学的意义;另

---

[1] 朱敏,高志敏.终身教育、终身学习与学习型社会的全球发展回溯与未来思考[J].开放教育研究,2014(2):50-65.

一方面，从教到学是一个教育发展的自然逻辑，随着人的成长和发展，教让位于学，最终实现学习者主动参与和自主学习，是教育发展的自然逻辑，也符合现当代教育改革和发展的趋势。

终身学习概念正式得到强化的重要时间是1973年，经济合作与发展组织于这一年颁布了一份重要的政策性文献——《回归教育：终身学习的策略》，这份文献将义务教育后的教育和培训作为重点，将终身学习的理想转化为了最终的图景，并开始在各个国家推进。其基本原则和目标可以提炼为：促进学校学习与其他生活情景学习发生互补；义务教育的结构和课程要适应学生在继续学习与从事工作之间做出选择；教育政策、公共政策与就业劳动力市场政策之间要有一定的沟通和协调；在各种学校中广泛实施补偿教育；通过传统大学的开放，扩大成人接受高等教育的机会；教育要尽可能随时随地满足成人的学习需要；承认与工作相关的经历并将之视为入学资格的一部分；扬弃传统的一次性教育模式，并确立真正的终身继续教育模式；在高等学校和工作场所之间促进工作和教育的交替发生。

在此法之下，许多国家出台了各类政策予以倡导和支持。比如1977年，瑞典实施"25-4"制度，即年满25周岁并且有4年工作经验的成人，具有一定的语文和数学能力，可以免试进入高等教育系统学习；70年代中期，新西兰建立了法案，允许成人回到学校继续学习；1981年，日本发布《终身学习报告书》，提出整体教育制度应该加强促进个人的终身学习。

相对于终身教育，终身学习更激进地为学习者提供各类学习的通道，关键是对工作场学习的支持，在某种程度上激活了整个社会参与的动力。落实到学分银行层面，也就面临着如何认定的问题，这成为各国建立资历框架的直接推动因素。比如，《欧洲终身学习资格框架》就是在这样的环境中为个人的学习和培训资格在欧盟之间的相互承认提供了统一的基础。

（三）学习型社会

学习型社会是一种社会形态的描述。"对每个成年男女，除了在其生命成长的各个阶段，提供非全日制的成人教育之外，还将努力致力于实现两种成功的价值转换：使学习、成就和完善人格成为社会的目标；使所有的社会制度都将以此为思考和行动的导向。"① 学习型社会的初期设想来自美国教育学家罗伯特·哈钦斯，其产生的时间基本与终身教育思潮一致，这和社会发展的阶段性有较大的关系。其代表作是 1968 年出版的《学习型社会：以学习求发展》一书，哈钦斯指出："教育是一个精心计划、有组织的过程，帮助人们变得更加智慧……它没有更多的'实际'的目的……教育只对通过心智促进人类发展感兴趣，其目的不是人力资源而是人性。"② 学习型社会关注致力于所有人的全面发展和潜能实现，社会制度的存在和发展都以此为中心。这一理想得到了国际社会的回应，《学会生存：教育世界的今天和明天》明确指出社会发展的方向是：向学习化社会前进，并且阐述："如果我们承认，教育现在是，而且将来也越来越是每个人的需要，那么我们不仅必须发展、丰富、增加中小学和大学，而且我们还必须超越学校教育的范围，把教育的功能扩充到整个社会的各个方面。""我们越来越不能说，社会的教育功能乃是学校的特权。所有的部门，包括政府机构、工业交通、运输都必须参与教育工作。""一个社会既然赋予了教育这样重要的地位和这样崇高的价值，那么这个社会就应该有一个它应有的名称——学习化的社会。"随后，教科文组织正式提出了"向学习型社会前进"的目标，其内容主要有：将终身教育看作是创建学习型社会的基础，积极奉行并建立终身教育制度，使终身教育成为各级各类教育改革的指导原则；大力发展工业、商业、农业等非教育部门的教育功能，鼓励更多的居民参与到教育工作当中，比如志愿者活动；发挥学习者在生活和教育活动中的责任与作用。然而，学习型社会由于其缺乏明显的基础，导致其所提倡的理念并没有落实到现实生活中，成为教育的"乌托邦"。这一状况在 20 世纪 80 年代到 21 世纪初期才得到很好的改变。1986 年，国际著名教育学者胡森出版了《再论学习型社会》，他提出终身学习是现代继续教育的重要内容，其意义是促进人民如何应对现代社会的各种

---

① 高志敏，贾凡．展望新的征程，期待新的腾飞——关于学习型社会、学习型社区建设的师生对话（上）[J]．当代继续教育，2013（2）：10-15．

② 学习型社会建设研究课题组．学习型社会建设的理论与实践：学习型社会建设研究子课题报告集[M]．北京：高等教育出版社，2010．

变化。"技术的进步不断地淘汰旧的职业,产生新的职业,一个人的社会地位在很大程度上取决于他在教育上获得的机会和在教育中形成的能力。"① 随着科学技术的发展,人民自身也感受到这种进步对自身日常生活的挑战,学习要突破校园的桎梏,成为社会的重要特征。为此,日本等国家纷纷提出了学习型社会的建设,并使之在企业等强势回归。促进学习型社会,激活其动力,成为学分银行建设的重要目标,也成为构建学分银行的理论基础。

从发源来看,终身教育、终身学习和学习型社会基本来源于同一历史阶段,他们共同驱动了教育理念的发展,需要教育体系予以系统性的支持。对于学分银行来说,它们的作用主要体现在:首先,给予学分银行行动方向的指引。终身教育、终身学习和学习型社会的基本主张是教育和学习应当是终身的,学分银行要服务于从出生到死亡的全部过程。其次,给予学分银行功能性的指引。要促进终身教育、终身学习和学习型社会的发展,需要通过一种组织,提供激活学习者能动性的机制和体系。学分银行就是这样一种体系。再次,给予学习者更多的学习回馈。学分银行要设计工作场学习的资格认证,确实落实相关制度来保障教育和学习向所有人提供平等的机会。最后,提供教与学的过程连续性和终身化。要更好地利用学习时间,减少重复学习便成为必要。这些都是学分银行建设的核心基础。

二、学分制

学分制是学分银行改革的基础。从形式和表象来看,学分制是一种教学管理手段,是衡量学生学习的一种工具和策略手段。在学分银行的具体运行中,只有转化为了标准的学分,学分银行才能建立起相应的制度体系。

学分是衡量学生学习量的一种单位,其主要功效体现在时间量化表达、个性化自由学习、学习成果认定与转换的桥梁等之上。② 由于不同的教育制度和教学管理办法,导致学分的度量值存在较大的不同。比如,在加拿大,

---

① 顾明远,石中英.学习型社会:以学习求发展[J].北京师范大学学报:社会科学版,2006(1):5-14.
② 杨兰.对学分的再认识[J].成人教育,2015(7):24-27.

修完110学时的课程学习时间为1学分；日本35节50分钟的课程教学为1学分；美国卡内基教学发展基金会将一门课不少于120学时组确定为1个卡内基学分；我国将讲授、讨论课程每周授课1学时，学完1学期（一般为18至20学时）的课程为1学分。学分银行需要面对不同的教育类型，如何客观准确地评价学习的难度以及在同一资历下所需要的学习时间，学分应该有一个统一的标准。

学分制起源于19世纪德国的大学，最终通过哈佛大学发扬光大。1810年，德国创办了柏林大学，开始了大学崇尚科学研究和学术自由的时期。在柏林大学，教师可以自由发表他们的学术思想，学生可以自由选择他们学习的课程。当获取了相应的课程数量之后，可以得到相应的资历。19世纪初，许多美国学者从德国留学之后，将德国这种崇尚科学研究和学术自由的思想带回美国，并开创性地进行了学科实验。1779年，杰弗逊在威廉·玛丽学院开设选修课，在弗吉尼亚大学推行"平行课程"，允许学生在8个不同科类的8组规定课程中选学1组课程。随后，哈佛大学等高校开始效仿这种选课方式。1869年，艾略特就任哈佛大学校长，推行选修制，规定学生只要获取了相当数量的学分，即可获取学位。学分制从此正式产生。

学分制经过不同国家和地区的尝试，产生了多种形式。在我国，通过学习和借鉴外国经验，出现了不同的学分制类型。比如计划学分制，即既注重欧美学分制灵活的长处，又强调实时计划指导下的灵活性。具体的操作方式是，划定专业核心课程，实施专业核心课程保底制度，选修课程学分则不封顶。这样既保证了人才培养的基本规格要求，又尽量扩大了学生的知识面。还有一种是学年学分制。它的显著特点是将学年制和学分制的管理办法结合起来，通过选修的方式拓展学生选择的空间，但一般不允许提前修满学分毕业。我国的学分制有几个特点：首先，是在保留专业的前提下设置的；其次，班级授课制占主导地位；再次，学籍管理界限较为分明；最后，在现有的环境下，实施学分制的指导思想是既鼓励学生"冒尖"，又注重大面积提高教育教学质量。

从学分银行的基本业态来看，学分制是学分银行赖以生存的基础。探索学分银行，需要在现有的学分制的基础上，通过制度的合理调整，实现学分银行的功能。

三、泛在学习

要理解学分银行的价值，就得理解方兴未艾的学习概念——泛在学习。泛在学习从字面意义上来说，指的是每时每刻的沟通和无处不在的学习，是任何人在任何地方、任意时刻获取所需要的任何信息支持其学习的一种理想性的描述。泛在学习的精神与终身教育、终身学习和学习型社会的理念一脉相承，并体现了创新。从远古时代开始，人们大量的行为都是在生活场、工作场发生的。随着教育的专门化和专业化，教育从生活生产场地转移到专门场地。随着时代的发展，专门场地的教育已远远不能满足学习者的需求，需要整个教育领域为民众的终身学习提供支持。20世纪90年代，全球兴起了开放资源运动（OCW），试图联合全球各地高校，提升在线资源的量，支持民众开展自主学习。2012年，开放资源运行演变为大规模免费开放教育课程（MOOC）。然而，在线学习存在缺陷，它们必须借助一定的终端，它们的作用是否发挥与学习者的自我参与有极大的关系。在这个过程中，数字学习逐渐延伸为泛在学习，克服了数字学习局限于在线的特征，将学习的场域拓展到社会生活的各个方面。

20世纪80年代后期，Xerox PARC首席科学家马克·维瑟提出："最深刻的技术是看似消失的，它们融入了每天的生活当中以至于不可分辨。"这是计算机技术发展的基本趋势。比如，呈现在你面前的最需要的检索内容、更加舒适的情境模拟、更快捷的支付等，其背后都是由复杂的技术在支持的。"泛在计算"的概念由此产生。而"泛在学习"的概念从"泛在计算"演绎而来。泛在学习的目标就是创造让学生随时随地、利用任何终端进行学习的教育环境，试图实现更加有效的以学习者为中心的学习方式。在泛在学习环境中，学习者可以根据自身喜好，选择不同的学习空间，以多种方式开展学习，通过提高学习环境的智能化程度，实现知识的获取、存储、编辑、表现、传授和创造的优化。

通过研究，泛在学习具有如下特性：第一，持续性。它也称为永久性，指的是学习者能在一个连续性、无缝性的环境学习，保持学习状态，除非自身要求脱离学习。第二，可访问性。它也称为可获取性，指的是可以获取到学习相关的一切形式的学习资源，包括文字、图片、视频、音频等。第三，直接性。它也称为及时性，即无论学习者在哪里，都可以直接从数据库获取信息，通常是及时的，如点击学习在线视频即可实现即时播放。第四，交互性。它指的是学习者可以及时地和资源提供者互动，或者是投入学习共同体参与相关话题的讨论，通过同步或者异步的方式，实现信息交互，从而实现学习互动。第五，主动性。在泛在学习的理念下，相关材料的提供是主动的，提供者能智慧感知到学习者及其需求，从而通过资源的推送，产生信息的交互和学习。比如，当服务器定位到有用户进入所属区域时，泛在学习系统会主动发送相应的服务内容，供用户选择，实施主动服务。第六，教与学互动的场景性。学习者所处的情节不同，学习的方式不同，学习是和日常生活紧密联系的，比如在旅游的时候，所呈现的学习路径和在闭塞的书房学习提供的是两种情节。总之，学习者所遇到的问题和所需要的知识可以有效地呈现出来。泛在学习就是"以人为中心，以学习任务本身为焦点"的学习。在泛在学习环境下，学习是一种自然和自发的行为，学习者参与学习是主动的，学习者所关注的是学习任务和学习目标本身，而不是外围的学习工具和环境因素。由于泛在的特性，学习者可以在任何地方、任意时间，接入他们所需要的学习材料，开展学习。学习过程蕴含的学习主动性，体现了学习者的自我导向学习的属性。因此，随着互联网的普及，尤其是大数据、云计算、人工智能等的出现，泛在学习将会成为未来主流的学习方式。学习者通过多种场景、不同时长的学习，形成终身学习的习惯。

要实现泛在学习目的，必须把握泛在学习学习资源的广泛性、学习路径的多样性、学习支持服务的灵活性等特征。主要呈现的方式可以分为以下三类。

第一，正式的课程学习。类似于MOOC平台，指的是基于特定资源和教师的证书学习，也包括了证书教育的课程学习，相关专业教育机构要通过课程设计、教学大纲的制定、泛在学习资源的呈现、安排学习活动、开展学习测评等,学习者通过该自主参与学习,选择课程并完成课程学习所需要的一切环境,包含评价等内容。正式的课程在理论上都可以纳入学分银行建设过程,前提是质量上满足相应的要求。

第二,非正式资源学习。非正式资源学习是指完全基于数字化学习资源的非正式学习。学习者通过自身的学习需求,借助学习平台,查找合适的学习资源,利用学习资源开展学习,获取相应的学习成果。需要注意的是,非正式资源的学习,所借助的学习资源形式是多样的,同时结果也不通过相应的渠道评估。

第三,非正式主题学习。非正式主题学习指的是基于学习资源和教师的、介于正式学习和非正式学习之间的一种学习模式,比如"在线学习网"。"在线学习网"通过提供相关主题创设学习环境,并开展支持服务。非正式主题学习的典型代表有新东方英语培训、北大青鸟 IT 培训等。

学分银行作为终身学习体系的支点,需要将社会领域存在的各种学习类型通过特定的评价标准和科学的运行机制吸取进来,进而形成激励学习者进一步学习的动力和获取相应资历的筹码。

四、自我效能感

自我效能感指个体对自己是否有能力完成某一行为所进行的推测与判断,是美国著名心理学家班杜拉于 20 世纪 70 年代在其著作《思想和行为的社会基础:社会认知论》中提出的概念。班杜拉对自我效能感的定义是:它指"人们对自身能否利用所拥有的技能去完成某项工作行为的自信程度"。该概念被提出以后,心理学、社会学和组织行为学领域开始对此进行大量的研究。班杜拉认为,由于不同活动领域之间的差异性,所需要的能力、技能也千差万别。一个人在不同的领域中,其自我效能感是不同的。因此,并不存在一般的自我效能感。任何时候讨论自我效能感,都是指与特定领域相联系的自我效能感。

班杜拉在他的动机理论中指出,人的行为受行为的结果因素与先行因素的影响。行为的结果因素就是通常所说的强化,但他关于强化与传统的行为主义对强化的看法不同。他认为,在学习中没有强化也能获得有关的信息,形成新的行为。而强化能激发和维持行为的动机以控制和调节人的行为。因此,他认为行为出现的概率是强化的概率这种观点是不确切的,行为的出现不是由于强化,而是由于人认识了行为与强化之间的依赖关系后对下一步强化的期望,他的"期望"概念也不同于传统的"期望"概念。传统的期望概念指的只是结果的期望,而他认为除了结果期望外,还有一种效能期望。结果期望指的是人对自己某种行为会导致某一结果的推测。如果人预测到某一特定行为将会导致特定的结果,那么这一行为就可能被激活和被选择。比如,儿童感到上课注意听讲就会获得他所希望取得的好成绩,他就有可能认真听课。效能期望指的则是人对自己能否进行某种行为的实施能力的推测或判断,即人对自己行为能力的推测。它意味着人是否确信自己能够成功地带来某一结果的行为。当人确信自己有能力进行某一活动,他就会产生高度的自我效能感,并会去进行那一活动。比如,学生在不仅知道注意听课可以带来理想的成绩,而且还感到自己有能力听懂教师所讲的内容时,才会认真听课。人们在获得了相应的知识、技能后,自我效能感就成了行为的决定因素。

班杜拉等人的研究指出,影响自我效能感形成的因素主要有:

第一,个人自身行为的成败经验。这个效能信息源对自我效能感的影响最大。一般来说,成功的经验会提高效能期望,反复的失败会降低效能期望。但事情并不这么简单,成功的经验对效能期望的影响还要受个体归因方式的左右,如果归因于外部机遇等不可控的因素就不会增强效能感,把失败归因于自我能力等内部的可控的因素就不一定会降低效能感。因此,归因方式直接影响自我效能感的形成。

第二,替代经验或模仿。人的许多效能期望来源于观察他人的替代经验。这里的一个关键是观察者与榜样的一致性,即榜样的情况与观察者非常相似。

第三,言语劝说。因其简便、有效而得到广泛应用。言语劝说的价值取决于它是否切合实际,缺乏事实基础的言语劝说对自我效能感的影响不大,在直接经验或替代性经验基础上进行劝说的效果会更好。

第四，情绪唤醒。班杜拉在"去敏感性"的研究中发现，高水平的唤醒使成绩降低而影响自我效能。当人们不为厌恶刺激所困扰时更能期望成功，但个体在面临某项活动任务时的心身反应、强烈的激动情绪通常会妨碍行为的表现而降低自我效能感。

第五，情境条件。不同的环境提供给人们的信息是大不一样的。某些情境比其他情境更难以适应和控制。当一个人进入陌生而又易引起焦虑的情境中时，其自我效能感水平与强度就会降低。

上述几种信息对效能期望的作用依赖于对其是如何认知和评价的。人们必须对与能力有关的因素和非能力因素对成败的作用加以权衡，人们觉察到效能的程度取决于任务的难度、付出努力的程度、接受外界援助的多少、取得成绩的情境条件以及成败的暂时模式。班杜拉的社会学习理论认为，这些因素作为效能信息的载体影响成绩，主要是通过自我效能感的中介影响发生的。

在学分银行中，自我效能感指的是对学分或者学习成果予以承认，肯定人们参与终身学习活动的坚持，影响其参与学分兑换的效率，进而影响社会参与的情绪。

五、自我导向学习理论

1966年，塔富（Tough）首次提出"自我导向学习"（Self-Directed Learning）这一术语。时至今日，自我导向学习在世界很多国家和地区都受到广泛的关注、研究及应用，并普遍认同自我导向学习是一种比较理想的成人学习方式。自我导向学习是指学生自主设立学习目标，选择学习资源，自我激励、自我评价的学习过程。自我导向学习体现了学习者学习的主体性和参与性。著名教育学家诺尔斯（Knowles）认为："自我导向学习是成人最自然，也是最好的学习方式。"自我导向学习是成人学习的主要方式，它是人的发展和成熟的必然表现，也是实现人终身学习、独立学习和人类自我可持续学习与发展的保证。研究表明，自我导向学习有以下几个特征。

第一，自我导向学习具有自主性。自我导向学习在学习过程中有很强的自主性，学习者可以不受其他因素控制而自主确定学习目标、选择学习内容、确立学习方式。

第二，自我导向学习具有灵活性。自我导向学习极为灵活，表现在自主选择学习内容，可满足不同个体发展需要；学习方式灵活，可自主选择多种形式进行学习；学习场所灵活，不受空间限制；学习时间灵活，可随时抽空学习，也不受年限限制。从这个角度而言，自我导向学习又具有终身性特征。

第三，自我导向学习强调内外结合。自我导向学习不是纯粹的自主和完全独立的学习过程，而是内部过程和外部动作的有效结合。Ralph G. Brockett 和 Roger Hiemstra 认为，学习中的自我导向包括作为教学方法的自我导向和作为个性特征的学习者的自我导向。前者是一种历程取向，后者是一种个人取向。学习中的自我导向就是为了求得学习者"外在"和"内在"的平衡、"自我"和"他人"的辩证结合。学习者在自我导向学习过程中，既要摄取历程取向中的外部因素，又要兼顾个人取向中的内部因素，做到个人内部与外部的统一。

第四，自我导向学习强调批判性思维。批判性思维是通过对某一观点或信息进行分析而使外部经验获得意义的过程，其建构意义的内部责任与证明知识有效性的外部"共享性控制"是和谐、统一的。因此，批判性思维与自我导向学习之间联系密切，自我导向学习离不开学习者批判性思维的影响与支配，自我导向学习者本身就是一个批判性思维者。

第五，自我导向学习注重小组式学习。根据有无参与学习的主体及其学习内容自主性大小，自我导向学习可分为独立式、个人式、集体式、小组式四种类型。小组式自我导向学习是指学习者参加小组学习活动，与小组其他成员共同学习，互通有无，利用各人收集的学习资源补充小组学习中的不足的学习形式。小组式自我导向学习效果最佳，表现在小组成员间易形成开放、和谐、温馨的气氛；自我导向学习中的促进者提供系列需求清单，学习者根据需求，拟定自己的学习目标；根据学习目标及小组成员特性，选择合适的学习方法，并制定学习契约，以监督自身和他人；学习过程中，各成员根据计划学习，互通有无；评估成果，实现自我价值。这些都可以合理地迁移到各个层次的教学过程中,尤其是支持混合学习的各种教学模式。

(一)自我导向学习的内涵

自我导向学习自 20 世纪 60 年代诞生以来,成为研究者普遍承认的一种比较理想的学习模式,尤其是在高等教育阶段。在相关研究中还存在一个显然的事实,即目前对自我导向学习还缺乏一个被理论界普遍接受的一般性定义。

塔夫把自我导向学习界定为"由学习者指定学习计划和引导学习活动进行的自我教学"。加拿大皇后大学的苏姗·威尔考是自我导向学习的倡导者,他把自我导向定义为"在整个学习过程中,学员自定学习计划、自我执行学习计划,并对学习结果进行自我评估"。世界著名的教育家诺尔斯于 1975 年对自我导向学习做出界定,认为自我导向学习是个体主动地借助或不借助他人的帮助来判断自身学习需要、制定学习目标、确定学习的人力及物力资源、选择及实施适当的学习策略,以及评价学习结果的过程。他的自我导向过程观(学习过程)被大多数自我导向学习的研究者所认同并引用。显然,这几种定义可以归类为"过程观"的理解,即从学习过程的角度出发,将自我导向学习视为一种教学方法、一种学习过程。

Bolhuis、Carrison 和 Guglielmino 从另外一个视角对自我导向学习进行了界定。Bolhuis 和 Carrison 认为,自我导向学习把学生看成是自己学习过程的责任者与管理者。自我导向学习将自我管理(对于情境的管理,包括社会情境、资源和行为)与自我监控(学生控制、评价和调控认知学习策略的过程)融为一体。Guglielmino 认为,自我导向的学生是能够自己引发学习,并能独立而继续地进行,具有自我训练的能力和强烈的学习欲望和信心,能够运用基本的学习技巧,安排适当的学习步骤,发展完成学习的计划和利用资源有效进行的人。这几种定义是从学习者内在特征与发展的角度出发的,强调学习者的责任感、自我激发动机等,可以归类为"个性特征观"的理解。在这种理解下,自我导向性是一种人格倾向或人格特征,是人在行为中表现为独立和自主的内部心理依据,即对自我导向学习的一种心理倾向,所以又被称为学习者自我导向。

（二）自我导向学习的特点

1. 自我导向学习具有自主性

自我导向学习强调在整个学习过程中，学习者自己选定学习目标，制订学习计划，自我支配和控制学习活动，依赖自己的实践活动自我评价学习的效果。可以说，整个学习过程是学习者在自学实践中不断发挥主观能动性进行独立探索、自我学习的过程。它比较适合于高度自主性的学习者。

2. 自我导向学习具有灵活性和普遍性

自我导向学习不受时间和空间的限制，学习内容广泛、丰富，学习场所也灵活多样，并且适合各行各业人员。它不但能顾及学习者的个别差异，更主要的是能满足学习者的不同需要。自我导向学习者可以根据自己的特点、需要和知识经验灵活选择适合自己的学习内容和学习方式，并通过这种普遍、灵活的学习方式，获得应有的发展。

3. 自我导向学习具有终身性

科学技术的突飞猛进，知识更新的速度加快，信息化时代的到来，对人的素质提出了更高的要求。一个人要想在社会中实现自己的人生价值，获得持续的进步和发展，唯一的办法就是学习、学习、再学习，要活到老，学到老。而人的终身学习，从根本意义上说，就是一种有辅助的自我导向学习。

（三）自我导向学习对学分银行的价值

自我导向学习需要有一个明确的目标和按照自己风格设置的路径，能实现不受时间和空间限制的学习，而学分银行规定了不同等级知识、技能和能力，设置了专业能级的晋级引导，学习者具有更加清晰的目标。

显然，学分银行及其建设涉及更多的理论。比如，作为一项系统性的改革，需要系统论的支持，同时政策学、社会学、学习心理等相关理论支持学分银行对教育教学的改革过程并起一定的作用，但限于篇幅，笔者仅尝试讨论了学分银行最为核心的理论，以及它们在学分银行建设中的作用。

第四章 学分银行建设的动力机制

作为一种支撑终身学习体系的建构体,学分银行建设的根本在于机制建设,而在涉及学分银行机制的相关子机制中,没有什么比动力机制更为重要的事情了。众所周知,理念是建立在认知基础之上的,认知是建立在行为基础之上的,没有动力就没有行为,要激发学分银行建设的动力,需要找准学分银行建设的动力源,通过分析学分银行动力产生和维持的方式,构建学分银行建设的动力机制。我们知道,机制是一系列元素及其相互关系的总和,要探索机制,需要找准其基本构成元素,进而寻找它们的相关关系,构建它们的作用方式。学分银行的动力源在哪里,它们作用的方式是怎么样的,如何构建它们的动力机制,是本章试图解决的问题。

一、学分银行建设的动力源

事物的运行有其发展的驱动力,也就是动力源。动力源是发展的基础,在帮助学习者发展或者是教育下属、后代的时候,需要找准其需要什么,从激活他们的动力开始。要探讨动力源的问题,我们得先知道什么是动力。按照《辞海》的解释,"动力"一词来源于机械做功的各种作用力。[①] 引申到社会学领域,指的是推动工作、促进事业发展的前进的力量,实现了从物理力量到"软力量"的转变。管理学进一步提出,正确运用动力,才能促使管理

---

① 中国社会科学院语言研究所词典编辑室. 现代汉语词典[Z]. 北京:商务印书馆,2006.

工作正常和持续进行。学分银行建设需要找准这种动力，促使动力围绕学分银行的建设运行。先要找准激活学分银行建设的动力源，分析其动力的作用方式，把握其相互作用机理，成为构建动力机制的逻辑起点。在第一章中我们讨论过学分银行最大的推力来自于终身学习体系的构建，细分其动力源，我们可以从以下几个方面找到一些蛛丝马迹。

（一）学分银行的社会价值：支持终身学习体系的构建与运行

终身学习体系构建实际上是一种社会构建，学分银行的社会价值，就是成为社会构建中的重要组成要素。教育作为劳动力培育的体系，在社会中扮演着极其重要的作用，社会学者研究提出，教育是关于社会不公平的最大测量者。[①] 教育公平意味着社会公平。从整个世界的工业化进程可以发现，教育成了开发资产资源的工具，社会的发展和教育的发展息息相关。具体到社会阶层，教育也是促进社会流动的主要力量，通过教育，社会各个阶层实现了有序的流动。在中国乃至世界，社会阶层的流动主要依靠教育。对于许多中产阶级而言，教育扮演的角色具有传奇性。现代社会中的大部分中产阶级，都是依靠教育实现社会分层过程向上流动的结果。教育的价值显然还不止这些，放大到整个社会领域，可以发现，教育的拓展（包括深度的拓展和广度的拓展）是获取社会发展的一个必要条件，教育拖了后腿，无论是社会发展所需要的高端人才还是规避贫困的"扶智"活动都会大打折扣，这也是终身教育、终身学习、学习型社会理念受到全球青睐的主要原因，更是各国要大兴终身学习体系构建的主要动因。从这个意义上来看，教育从来不是单纯的教育问题，而是一个关系到每个人的社会问题。正因为如此，几代高瞻远瞩的中国领导人都对教育发出了自己的声音，每年的政府工作报告都对教育内容予以高度重视。同样，学者们对教育之于社会发展的重要价值更是有深刻认识，意大利学者艾特里·捷比尔认为："终身教育不仅'以达成作为本质的个人的自主性或文化的自律性为目的'，同时还'作为社会的、政治的诸

---

① [美]迪恩·钮鲍尔. 全球化和教育：特征、动力与意义[J]. 教育研究，2009(7)：45-51.

过程中的一部分而存在'。"[1] 富尔等人认为，学习化社会应该要将教育的功能扩展到整个社会的各个方面。[2] 那么，终身学习体系要正常建设和运行，需要什么发起和维持其运行的动力呢？

1. 学习者对终身学习体系的需求

学习者的终身学习需求是由社会发展的层次决定的。在初级社会，由于人类只掌握了很少的技能，他们的学习是有限的，孔子"十有五而志于学"，到了现代已经不太适应了。同时，原来阶段性的学习也不能适应社会的快速迭代，参与终身学习，实现技能与社会需求的互动，成为个人发展的必要通道。

2. 不同机构学习成果的沟通和互认

整个终身学习体系要得到正常运行，不同教育机构之间的相互协作是必要的。在目前的环境下，首当其冲的是不同教育机构之间的学习成果的沟通与互认，它们成为维持和推动终身学习体系运行的动力。道理很简单，只靠社会的一个机构或者是一类机构不能承担终身学习的重任，仅仅依托普通教育或者是现有的职业教育机构，要实现整个社会群体的教育是不现实的。因此，如何拓展学习发生的场所，也就是形成我们在理论基础中所谈及的构建"泛在学习"场域，将工作、生活、学习整合起来，除了正规教育体系承担教育教学工作外，还需要企事业单位、各类非正式学习体系。学习成果除了一般意义的课程学习成果、证书学习成果和其他各种资历学习成果，还包括各种非学历教育学习成果。

3. 社会呼唤高度连贯的终身学习体系

在终身学习体系社会发展的过程中，人参与教育的经历必须高度连贯、富有意义并高效。社会的快速更迭，需要教育的连续支持。在泛在的终身学习场域，很多学习是非正式的、连续的，学习者需要持续参与不同阶段的终身学习，才能实现其发展和成长的目标。

---

[1] [意]捷比尔. 生涯教育——压制和解放的辩证法[M]. 东京：创元社，1983.
[2] 联合国教科文组织. 学会生存：教育世界的今天和明天[M]. 北京：教育科学出版社，1996.

综上所述，作为促进社会发展的学分银行，需要支持学习者参与终身学习，实现学习成果的沟通和互动，加强社会人员学习的连贯性。只有通过学分银行这样的专门的机构实现沟通各级各类学习成果的价值，促进参与者获取社会角色变化和社会等级的流动，才能成为终身教育体系运行的诉求，反映到实践层面就是建立成果互认、转换的学分银行。

（二）学分银行的经济价值：降低经济转型过程中人才培养的成本

从社会角度来讲，社会发展需要最大限度地降低成本，减少资源的投入，产生更好的效果。在知识经济时代，人是社会发展的最大成本。新经济增长理论认为，经济增长的源泉不仅来自资本、劳动等要素数量的增加，更源于治理水平的提高，在这些促进提高的要素中，起主导作用的是"活劳动"，教育是提升"活劳动"质量的重要途径。[①] 美国经济学家 Schultz 也从理论上系统论述了人力资源与经济增长的显著相关关系，并分析了教育在人力资本形成中的关键影响。[②] 杭永宝（2007）用计量的方法分析了 1993—2004 年间中国小学、初中、高中、中职、高职、本科及以上教育对经济增长的贡献率，分别为 0.155%、0.643%、0.453%、1.859%、4.038%、1.922%[③]，以数值量化的方式直观展现了教育对经济发展的影响，经济增长与教育的相关性受到几乎所有关注这个问题的人的认可，并从不同层面开展研究，受到了政府的高度关注。在现代经济行为中，企业生产都和相关区域的教育水平和教育支持力度紧密联系，所以企业更愿意投资受教育程度高、整体学习积极性强的地区。虽然还没有经济增长与学习成果沟通的相关性影响的文献，也无法用经济增量来说明学习成果沟通价值对经济发展的量化作用，但其效果却是我们无法忽视的。要理解这一点，借用道路交通对经济发展的作用分析学

[①] 邱俊鹏，孙百才. 高等教育对经济增长的影响——基于分专业视角的实证分析[J]. 教育研究，2014（9）：39-46.

[②] Schultz T. W. Reflections on Investment in Man [J]. The Journal of Political Economy, 1962, 70 (S5): 1-1.

[③] 杭永宝. 中国教育对经济增长贡献率分别测算及其相关分析[J]. 教育研究，2007（2）：38-47.

分银行对人才资本的激发作用有可靠的比较价值。"要想富,先修路"的口号喊了很多年,中国立体交通的发展,尤其是高速铁路的发展,对中国经济的持续稳定发展起到了不可估量的作用。提高教学成果流动的速度,搭建优质教育机构沟通的桥梁,实现人才培养质量的提升和培养成本的下降,以促进经济持续增长,是有效并且必要的。在国家经济转型的背景下,国家提出了供给侧结构性改革,大量资源用来消化滞后产能的淘汰影响,教育资源增长极其有限的前提下,更需要加强各类教育之间的沟通,降低人才培养的成本。学分银行将各类教育机构和不同层次教育的学习成果整合起来,并在人才培养过程中通过对人才先前学习成果的情况开出有针对性的课程,以降低人才培养的成本,也具有经济动因。同时,学分银行通过标准的建立,促进资源建设的共享,提高有质量的学习成果的比例,也能显著地提升经济效益。学分银行还能对学习者参与学习的经历进行系统性的记录,规避教育经历汇总的重复教育和低效教育,提高教育资源的能效,进而降低经济成本。

(三)学分银行的教育价值:支持优质学习场域的塑造

教育是面向人的活动,处于教育中的学习者的便利、舒适与满足体验,是学习者参与学习冲动的来源。而学习者的学习冲动,是教育发展的动力,也是教育者向其他教育者推荐、支持的起点。学分银行对教育的塑造是整体性的,主要体现在以下几个方面。

1. 学分银行沟通了各级各类教育机构,实现了优质资源的聚集

学分银行通过对学习成果的认证、积累,塑造了一个类似于皮埃尔·布迪厄所描述的"具有自身运行法则的小世界",实现了将动态的教学进程和固定的学习途径进行融合,影响了教师与学习者所存在的物理空间,并改变了教师与学习者的参与动力。[1] 这种积聚效应首先是学分银行对终身学习所有结构的连接。学分银行通过学习成果的互认,塑造了一个具有整体功能的学习场域。整体功能的首要价值在于整体性,由于聚集了更多的学习成果,

---

[1] 吴南中,李健苹. 虚实融合的学习场域:特征与塑造[J]. 中国远程教育,2016(1):5-11.

学习者参与学习场域可以获取各个方面的学习成果支持自身的发展,并获得社会的认可与支持,而不是追究其成果是在线的还是实体的、正式的还是非正式的,学习者只有通过自身的能力获得学习成果,其学习成果才能得到支持。在这样的环境中,教师和学习者的发展空间增大,发展维度增加,全面发展更为夯实。

2. 通过学分银行建立标准体系"筛选"的学习成果,是塑造更优质学习场域的基础

学分银行通过标准化认证体系,在支持全域社会教学资源进入终身教育体系的同时,也将不具备教育质量的教育资源拒在门外,学习者所面对的学习资源更有质量,还促进了教育的高效。教师更为积极地思考质量问题,并将所得转化为日常教学活动,通过更多的教学改革支持自身教学质量的提升。

3. 学分银行将生活和学习联结起来,促使学习场域变成一种生活空间的组成部分

学分银行支持存储与积累,在理论上只要是学习者获取了相应的学习成果,就可以转换为资历或者文凭。学习者可以按照自己的意愿安排自身的学习与生活,改变了教育是通过专门时间为未来生活做准备的概念。学习者可以按照自己的想法参与学习,也可以在现实生活中发现自身需要什么,学习什么。学分银行真正有可能实现学习空间和生活空间的有效融合,并将不同小场域所获取的学习成果聚合在一起,通过学习者自身的冲突与对话,获取建构性的成长。

4. 学分银行带动教育系统性的变革

学分银行自带要求,它对学习成果是基于标准的,对学习过程是不区分学习场地的,对学习过程的评价是基于输出端的,对教育管理体系的要求是开放的。这些动力因素能直接推动课程建设、教学过程变革、教学评价方式改变和教学管理变化,最为根本的变化是促进了教育理念的变化,比如培养方式的泛在化理念,知识能力结构的终身学习储备。这些都是教育变革的直接推动力。

（四）学分银行的主体诉求：资历认同与过程性参与动力

现代教育心理学研究认为，学习动力是学习主体在学习行为价值判断基础上的心理驱动总和，是由学习动机、学习兴趣和学习态度等非智力因素组成的。[①] 学习行为价值判断的因素是多方面的，有内在的，也有外在的。内在的包含了自身对其成长的支持作用，进而觉得有价值；外在的包含了能支持其获取经济上的、社会地位上的回报。当学习成果对于学习者有用时，这种有用性，不仅包括外在的各类资历的获取，还包括自身对成长与进步的期许。在内外动力的作用下，学习者的积极性会大幅度提升，学分银行建立了对学习成果"有用"的途径。对于学分银行而言，学习者的动力来源主要有四个方面。

1. 学习者通过学分银行所构建的资历认证，对于自身的事业发展或者身份认同有积极作用

从理论上来讲，通过学分银行获取了一定的学习成果，就可以兑换为相应的资历（文凭），以获取相应的入职资格和身份认可，这既满足了作为"社会人""经济人"追求发展的需求，也满足了自我认同。对于学习者而言，这样的机制是具有较大吸引力的。

2. 学习者可以通过学分银行的积累功能，激发自身追求更高水平的事业发展的决心和动力

俗话说，失败是成功之母，成功是成功之父。学习者通过学习成果的不断获取，成功经验和获取学习成果的满足感是促进其参与学分银行建设的积极因素。

3. 学分银行可以为学习者提供完整的学习档案，帮助学习者找到自身发展的方向

学习者在学习过程中的学习经历，可以为其判断什么样的发展目标适合自身提供依据。同时，学习者的学习成果经历，可以为教师提供资源，继而

---

① 刘燕，高艳，等．大学生学习动力影响因素及作用机制研究[J]．思想教育研究，2013（7）：69－72．

帮助学习者发展自身。

4. 学习者自发型的动力驱使

自发型动力指的是学习者即便没有外力驱使，也会按照"刀不磨要生锈，人不学要落后"的规律发展，自觉参与学习，同时具有学分积累的本身意愿。

二、学分银行建设的动力机制

机制来源于希腊文 mechane，原指机器的构造与动作原理。① 后被引申到其他领域，用来描述组织间的相关要素及其运行关系，在教育领域较为常见，体制机制建设成为各类教育文件和教育论文关注的重点。引申到学分银行建设领域，用于描述学分银行建设动力及其相关关系，可称之为学分银行建设的动力机制。学分银行建设的动力机制包含了层次机制、形式机制和功能机制。它们受到动力源的激活而产生相互关系，并在动力源的激活状态下发挥作用。为了更好地展现学分银行建设的动力机制的层次关系与内在联系，我们设计了如图 4 – 1 所示的模型。

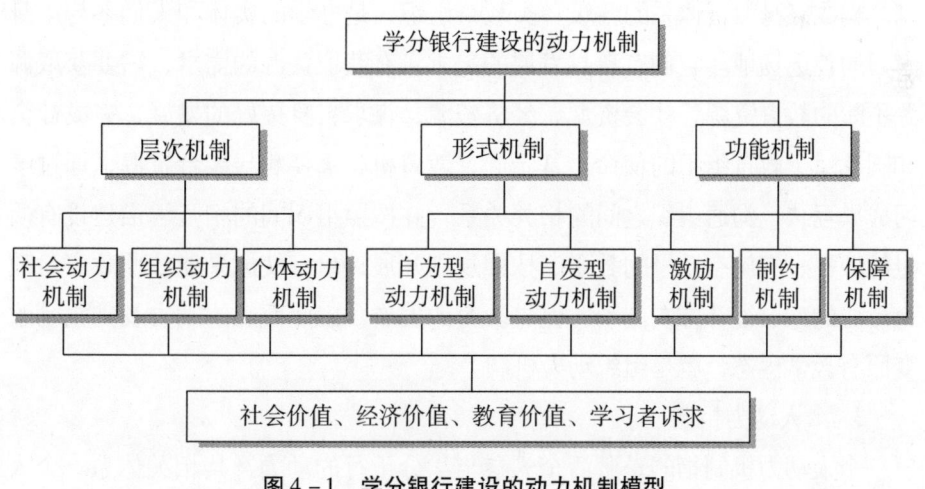

图 4 – 1　学分银行建设的动力机制模型

---

① 中国社会科学院语言研究所词典编辑室. 现代汉语词典[Z]. 北京：商务印书馆，2006.

(一) 层次机制

层次机制指的是把不同层面的动力与相应层面的具体行为结合起来，形成产生动力的结构与相互关系。层次机制可以分为社会动力机制、组织动力机制和个体动力机制。

1. 社会动力机制

在社会层次动力机制方面，国家受到国际产业转移和国内劳动力工资水平提升的影响，需要改变以往的粗放型发展方式，转向高附加值、高质量、低消耗型发展方式。正处于转型发展的关口的社会，需要大量的高层次人才，需要人力资源系统的大力支持，需要学分银行为人力资源的发展和转型提供便利，需要学分银行来激发整个社会参与终身学习的热情。这种通过自上而下的运行方式，对学分银行建设提出了要求，并通过特定的政策、文件、舆论传达给社会的各个层面，使之产生动力并改变社会的运行方式，就是社会动力机制。

2. 组织动力机制

组织动力机制是在中观的执行组织中，在组织发展驱动下形成的动力机制。构成终身教育体系的各级各类教育组织，是办学的实体和人们参与终身学习的首选场地。它们有自身发展的需求，有获取资源的需求，需要获取源源不断的教育资源、社会资源、经济资源，谋求自身更好的发展，完成社会和国家赋予教育组织的使命。基于此，教育机构需要积极聚合资源，通过学习成果互认，沟通组织之间的相关关系，并按照组织间的相互承诺建设有质量的课程、实施有质量的教学、按照规则开展评价，使成果能按照政府对教育形成的顶层设计方向流动，促进教育的发展。由此而来的动力及其主动改变原有教学生态，就是组织动力机制。

3. 个人动力机制

个人动力机制指的是激活个人参与学分银行的动力及其相关体系。个人动力机制的构建是学习者自身按照社会需求、熟悉组织规律，将自身需求与组织需求结合起来，积极主动地去参与学习并获取成果，通过学分银行体会获得感，并积极分享参与体会，鼓励更多人参与学分银行，以促进学分银行的影响。相对于社会动力机制和组织动力机制，个人动力机制体现了更多的主观性，受到的影响来源具有不确定性。

(二) 形式机制

形式机制体现为形式上考察动力各部分之间的内在联系和运行方式。学分银行建设的动力机制在形式上可以分为自为型动力机制和自发型动力机制。

1. 自为型动力机制

自为型动力机制指的是政府与社会组织认识到了学分银行在推动教育终身化、教育全民化、教育自由化、教育开放化等方面的价值，在追求"建立适应人们在其一生中对不断学习要求的新的教育体制和机制"[①]的目标中，自觉发动学分银行的建设，自发努力打通各级各类教育。学分银行的动力源解决了动力的发端问题，但是，如果没有政府或者社会组织将动力源和实践进行沟通，就不会产生学分银行的实践，这也是在悠久的人类发展史上，学分银行的兴起与研究才经历了二三十年的实践的原因。同时，学分银行也是政府将客观需求与个体发展结合，采取文化、制度、邀约、激励等措施，将动力转化为政策，将政府决策转化为组织与人的行动，以加速学分银行的发展，促成了学分银行或者类似机制在欧洲、韩国、澳大利亚等国家和地区的兴盛。因此，学分银行的积极推进，需要在政府的有效政策下，整合社会组织与资源，将学分银行的发展动力转化为自觉动力。这种自觉动力与有效政策和实施体系一起，就形成了自为型动力机制。

2. 自发型动力机制

自发型动力机制指的是组织在没有学分银行相关理念，不熟悉学分银行的价值，而采取顺其自然的态度，也会有一些建设学分银行或者类似处理方式的行动。比如，对现实办学过程中的问题、转学问题、跨年级不同学分替代问题、四六级证书替代课程学习问题采取认证、转换的策略，与学分银行的内涵极其类似，具有启发的效用，在此类活动的推进过程中更容易理解学

---

① 郝克明. 建设终身学习体系和学习型社会的研究报告[J]. 高等函授学报：哲学社会科学版, 2007 (7): 4-13.

分银行的价值。这种动力在无意识的状态下，自然与现实发展需要结合在一起，满足一些客观需要，我们称之为自发型动力机制。

(三) 功能机制

功能机制体现了学分银行建设的动力在学分银行建设上的功效以及运行方式。功能机制可以分为激励机制、制约机制与保障机制。

1. 激励机制

激励机制指的是通过激励手段，调动学习者与事务相关的积极性，从而实现事务本身的整体功能。[①] 学分银行涉及各个利益相关主体的具体利益，需要组织和个体的积极参与，一定的激励能有效地调动组织与个体动力。对于学分银行而言，一般的激励措施包括身份激励、行为激励、效果激励。身份激励指的是通过特定身份的赋予，促进组织或者个人参与动力的办法。比如，给参与学分银行成果认定的积极分子"终身学习先进个人"或"学习能手"称号，对积极参与学分银行构建的组织予以资历认可，或者赋予特定等级组织权力。行为激励指的是对具体的行为以鼓励的方式激发动力。比如，参与学分银行的学习者可以获得更多的自由时间，这是在现阶段可以大量推行的方式。效果激励指的是对取得一定成果的组织与个人以奖励的方式激发动力。比如，对符合资历要求的给以国家层面的资历承认。总之，激励机制的价值是通过有确定目标的激励标的物（实体或者虚拟）来促进学习者的参与动力。

2. 制约机制

制约机制指的是通过制约手段，对组织的行为以命令、利益阻碍等方式进行制约，促使其向规则制定者的方向发生作用。[②] 有效的制约机制包含行政制约、利益相关制约和舆论制约。行政制约指的是依托行政指令，促进组织或者个体参与动力的方式。比如，以课题支持的形式，促进组织参与学分

---

① 吴南中. 在线学习培育的顶层设计与推进机制研究[J]. 电化教育研究, 2016 (1): 45-50.

② 吴南中. 在线学习培育的顶层设计与推进机制研究[J]. 电化教育研究, 2016 (1): 45-50.

银行试点工作。利益相关制约指的是组织内部对同一事务具有共同利益的群体予以利益倾向和捆绑，以实现促使其参与的方式。比如，组织对组织内个体要求参与学分银行并获取相应的继续教育学时才能晋升职称。舆论制约是指通过舆论的压力，促使组织或个体获得参与学分银行的动力。比如，通过报纸、杂志宣传学分银行的价值，促进组织和个体参与学分银行建设。总之，制约机制是通过过程性的手段，促进并保持参与学分银行建设动力的有效方式。

3. 保障机制

保障机制指的是通过组织和个体开展某类行为提供主体之外的、确保主体行为顺利推进的相关方法、物质条件以及其他外围环境。[①] 对于学分银行动力机制而言，保障机制可以分为法律保障、技术保障、资金保障。法律保障是指学分银行成果认定与资历获得需要得到国家承认，保障成果的有效性，推动组织和个人参与的动力。技术保障是指学分银行标准的建立需要专家的协同处理，学分银行管理系统的设计与实现要体现便利学习者的宗旨，提供有效的大数据支持。资金保障是指学分银行的建设需要大量的资金投入，提供足够的资金是保障学分银行建设及其运行的动力基础，同时也会切实降低建设的难度。

三、学分银行动力机制的构建

学分银行建设的动力机制是在准确把握建设的动力源的基础上，科学调动学分银行建设动力的相互作用机理，同时发挥教育机构的积极性，充分调动各方面资源，在尊重客观事实上的主动构建，加速学分银行的建设以及保障其良好运行的组织行为。为了更为清晰地描述动力机制构建的相关要素及其相互关系，我们绘制了学分银行动力机制的构建图示（见图 4-2）。

---

① 吴南中. 在线学习培育的顶层设计与推进机制研究[J]. 电化教育研究，2016 (1)：45-50.

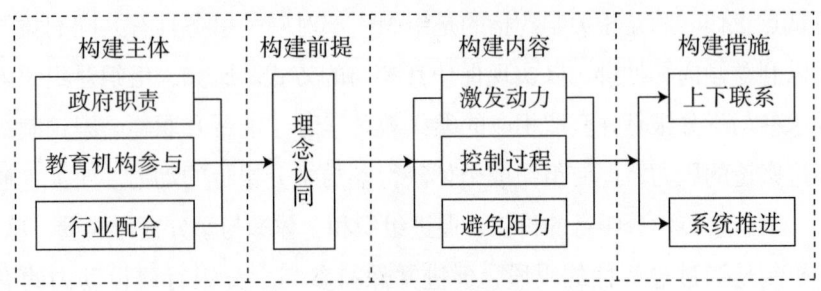

图4-2 学分银行动力机制构建

(一) 构建主体：政府职责、教育机构主动参与、行业配合

社会建设的主体是政府，因此，政府是终身学习体系构建的领导核心，学分银行建设是终身学习体系建设的必然要求，本质上是社会建设的一部分，是政府工作的重要内容。政府必须认识学分银行的价值，厘清学分银行建设的思路，义不容辞地承担起构建主体的职责，并分析动力机制在学分银行建设过程中的关键着力点和着力方式，通过有效的机制建设，协同各方资源，做好顶层设计，提供足额的资金，促进学分银行的发展。教育机构是学分银行运行的主体，它通过有质量的课程建设给学习者提供可以产生交换的学习成果，并通过执行学分兑换规则，提供相关资历。同时，教育机构还是学分银行建设的受益者，需要对学分银行做一些调整。比如，在现有管理模式下，如何借助学分银行获取更好的发展机会、建设自身的特色等，主动参与学分银行的建设。学分银行建设的最终效果是为行业培养更多更优质的人才。因此，行业及相关企业要积极参与学分银行建设，使学分银行所支持的人才培养方式不偏离行业的需求。当然，行业参与学分银行建设的方式可能相对而言显得较为间接，但参与的形式还是可以多样化的。比如，行业要按照自身发展的人才需求为教育机构提供标准建设方面的参考或者相应的意见，需要参与其中的标准建设甚至审核标准。同时，行业必须承认学分银行的学习成果，给学分银行所取得的资历提供相应的经济地位和社会地位，并对成果的质量提供反馈。

(二) 构建前提：理念认同

政府要建立健全学分银行建设的动力机制，需要以理性认识学分银行的价值为前提。首先,学分银行的建设有助于国家经济加速转型。在经济转型的大背景下,需要政府推动学分银行的建设,提倡人们参与学习,并享受参与学习的成果,实现自我提升,为国家经济转型提供人才支撑。其次,学分银行推动以弹性的学习制度建立向所有学习者开放的终身学习体系。为不同的学习群体提供多样化的教育与培训是终身教育体系的核心使命,通过学分银行接入多样化的教育资源是终身学习体系建设的关键,学分银行通过多种学习成果的认可,构建了一个激发学习者参与、促进学习者成长的泛在学习场域。再次,学分银行的建设工作有利于教育机构的特色发展。通过多样化资源的接入,教育机构不再需要为学习者全方位发展提供一切资源,而是更有能力和意愿建设和挖掘基于自身情形的特色教育资源,并通过学分银行的渠道参与共享,提高特色发展程度。最后,学分银行的建设有利于个体的个性发展。学习者不再束缚于院校或者其他教育机构所设置的人才成长通道,可以按照自身的需求通过学分银行构建的"立交桥"通达各类优质教育资源,开展个性化学习。政府需要认清学分银行的价值,同时要科学意识到学分银行建设的动力机制,构建激发社会、经济和教育多来源的动力,实现集政策、体系、平台、实施、监督、制约、激励等为一体的一体化机制,并顺利推动与运作,保持学分银行动力机制的张力。

(三)构建内容:激发动力、控制过程、避免阻力

社会运行的动力机制一般认为是由相互联系、互为制约的动力机制、控制机制与保障机制三部分构成。动力机制的核心作用是提供动力,控制机制的核心是保持运行过程,保障机制是通过提供外围环境动力保障主体运行。首先,要充分发挥政府的主观能动性,调动整个终身教育体系参与学分银行建设过程。可以通过理念传达、文化传播、舆论支持等方式,将学分银行的建设工作传达到社会每个角落,采取文化、制度、邀约、激励等措施,引导总结自发型动力机制作用于学分银行的机制与效能,充分发挥自为型动力机制的作用,加大学分银行建设的动力。其次,加强过程控制,保持学分银行自身的严肃性和严谨性。学分银行要维持持久的动力,需要以"有质量的学习成果"为依托,这就需要加强自身工作环节的严肃性和严谨性,做好学分

认证与兑换工作,促使社会、政府、用人单位、教育机构等利益相关体保持参与学分银行的热情。最后,要提供外围环境支持,为学分银行的发展建立一个良好的外围环境。比如,加快终身教育立法工作,尽快制定中国的《终身教育法》或者《终身教育促进法》,以法令的形式为学分银行建设提供制度支持和经费支持。

(四) 构建措施:上下联动,系统推进

学分银行具有社会价值、经济价值、教育价值和激发自身成长的价值,具有来源于各个方面的动力。但动力不会自动转化为作用机制,而是需要厘清其作用机理,采取有针对性的措施,构建学分银行动力机制。

1. "自上而下"与"自下而上"结合有效整合动力

任何教育政策的落实都需要自上而下与自下而上的有效结合。"自上而下"是指学分银行的建设需要有上层紧迫感,国家和政府需要从参与全球竞争的高度对学分银行建设作出战略性布局,在整体上作出规划,加强顶层设计,向全国清晰表达改革的决心和意志,同时加快终身教育立法工作,促使工作规范化、法制化。"自下而上"指的是学分银行的各个参与主体需要发挥主观能动性,按照国家顶层设计的安排,落实国家意志,做好标准建设、转换平台、转换试点与推进的落实,尤其要做好推动机构之间的学分互换工作,做好不同阶段课程的衔接工作。部分教育机构(比如开放大学、广播电视大学、老年大学、各种社区教育机构)需要大力做好区域性的继续教育、社区教育等工作。

2. 多机构多组织共同协同聚集动力

学分银行的建设是一项系统工程,涉及各个方面的工作。在顶层设计上,需要教育部、人社部、财政部等部门的合作,做好制度与资金的系统性保障工作;在实施层面上,需要学分银行连同终身教育体系各个相关机构,建立起既能满足学分银行质量控制过程又方便学习者参与成果认定的系统,还需要建立认定与互换标准等协同性的组织。在目前的环境中,学分银行牵头与各类学院成立联盟,促进联盟内的学校与机构率先建立互认的标准,共同控制学分的质量,在此基础上认定对方学分,建立区域性的试点,是推进学分

银行建设较为稳妥的办法,也是能激发学分银行参与积极性的有效方式。从长久运行来看,需要社会所构建的终身教育体系以及整个社会机构参与学分银行建设,促使学分银行成为沟通各级各类教育机构的桥梁。同时,只有对学分银行所认证和兑换的学习成果予以承认,才能维持学分银行的正常功效。

3. 通过阶段性评估保持持续动力

21 世纪以来,评估促进学习职能的功效受到教育界人士的一致认同。[①]学分银行要保持参与机构的动力,需要借助评估的力量。首先,阶段性评估认证机构的严密性与科学性是保持系统内部动力的有效办法。学分银行对个人学习成果的认证工作体现了对学习成果的尊重,同时也是一项极其严谨的工作。要维持学习成果的公信力,就要保持认证机构的公信力和严肃性。阶段性的评估有助于认证机构不断地优化认证流程和制度,反思问题和不足,保持学分银行的健康运作。其次,参与机构不断地评估影响自身的资源建设与人才培养。学分银行建设要求教育机构人才培养和资源建设按照学分银行的标准进行,这对以往的办学惯性而言是一个改变。办学机构有自身的惰性,需要通过不断的评估促使其回到学分银行的轨道上来,不断地提升自己的工作动力。同时,通过评估,参与机构也能感受到学分银行给学习者,尤其是给终身教育体系运行带来积极影响,用社会转型的感召促使自身参与学分银行建设,获得并保持源源不断的动力。

4. 个体获得感反馈与扩大学分银行持续影响

学分银行的建设最终要反映到学习者的参与积极性上,只有学习者愿意参与、乐意参与并有所获,才能保持学分银行建设的持续动力。首先,要有效推进学分银行运行的通畅,保障"立交桥"所沟通的教育机构和教学资源的不断拓展,提升学习者的参与积极性。学习者参与终身学习体系的价值是自身有所获,乐学、趣学、智学的真正形成所依托的是教学资源和教育机构的拓展。其次,学习者的获得感是参与主体的不竭动力。习近平同志强调给

[①] 曾文婕,黄甫全,余璐. 评估促进学习何以可能——论新兴学本评估的价值论原理[J]. 教育研究,2015 (12):79 – 88.

予民众获得感,学习者参与学分银行也需要参与的获得感。教育机构参与学分银行的最大价值是帮助学习者自我发展,学习者通过学分银行得到了获取资历与学历的经验,获得了学习与成长上的自我满足感,不仅是自身继续留在学分银行获取知识的动力,还通过知识共享、经验分享和途径分享等方式,转化为扩大学分银行影响的不竭动力。

总之,沟通是学分银行建设的核心价值,机制创新是学分银行动力机制建构的源泉。学分银行建设的动力机制的构建实质就是创新机制,沟通社会优质教育资源,创建优质学习场域,服务终身教育体系建设,加大教育对经济转型的人才支持和智力支撑。在我国开展学分银行建设工作,政府要明确学分银行的价值,尽快做好动力机制激发的顶层设计工作。广播电视大学体系(开放大学体系)应该义不容辞地承担主体工作,各级各类教育体系要积极参与学分银行的建设工作,而不是以被动参与者甚至是旁观者的身份来看待学分银行的价值。不管是学分银行建设本身还是学分银行建设的动力机制构建,都是系统工程,需要加大研究力度,最终实现让学分银行的机制创新服务于为国家、为社会谋福祉的目标。

第五章　学分银行建设的阻力及其消解

自 2004 年教育部发布《关于在职业学校逐步推进学分制的若干意见》（教职成〔2004〕10 号），我国从官方渠道正式提出学分银行建设迄今为止已经 14 年了，各个层面发布了大量的学分银行建设相关文件。2010 年，《国家中长期教育改革和发展规划纲要（2010—2020 年）》明确了学分银行建设是国家教育规划的重大项目和改革试点项目，在区域内建设了一些学分银行，如上海、江苏、广东等省市挂牌了自己的终身教育学分银行；其他组织建设了一些与学分银行模式相关的机构，对学分银行建设模式开展了一些具体的工作，取得了一些理论成果和实践成果。按照周晶晶等人的分类，我国的学分银行分为终身教育学分银行、市民学分银行、联盟学分银行、成人高校学分银行、职校学分银行、企业学分银行和各类学分银行项目等类型（具体见第二章）。[①] 但深入各个已经建成并运行的学分银行考察，可以得出一个结论，全国还没有建立起一所符合终身学习体系建设要求的学分银行。为什么学分银行作为"各方多赢、功在社会、利泽百姓"的好事倍受重视[②]，却迟迟无法在中国建立起符合终身学习体系建设要求的学分银行呢？学分认定主体不清、学分积累能力不济、学分转换需求不足等原因多次被相关学者在多种场合提及，隐匿在学分银行建设背后的阻力到底有哪些？我们需要什么样

[①] 周晶晶，孙耀庭，慈龙玉．区域学分银行建设的困境与思考[J]．开放教育研究，2016（10）：55-60．

[②] 杨晨．我国"学分银行"建设的三大问题[J]．中国远程教育，2010（6）：41-46．

的消解策略对接，降低学分银行各方面的阻力，从而实现促进学分银行发展的目的呢？这是本章要讨论的问题。

一、阻力与学分银行建设阻力

（一）阻力的词源前溯

阻力在物理学上用来描述妨碍物体运动的作用力，比如空气阻力、滑动阻力、摩擦阻力等。阻力的效果是妨碍运行，阻力是物质世界运动可控的支撑，失去阻力，整个世界都会失控。阻力也经常出现在心理治理领域，常用于描述个体有意无意地做出抵抗，出现不愿意甚至反对消除症状的现象。阻力也常应用到其他教育研究领域，在社会研究领域，指的是推进改革或者事物进展所产生的阻碍，通常由改革冲突产生，是面临改革的压力时维持现状的行为。[1] 由于改革改变了利益格局或者组织格局，势必会滋生一些障碍因素，但阻力的存在并不是坏事。在社会实践中，适当的阻力是组织发展中一种健康和必要的现象，可以促使改革的推动者更加深入地探索相关问题，是保障事物朝向正确方向变革和消解潜在危害的积极力量。对于方向正确的改革而言，消除阻力需要耗费一定的成本和精力，但是能引起改革倡导者在推进改革时的周密思考和明智选择，避免出于个人选择、偏好和审美产生的改革偏差，并且更加深入地思考改革对于利益损耗者的有效补偿；对于方向不正确的改革，阻力能起到在危害发生之前扼杀改革，或者延缓改革推进的速度，给予利益损耗者自我调整的时间。因此，消除阻力并不是要扼杀阻力来源，而是通过理解阻力及其产生的方式，建立与各个主体的协同机制，通过多元话语，清晰事物发展目标，理顺事物发展路径，实现组织和目标的协同。

（二）学分银行建设阻力

学分银行制度及其体系是教育领域的系统性改革，由此而产生的阻力，我们称之为学分银行建设阻力。学分银行建设阻力指的是在学分银行建设与

---

[1] 程培杰，马健生. 试论教育改革阻力的来源[J]. 比较教育研究，2001（6）：49–53.

实践过程中，由于学分银行建设难免会触动一些教育机构的利益，引起原有工作程序不适和制度建设滞后等，从而产生阻碍学分银行正常推进的压力和阻碍力量。从学分银行运行方式来看，要求此教育机构认可彼教育机构的相关成果，涉及自身收益的问题，而且学分银行的运行还会挑战学校现有的教学管理机构；从学分银行的功能来看，学分银行建设的目的在于搭建终身教育"立交桥"，促进各级各类学习成果参与竞争，形成优质成果的呈现平台，这种方式冲击了传统的学校运行体系，并且尚未形成专门的制度体系支持学分银行建设，出现了很多问题。比如，吴钧认为学分银行建设存在主体含糊、换算技术障碍、校际互认壁垒等问题[①]；杨晨提出的学分银行建设三大问题[②]，实际上反映了学分银行阻力导致的困境。破解学分银行建设的难题，应该直面学分银行建设阻力，从阻力的消除入手，推动学分银行建设。

二、学分银行阻力来源及其归因

（一）学分银行阻力来源

1. 制度建设滞后带来的阻力

学分银行在某种程度上来说就是制度体系，有学者将学分银行的定义当作一系列关于学分认证、积累和转换的体系。纵观学分银行运行状态，取得一定成效的学分银行建设，必定是制度建设与发展同步，立法先于制度设计。比如，欧盟在20世纪90年代为推进终身学习政策和措施，制定了认证各类学习成果的原则，成为终身学习成果认证制度的行动指南。在此铺垫下，2007年启动了欧洲终身学习资格框架，通过设计8个资格等级，规定相应的知识、技能和能力维度，有效认定各级各类学习成果，促进各级各类学习成果的流动。[③] 韩国、中国台湾等国家和地区用法律来保障学分银行的建设，

---

① 吴钧."学分银行"实施的困惑与思考[J].教育发展研究，2011（Z1）：89-92.
② 杨晨.我国"学分银行"建设的三大问题[J].中国远程教育，2010（6）：41-46.
③ 王海东，韩民.学习成果认证制度相关概念及问题探讨[J].开放教育研究，2016（5）：61-67.

取得了一定成效。比如，1997年韩国政府颁发的《学分认证法案》，将正规教育体系以外的6类学习成果进行认证，并通过积累达到相应要求就可以获取本、专科证书，远远早于韩国学分银行的运行。我国台湾地区也是先行立法的先驱，2002年就颁布了《终身学习法》，推动学分认证。在没有建立学习成果认证制度的美国，其特别的转学通道和学分认可机制与各类合作协议，为学习成果流动及认证提供了便利。比较国外先进经验后发现，我国在有关学分银行建设的制度上具有明显滞后性，至今没有形成一套终身教育的立法，各种制度的系统性和相互支撑能力有待进一步提高。这些问题易导致学分银行的美好愿景在执行时找不到认证的主体，更没有依据。

2. 学习成果质量问题带来的阻力

在阻碍学分银行建设的因素中，让教育机构望而却步的最大因素是学习成果的质量问题。很多高校对学分银行持否定态度，也是质量问题引起的。质量问题显然不是单一的问题，既有历史因素，也和现状交织，多种错综复杂的因素导致了质量的不均衡。在历史维度方面，包括地区经济发展不均、教育资源投放机制问题、教育机构自身定位以及办学能力、地方对高等教育质量的关注等；在现状方面，有的教育机构自身发展遇到瓶颈，大量资源投入招生等涉及学校发展的问题上，有的网络学院甚至为了招生不断降低考核标准，将大量不符合社会要求的学习成果推向市场，引发了整个社会对网络教育办学质量的担忧。

按照目前高等教育的现状，东部沿海地区与中西部的差别、核心城市与边缘城市的差别、层级差别（比如985高校、211高校、一般本科、高职高专）、公办院校与民办院校的差别等是显著的几组办学质量的差别。即便是同一级别、处境大致相同的高校，也存在较大的质量差别，给学分流动带来了极大的阻力。比如，某直辖市在尝试推进学分银行的工作时，将5所本科院校和5所高职院校集中开了一个教学工作负责人会议，协商成立一个学分互认的组织，结果是5所本科院校都不愿意认可高职院校的学分。不可否认，不同层次教育的学习成果在知识、技能、能力上存在一定的差异，这种状态显示了学分银行推进的现实难度。除了普通高等教育，其实学分银行推进的最大难点在于终身学习体系所倚重的职后教育，不管是自学考试、电大系统还是网络教育学院，其教育质量远远没有达到可靠状态，有的教学点甚至办学不太规范，为了争取生源，几乎接近不择手段，如考试有组织的作弊、明目张胆的替考等，引起了社会对其质量的普遍不安。对于学分银行而言，学习成果的兑换基础是实质等效，由于无法回避的质量问题，使学分银行在推进中困难重重。

3. 办学者认知阻力

学分银行作为"功在千秋"的重要事件，其价值受到教育研究与实践人士的肯定，在学术界引起了一波又一波的探索热潮，但落实到具体办学中，还存在认知问题，大量参与学分银行的办学者，对学分银行有误解甚至曲解，导致出现了许多认识问题。首先，部分办学者对学分银行认识模糊，并不理解学分银行的价值。学分银行给学习者带来了多元选择机会，在教育机构办学质量形成、特色打造和品牌建设等方面有不可估量的作用，同时也有可能优化学校生存状况，但办学者并没有认识到学分银行对自身教育体系重塑产生的影响，不关注学分银行的相关工作。其次，部分办学者对学分银行的未来并不看好。有人将学分银行比作"画的馅饼"，仅仅只有理论上的优势，无法转化为教育机构和民众的实际利益。比如，其中存在国家的一些政策因素，规定固定的修业年限，几乎不太可能的转学制度，以及跨区域的利益分割制度。又如，对学分银行未来持悲观情绪，影响了对学分银行的关注、资源投入和制度建设，以至于学习活动早已冲破了单一学校的围墙，却没有实质性建立学分银行体系。最后，部分办学者"关门办学"思想严重。我国高等教育的办学资源主要是通过拨款的方式获取，通过收取学费、接受社会赞助、与社会共同办学等渠道的资源非常少。因此，教育机构很少主动与社会需求对接，也没有太成熟的服务地方经济发展的思想和意识。学校受到开放型经济的影响，比如受到国际 OCW、MOOC、终身教育理念等先进办学行为和思想的冲击，部分高校开始敞开大门，积极参与开放课程建设，但开放办学的思路并没有深入办学者身心，也没有转换为开放办学的实践。部分办学者陷入对自身质量的盲目自信，比如有的办学者对自身的教学质量沾沾自喜，没有觉察到高等教育发展潮流对质量的提升作用；有的办学者对开放办学存在极端认知，认为各类在线教育资源仅仅是西方国家文化战略的组成部分。教育者的认知，导致其对学分银行的推动过程形成观望、无作为甚至抵制的心理；也有的教育者担心外部资源的引入，会导致自身的管理体系出现问题，造成不良的后果。

4. 学习成果体系质量标准不健全

学分银行的价值是各级各类学习成果通过认证形成学分体系，这就产生了什么样的学习成果可以认证的问题，也就是需要建立起一系列的认证标准。在德国，没有资历的劳动者可以凭借其经验参与认证，获取资格，这就是有可靠的标准可以评价学习者的知识、技能和能力。国内建立了各种不同类型的学分银行，许多学分银行研究者借鉴国外资格框架，制定了部分学习成果等级，建立了相关的认证体系，并尝试进行各类成果的认证。但认证标准体系建设严重滞后，没有形成统一的体系，导致认证难度增加，比如资历框架仅仅建立了不同等级的知识、技能和能力的描述，没有深入描绘专业核心能力，并基于此设计评价体系，建立相应的课程认证标准、学分认证标准。学分银行面向的是终身学习体系的建设，终身学习体系要求认可泛在学习的学习成果、职业资格证书的学习成果等，尤其是在非正式学习成果方面，现有学分银行可以说毫无建树，甚至很难看到清晰的思路，导致在非学历教育标准建设上还没有形成基本的框架和制度，无法将各类非正式学习的成果纳入学分体系，这就大大削弱了政府和社会对学分银行的兴趣，出现了学分银行的参与积极性不高等现实问题。

5. 学习者参与积极性不高造成的阻力

学分银行要实现自身价值，完成自身使命，需要通过有吸引力的资历认可和学分认可，影响源源不断的学习者参与学分认证，培育学习者的学习需求和学分认证需求，促进学习者与学分银行平台之间的黏性，实现对学分银行成果认定的持续需求。由于政策原因、经济原因、管理体制原因、学生学习需求没有真正释放原因等，学习者参与学分银行的积极性并不高。比如，广州大学城2003年开展的"课程互选、学分互认"联盟，从其运行效果来看，参与者8年时间不足在校生人数的2%。① 上海开放大学的学分银行建设一直走在前沿，其在2012年就统合各级终身教育体系的相关机构，建立了上海终身教育学分银行，但运行2年多，仅有130多人自主申请学历教育学分转换。② 在其他学分银行机构中也没有出现大量的认证转换的需求，与学分银行所承载的使命严重不符。学习者对学分认证没有产生需求，学分银行也就失去了话语权和生存生态，极大地阻碍了学分银行继续向前发展。

6. 学分银行信息平台体验不佳

学分银行信息平台是与学习者发生关系的窗口，也是与学习者产生联系的关键平台。学者们对国内学分银行信息管理平台进行研究后发现，管理平台的普遍特征是建立在方便管理者管理的理念下，而不是建立在如何更好地服务学习者的目标中。比如，某直辖市建立的学分银行，采用的是封闭型菜单模式，管理者为了登记准确的信息，预设了各类学习成果，但覆盖不全，很多类型的学习成果需要预制。当学习者获取了信息平台非预设成果时，需要联系管理平台工作者进行添加。显然，这种方式能提高管理的便捷度，却把学习者的热情挡在门外。平台需要的基本功能尚且如此，更不用说平台对学习者的智能引导、个性化支持和学习路径推荐、基于"人职匹配"的岗位推荐等后期行为。这种体验不佳的学分银行平台，会导致处于边缘的学习者快速失去参与的意愿。

7. 教师阻力

在学分银行的推进中，教师是不可或缺的角色，只有教师积极参与，才能真正破解学分银行的诸多问题。学分银行对于教师而言，同样是不适的"事物"，对其有极大的冲击力。比如，按照学分银行的要求，课程建设需要在学分银行所框定的知识、技能、能力标准中开展，需要考虑学分认证模块以及相应的学习任务的需求，需要渗透"成效为本"的质量保证理念；在教学过程中，需要按照学分认证标准开展教学，需要将课程的学科组织方式转

---

① 贺林平. 学分互认无人喝彩[N]. 人民日报，2011－07－18（12）.
② 周晶晶，孙耀庭，慈龙玉. 区域学分银行建设的困境与思考[J]. 开放教育研究，2016（10）：55－60.

化为模块化认证方式,以往在内容实施上的随意性被打破,大量的课程面临着重新建设的问题,海量的资源需要重新规划、重新设计。原有的课程管理模式的瓦解也给教师带来了不可估量的影响,这些变化无形中加大了教师的压力,导致了教师对学分银行有意或者无意的抵制。同时,学分银行拓展了学分获取的途径,有的教师意识到自身的教学资源可能受到威胁,影响自身的生存和发展,从而有意抵制。

(二) 学分银行阻力归因

1. 文化层面归因

文化阻力都有相似的作用方式,即通过约束人的行为限制了革新的心理和空间。学分银行的建设阻力有来自文化层面的阻力,文化层面归因可以从以下三个方面来考虑。首先,高等教育领域的不均衡发展理念导致了高等教育质量的层次化,并固化为社会认知。这体现为对各级各类教学成果的承认成为教育机构心理上很难克服的障碍,特别是要办学质量较高的院校承认办学质量水平较低的院校,全日制院校承认非全日制院校,课堂教学承认在线学习成果。一般来说,占强势的一方可能容易认为自身的文化优于对方的文化,自身的能力优于对方的能力,不屑与对方合作。同时,弱势一方会反感这种强势文化并进行抵制。其次,长期以来,传统的行政管理方式导致教育机构之间及其内部存在割裂的问题,不同的机构不愿意为学分的互认提供实施环境。最后,学习者是管理的对象的思想,忽视了学习者话语权的文化导致在学分银行建设过程中没有真正从学习者需求出发,没有真正按照学习者需求进行制度设计、机制设计、平台设计,无法引起学习者的高度关注。

2. 社会层面归因

社会作为学分银行的生存环境,社会系统运作方式能实质性地影响学分银行的建设和发展。首先,社会经济快速发展与思想素质发展有所脱节。社会经济的迅速发展,使民众有更多的选择机会,也有更大的发展空间。同时,受到物质文化的影响,学习者回归学习的意愿不强,由于社会转型对于个人层面的影响还没有完全发挥出来,学习者自我求变的意识不强,投身于自我能力建设的意愿不强,尤其是经济高速发展创造了较多的岗位提供给劳动者,劳动密集型企业还处于"用工荒"的社会现实，导致终身学习需求不旺。只有国家缩减滞后产能，提升创新创业的支持力度，使社会整体转型升级，对人才素质的要求进一步提升，才能逐渐释放学习者参与终身学习的积极性。其次，支持学习者参与终身学习的制度有待健全。应尽快健全和完善《终身教育法》或者是其他相关的规章制度，以及国家统一的资历架构，加大对学习者参与学习的制度、经济、文化的支持。比如，带薪学习制度并没有在企业上形成共识，也没有建立相应的法律保障，应尽快健全相关制度。最后，对于学校的学习者而言，受制于严格的学籍制度、单一的学分通道、严格的学校等级和固化的社会认知，流动困难，并不具备真正流动的资格。

3. 组织层面归因

学分银行受制于组织管理思想、管理模式等组织层面的制度。首先，学校没有落实好学分制。学分制是"高等学校的一种教学管理制度。以学生取得的学分数作为衡量其学业完成情况的基本依据，并据以进行有关管理工作"[①]。学分制的精髓是学习者自我选择，与学分银行的广渠道在某种程度上非常契合。从学分银行的运行理论来讲，只要学习者获取了足额的、达到学分银行认定标准的学分，就可以获取学历和资历，其背后的学习方式和学习途径是可以忽视的。学分制既是学分银行效用发挥的基本制度，也是学分银行的理论基础，但现行的高等教育体系并没有形成真正的学分制，在高校学习者组织方式上阻碍了学分银行的运行。其次，学校组织"刻板现象"严重。由于人才培养的可测量性和可评价性偏弱，导致难以测量不同的教育机构对学习者的实际教育效果，影响了自身在教育体系中的认识，破坏了各级各类学校参与交流互动的文化，形成了学校刻板的组织文化，学校并没有在组织上为学分银行制度运行提供组织支持。最后，学分银行的运行实质性地影响了学校的组织管理。学分银行削弱了传统招生渠道，改变了学习管理的方式，甚至对整个学校体系的运行都产生了极大的冲击。比如，对校外学分的认可，导致原本的班级教学模式受到冲击，以班级为组织单位的管理模式

---

① 顾明远.教育大辞典[Z].上海：上海教育出版社，1992：402.

不再适应新的形态,需要在各个方面配套相应的政策。

三、学分银行阻力的消解策略

阻力不是坏事,正是因为阻力的存在,我们才需要更加完整地思考学分银行建设的现状问题。要真正消除学分银行建设的阻力,需要清晰认识到学分银行阻力以及阻力的归因,通过分析阻力特性、产生原因以及与其他冲突的组织方式的相互关系,以系统化的思维、制度化的方式、过程化的思想为指导,形成相互配合的策略系统和制度系统,单点突破和系统推进相结合,将学分银行的阻力转化为支持学分银行发展的动力。

(一) 加快终身教育立法,赋予学分银行中心权力

学习者参与学分银行认证,他们的学习需求一般是获取学历、获取学分、获得资历,有的是通过学分平台,缩短学习年限。换句话说,就是学习者通过学分认证、积累与转换之后,学分银行能给学习者相应的学习效益上的回报。从现在运行的学分银行来看,很难达到学习者的要求。首先,学分银行本身不颁发证书,也没有权力授予学位和资源证书,同时不提供课程,更没有与学历学位、资格证书相关的系统性的人才培养方案和课程体系。这就需要通过加快终身教育法律立法,行企校合作,形成既有基本质量、反映行企校对专业能力和技能的要求,又能满足终身发展的课程体系,并按照不同的层级形成转换的标准,学习者学习了相应的课程,就可以获取相应的学历和资历。或者是借鉴韩国经验,与合作院校建立标准,获取相应学分,颁发教育部长或协议大学签发的文凭。[①] 需要指出的是,对于学分银行权力的赋予,需要有严密的监控和周全的质量保障机制。从社会运行来说,学分银行的权力赋予是一个不可逆的教育改革,如果效果不佳,对原来机制的建设会产生极大的影响。在赋予学分银行中心权力的进程中,可以采用对知识、技能和能力要求清晰的职业资格和专业进行试点,评估认证过程中的现实问题,并

---

① 王海东,韩民. 学习成果认证制度相关概念及问题探讨[J]. 开放教育研究,2016 (5): 61-67.

以治理方式鼓励多元主体参与制度建设，逐步扩大学分银行权力。

（二）促进教育机构协同办学，建设协同供给文化

当"关门办学"成为一种文化时，合作不会产生，学分等学习成果流动就会成为空话。首先，通过协同办学，可以形成小范围的学习成果共享联盟，以促进更多的教育机构参与和体验学分银行给学校带来的发展通道。其次，通过共建项目、共享实训室、共同教改等方式，可以体验教育机构之间的不同管理理念、质量控制方式，实现知识与经验分享，提高学分银行管理水平。最后，通过协同办学，可以节约大量资源，用于扶持自身富有竞争力的教育产品。在传统的思路中，建立学习平台、建立大而全的学习资源成为常态，大量的资源用于重复建设，尤其是完全不受地域限制的网络平台、网络资源建设。协同办学中催生的协同文化，可以有效地降低无效的资源投入比例，促进更多的资源投入自身特色产品的打造，以提高资源效率。

（三）大力推进民间资本进入教育领域，提升学习成果供给质量和供给渠道

在我国，整个教育体系在移植和学习西方的过程中，形成了一种"依附发展"的模式，[①]如学校依附政府政策发展、教学依附制度指令发展、内容依附强势文化发展等。根据政治、经济利益设计并输出系统性的教育教学体系，表现为任何问题靠请示，任何发展靠政策，甚至在发展过程中为获取政策和政治支持，放弃办学原则。笔者认为，通过激励、宣传、减免税收等具体手段，可以引导民间资本进入教育领域，再通过管理创新、内容创新、评价方式创新促进教育体系改革，逐渐形成社会影响力，促使社会人士认识到优质教育资源的重要性，并逐渐向教育本体施加影响，帮助传统教育体系打开思路、开门办学。同时，民间资本在向教育本体的进发过程中，应通过学分银行形成影响力，成为教育供给的新兴力量。这样可以有效促进传统教育机构形成特色，打造自身学习成果品牌，与新兴民间教育机构竞争，逐渐形

---

① 袁本涛. 依附发展——20世纪中国高等教育发展的重要特征[J]. 教育发展研究，2000（6）：120－124.

成教育机构不再着力"大而全"发展,而是追求"特色发展""精品发展""锚定方向发展"。学习者成长所需要的其他教育资源必须通过其他渠道获取,而良性互动的形势清晰明确,最终拓展了学习成果的来源和提升了学习成果的质量,同时也加大了各级各类教育机构对学分银行的黏性。

(四)顺应万众创业潮流,鼓励学习者参与终身学习

不得不说,社会人士参与学分银行的积极性不高是因为社会发展环境并不急切需要他们更新知识体系。笔者造访中国香港、日本东京等创新与创业氛围较为浓厚的区域后发现,地铁阅读、博物馆学习等让人印象深刻。在李克强总理等人的号召下,教育部等多个部门积极参与,事实上推动了全国的创新创业热潮,一大批有志气的年轻人投入创新创业环境。但创新创业显然不是依托号召就能完成的使命,而是需要社会各个层面的群体积累和创新专业知识,形成创新产品和创新模式,再投入市场与市场原有产品形成差异精准竞争[①],这就蕴含了大量的学习需求。社会舆论以及相应的制度建立需要引导创新创业的实践者利用知识创新、利用技能创业、利用创新产品创业,这就助推了学习型社会的建设,最终为学分银行的建设提供了源源不断的受众,真正壮大了学分银行关注人群。

(五)形成多元治理机制,建立学习成果质量保障体系

保障学习成果质量是学分银行运行的基础。部分机构打着办教育的"羊头",干卖文凭的"狗肉";部分机构即便是想做好课程建设,也受制于指引、体制和人员配置,无法真正产生高质量的学习成果;等等。这些问题造成了学分银行如果铺开,就容易降低整个社会文凭和职业资格的诚信问题,冲击教育生态秩序。因此,学分银行的学习成果质量需要标准体系的支持,需要建立学习成果治理的保障体系。首先,全国性的资历框架必须以立法的形式确立,明确各级各类资格的知识、能力与技能标准,形成可以指导学习成果相关课程建设、教学运行、教学评价的质量基准线,并成立质量保障委员会进行第三方评价和实时更新。其次,需要通过促进企业、行业等用人单

---

① 吴南中. 创新创业教育的推进机制研究[J]. 职业技术教育, 2016 (10): 20-26.

位对人才培养质量的要求，与学习者、社会人士一起不断地反馈标准的适应和引领程度，不断地更新课程质量标准体系。最后，教师需要自觉意识到学分银行对教育发展的推动作用，积极自觉地将学分银行的质量要求转化为工作标准。

（六）引入市场机制，鼓励教育机构形成特色产品

特色就是一个"你无我有，你有我优"的问题。一个教育生态的正常运行，不仅需要大量的参与者，还需要不断形成个别引领性的高质量教育产品，促进教育生态的换代。学分银行的发展，通过接入优质资源引入了竞争机制，同时也为引入市场机制，推动各级各类教育机构开展特色专业建设、特色课程建设、特色产品建设提供了契机。市场机制指的是按照市场优胜劣汰的运行方式，通过供需关系和自由交易，扩大自身市场和积累自身发展所需要的资源。学分银行提供了多元通道，教育机构所提供的教育产品必须有高质量、高标准、高口碑才能积累学习者，通过学习者的参与获取自身发展所需要的资源，这就需要有意识地优化竞争环境，促使教育机构思考自身特色建设的问题，思考提供什么样的产品参与市场的问题。这种机制的建设，一方面为新进入者提供了机会，另一方面可以有效地挤出部分不具备教学基本条件的碌碌无为者，优化整个教育生态。

（七）单点突破与系统推进结合，促进学分流动

不得不说，在现行的阻力下，学分银行的系统推进始终是一个难题，必须有策略地从不同的角度发力，促进学分银行的建设。首先，找准单点，快速形成示范效应。学分银行建设涉及的面多、范围广、发力全面，在目前的情形下似乎是一道难题，找到有效的切入点是一个快速打开局面的方式。比如，重庆广播电视大学选择职教与远教一体化的学分银行作为打造的目标，试图通过与中国香港和东盟依托国家的"一带一路"倡议向外输送，促成局域性影响力的提升，就是一个有效的单点。其次，制度建设、框架建设等学分银行建设事物需要有系统的思路、长远的眼光和战略的思维，所做的工作必须是有条理、有章法、能拓展的。比如，重庆广播电视大学学分银行建设在资历框架上形成了职教与远教一体化的特色，但是同时注明了与其他地区

学分银行框架的对接，比如与中国香港地区、广东开放大学等区域性的学分银行，以及东盟、欧盟等跨国家的资历框架的对接。只有单点切入，才能帮助学分银行迅速扩大影响力；只有系统推进，才能为单点突破找到制度上的系统支持。现阶段学分银行的发展，需要有单点结合和系统推进结合的思想，促进学分等学习成果的有序流动。

（八）以学习者为中心，搭建大数据内核的信息平台，服务终身学习

信息平台是学分银行业务办理的窗口，学分的认证、积累与转换工作需要依托学分银行信息平台完成。首先，学分银行信息平台建设要按照学分银行运行体系流程要求，紧扣服务学习者的建设理念建设。在现行学分银行信息平台建设中，脱离学习者需求的建设方式导致了学习者体验不佳，不适应学分银行服务理念。其次，学分银行信息平台建设要有大数据思维。通过布局大数据体系，在数据伦理的允许下，将学习者数据进行捕捉，并从学习成果的获取路径、方式、内容等各个方面进行学习者潜力判断，以此推送学习路径、方式、内容，以及对接外部企业进行工作推送，实现以大数据服务学习者的目的。最后，信息平台要建成一个开放的平台，可以拓展的平台。学分银行的发展，一定有不同的时代需求和不同的运行方式。因此，学分银行信息平台的建设，需要提供拓展接口，实现学分银行平台的不断优化和功能的不断拓展。

任何教育改革都会产生阻碍改革推动的力量。学分银行建设中的阻力，是学分银行自身不足或者条件不成熟的表现。但作为代表主流价值和未来发展方向的学分银行建设，尤其是解决我国学习通道的"独木桥"现象和"单向道"路径，解决学校教育发展特色不足、质量不高以及与用人单位脱节等现实人才培养问题的价值，受到各级各类教育人士的普遍认可。学分银行的建设阻力会在很长时间存在，破解学分银行阻力是一项长期和系统的工作，需要建设者攻坚克难的决心，更需要建设者将阻力作为前提预设、思维方式和行为产生的基本出发点，将人民的利益放在学分银行建设的关键位置，在不断创新建设方式中满足更多人的需求，从根本上消除学分银行建设引发的阻力和冲突。

第六章　学分银行认证标准体系建设

学分银行是一种建立在学分制的基础上的学习者学习成果认证、积累与转换的制度体系，其目标是沟通各级各类教育机构，实现教育体系在时间和空间上的开放性，促进个体参与终身学习并获取成果。① 在整个体系中，学分认证、积累与转换的相关制度是学分银行制度体系的内核和主要功能。认证标准体系是学分银行制度体系的内核，这是由学分银行认证标准体系在学分银行中的地位所决定的。众所周知，学分认证、积累与转换的基础是有质量的学分，学分的质量不同于一般商品的质量，它们很难用量化的物理标准来衡量，涉及深层次的问题，有的还同当地经济、社会发展紧密联系。而建设学分银行认证标准，就是要以一种广而告之的方式，一方面促进学习成果的有序流动，另一方面需要通过有效地量化，形成可以操作的学分认证方式。这就提出了两个问题，学分银行认证标准建设的问题转化为了如何衡量学分的质量？又如何大批量地保证所认证的学分是有质量的？这些内容都是学分银行开展学分认证、积累与转换的关键。学分认证标准体系不仅是国内独有的问题，在国外也挑战了建设体系，遇到了很多问题。在国外，有的国家通过建立严格的过程保证，确保学习时间，从学习时间上保证学习质量。但我们知道，学分质量对应的是有效学习时间，缺乏对时间有效性的监控，就很难保证时间的效率。有的国家建立了严格的联盟体系，通过控制联盟成员实

---

① 吴南中. 基于学分银行的课程建设逻辑与运行体系[J]. 成人教育，2017（5）：55-60.

现质量共建，这对于教育体系管理范围较小的系统是有效的，但不适应地域过于广泛的学分认证体系；有的国家研发了成效为本的评审机制，试图建立各级各类资历的评审标准，通过评审的方式，实现资历的评审；有的国家通过资历框架实现学分的互认。在我国，由于庞杂的教育类型和规模极其巨大的学习者群体，以及区域质量差别、不同类型教育质量差别、不同级别质量差别等现实原因，学者们更倾向于建立一套认证标准来判断学分等成果的质量，适应学分银行学习成果认证、积累与转换的需要。因此，如何建设认证标准，又如何运行，成为摆在学分银行建设者面前的重要问题。

一、学分银行认证标准体系的内涵

"认证是高等教育中，通过审查或评估或两者兼有，若院校或院校中的专业得到认可，则表明达到了可接受的最低标准质量控制和质量保证的过程。"[①] 学分银行认证标准指的是以学分银行为渠道的认证体系，主要认证内容是课程学分、专业认证、其他学习成果认证（如先前学习认定、学习成就认定等）。在高等教育领域和继续教育领域，认证是较为常见的现象，体现为通过先前经验的认定，给予一定的课程学分。[②] 但从国家层面来建立相关的制度体系出现得较晚，起源于最近兴起的资历框架建设和学分银行建设。尤其是20世纪70年代后，在终身学习思潮的影响下，建立学分认证制度，支持终身学习成为一种国际潮流。在终身学习体系中，非学历教育的作用得到极大提升，非学历教育成果的认证受到广泛的重视，UNESCO下属的终身学习研究所还专门研制了《非正规与非正式学习成果的识别、验证和认证指南》，指导各国的学分认证研究。[③]

---

① E. 格威狄·博格，金伯利·宾汉·霍尔. 高等教育中的质量与问责[M]. 毛亚庆，刘冷馨，译. 北京：北京师范大学出版社，2008：13.
② 王海东. 我国学习成果认证制度探索与自学考试制度创新[J]. 中国高教研究，2015（8）：57 - 61.
③ UNESCO. Institute for lifelong Learning, Guidelines for Recognition, Validation and Accreditation of the Outcomes of Non - formal and Informal Learning [EB/OL]. http://unesdoc.unesco.org/images/0021/002163/216360e.pdf, 2017 - 09 - 26.

在学分银行建设中,由于其被赋予了沟通各级各类教育的重任,复杂的社会环境和丰富的高度教育类型,需要通过各级各类学习成果的标准来实现彼此之间的相互认证和沟通。比如,资历认证标准、学分认证标准、课程认证标准、学历认证标准、证书认证标准等,将学习成果放在同一个体系进行认证,确保被认证的学习成果拥有相对较高的质量,从而实现学分银行公信力的逐渐提升和保障学习成果认证的质量,发挥学习成果认证的方向指引性作用,满足社会对成果质量的基本要求,实现最低质量保证等功效。

方向指引性指的是学分银行标准本身所具有的规范功效,能帮助各类教育机构规范办学。其作用方式是通过标准所要求的知识、技能和能力要求,规范和引导教育系统改革,尤其是帮助未达到相应标准的院校提升办学质量。

适应社会性需求指的是学分银行认证标准是与社会不断交互,与利益相关体达成一致性意见的标准。学分银行标准体系在参与社会交往的过程中,通过帮助学习者获得认可的学分、成果和专业级别可以得到相应的社会地位,从而实现适应社会需求的能力。

最低质量保证指的是认证标准体系要保证获得认证的学习者具有所认证类别最低的知识、技能和能力要求,符合用人单位对相应层次人才的基本要求,并与社会期待所属类别的最低要求吻合。比如,欧盟第8级标准为解决重大科研问题和发展新知识、新实践,[1] 就是对应博士层级的基本要求,而没有达到相应的要求,就不能获得博士资格认证。

综上,学分银行标准体系就是一系列学分银行认证与转换的标准,包括认证标准本身和认证与转换规则。认证标准本身指的是各级学习成果的认证标准,认证与转换规则指的是在认证与转换学习成果过程中的规则和规范,认证与转换规则是标准的支持。有的观点认为认证与转换规则是标准本身,是保证标准得以正常认证的标准。本研究认为,认证与转换规则是标准体系建设的内容,但认证与转换规则并不属于标准建设本身,而是搭建标准与认证运行机制之间的桥梁,是保证标准合理、合法运行的要素。较之标准,认

---

[1] 张伟远. 资历框架的级别和标准研究[J]. 开放教育研究,2017 (4):75–82.

证与转换规则变动较小，与学科和专业的关系较小。

与之相对的是，学分银行认证标准体系是学分银行建设的核心一环，是学分银行建设并发挥其作用的关键。学分银行认证标准建设需要满足专业与学科的基本要求、服务终身学习体系的"沟通"需求、实现激发学习者参与学习的动力、加强教育系统内部资源共享和拓展教育资源等作用。

总之，学分银行认证标准建设需要满足科学性原则、实质等效原则、"成效为本"原则、时效性原则；建设内容包括资历框架建设、资格认证标准建设、专业认证标准建设、学分认证标准建设和认证与转换流程建设；学分银行认证标准的运行机制建设重点是管理机制、投入机制、合作机制、评价机制和信息保障机制。整个认证标准体系建设需要以认证标准为核心，与运行机制之间形成良好的互动和配合。

二、学分银行认证标准建设的基本依据和建设原则

学分银行认证标准不同于一般的技术标准，制约标准建设的因素是多方面的。就主观因素而言，标准具有一定的价值倾向性，需要满足主流社会价值观的需求，比如对学士层次的学习者，需要具有的能力、技能的期待是基本相似的，对于博士层次的学习者也是如此；从客观因素上讲，由于领域不同、层级不同、需求不同，对不同层级的人才存在不同的要求，折射到评价体系就是标准上的差异。要建立学分银行认证标准，就需要找准建设的基本依据，依托特定的建设原则来形成学分银行的标准。

（一）学分银行认证标准建设的基本依据

1. 专业与学科的基本要求

认证标准是"流通标准"，是各类学习成果受到社会认可的评价尺度，存在的前提是受到各个组织的认可，没有认可就没有价值，也就没有标准，类似于银行的货币量度。不管认证为何种类型的成果，其前提条件是满足社会对拥有该成果的独有价值的认同。简而言之，就是获取了该成果，学习者才能在社会中找到匹配的身份认同或者利益回报，也就是形成专业能力或者某种技能。专业和学科的基本要求是标准建设的基准。比如，学校将英语四级作为获取学士学位的要件之一，那么，获得四级证书所蕴含的知识、技能和能力的要求就是评价的标准，当这个标准得到社会一致性认可时，就成了认证标准。一般来说，专业和学科需要按照社会专业群体对该类型的基本工作，按照层级的要求，通过行业专业、学科专家、教育工作者、学习者共同组成的认证委员会形成讨论稿，广泛征求意见来实现，体现的是专业与学科的基本要求。比如，本科物流专业的认证标准是招聘物流从业人员的主流要求，按照主流要求，经过梳理和认证委员会讨论，形成基础的规范。同时，大数据辅助是获取相应标准和规范的有效手段，通过捕捉各类招聘平台的专业技能需求，通过聚类分析等技术手段，可以得到初步的社会需求，再经过认证委员会讨论，是获取社会对不同层级专业和学科知识、技能和能力的有效手段。

2. 服务终身学习体系的"沟通"需求

终身学习社会是建立在学习者自主参与学习基础上的社会形态，学习是一种生存方式，是贯彻一生、全面的和无所不在的。终身学习社会的核心是终身学习体系。终身学习体系是一种内在关联性、持续稳定性和教育一致性的体系，内在特征是促进学习者学习潜能的发挥，外在特征是不同教育的沟通与衔接，本质是一个开放性、自由性的系统，"是各级各类教育的相互沟通和衔接，也就是我们通常所说的立交桥"[①]。学分银行是服务终身学习体系建设的支柱，其效用在于通过学分的认证、积累与转换，实现各级各类教育的沟通与衔接。在中国，面对如此庞杂的教育体系，以纯粹自上而下的行政命令不能解决行业质疑和社会适用的问题，建立认证标准体系，使教育体系的教育输出有一定的基准，真正实现按"标准"输出或者高于"标准"输出，从而使学分、成果和资历的个人促进功效、用人单位满意功效和社会认可功效得到充分释放。同时，各个教育机构也可以按照标准，对学习者的学习成果进行认可，进而转化为入学的资格，或者是参与者开展免修免考的资格。通过这样的认证与认可机制的建设，各类教育机构紧密地联系在一起，

---

① 吴南中，夏海鹰. 以学分银行为支架的区域性终身学习体系构建研究[J]. 中国远程教育，2017（10）.

共同构成了终身学习体系的完整通道。因此,在某种程度上,认证标准就是终身学习体系构建的纽带。

3. 实现激发学习者参与学习的动力

心理学相关研究表明,学习动力是学习主体对学习行为在价值判断基础上的心理驱动。① 当学习成果对于学习者有用时,学习者的积极性会得到显著提升。② 对于学习者有用可以分为两个层次:对外而言,能否提升学习者的身份层次;对内而言,能否有效让学习者有良好的感知和体验。前文我们分析过学分银行的动力机制构建,落实到认证标准层面,认证标准是载负动力激发的因素。换而言之,认证标准具有动力激发功效,能促进学习者积极参与学习和拓展学习通道。这体现在以下几个方面:首先,标准是获取社会认可的依据。我们说学分银行能促进学习者参与终身学习体系,是因为它在学习中的各类成果都可以通过学分银行的机制得到认证,进而转化为自身成长的动力或者争取相应的社会待遇的依据,这是学分银行的动力机制建设的重要来源。同理,获取与标准相符合的知识、技能和能力,既能说明自身具备了认证与转换的能力,也能给予自身积极的反馈,促进自身更投入地参与终身学习,从而获取社会认可的依据。其次,标准可以检测自身的提升程度。成功是多次成功的积累,人就是在不断提升自我的同时,获得进步的。在标准体系缺乏的时候,自身很难准确判断学习成效达到了社会需求的何种层次,容易陷入盲目自信或者是盲目自卑的极端情绪中。认证标准体系的建设可以清晰明确自身所获得的提升程度,可以帮助自身了解在社会体系中的层次,进而进一步设计自身的发展路径,实现既有目标指引又切实可行的发展。最后,标准可以为学习者的学习路径提供指导。人有自发提升自己的欲望,对于学习者而言,如何清晰地认识自我,按照什么路径开展学习,进而获得认可,是一件相对较难的事情。认证标准体系可以按照不同层次的知识、技能

---

① 刘燕,高艳,等. 大学生学习动力影响因素及作用机制研究[J]. 思想教育研究,2013 (7):69 – 72;111.

② 吴南中. 学分银行建设的动力机制及其构建研究[J]. 中国远程教育,2017 (4):72 – 78.

和能力的规定,并与相应的课程体系与人才培养体系联系起来。比如,资历获取的课程需求,能帮助学习者确定进一步学习的目标,进而实现自身的能力提升与技能精进。

4. 加强教育系统内部资源共享

终身学习体系的重要"桎梏"是资源的分离。资源的分离造成了资源建设的低水平重复,消耗了有限的教育资源,造成了"资源汪洋"和"资源匮乏"共存的现实。认证标准体系的建设能促进整个资源体系按照认证标准的要求进行资源建设,弥补资源建设标准缺乏的"短板",促进整个资源体系的质量提升。其作用方式是:在原有的体系下,资源是否达到标准,而达到了何种程度的标准是没有办法衡量的,这样导致的问题是,任何教育机构和教育工作者都可以按照自身理解的方式进行资源建设。这种资源建设的自驱动式,在初期可以大量拓展资源的来源,但对资源的长期发展来说是致命的。各种无序的资源建设,不仅导致了资源的良莠不齐,更是浪费了本来可以发挥作用的资金。认证标准建成之后,资源应该达到什么层次,就有一个可以评价测量的"量度"。在这样的前提下,教育机构有条件设计有效的共享共建机制,通过顶层设计和体系性的政策推动,有效地接入外部资源,将已经认证的资源为己所用。比如,对《管理学》缺乏相应的课程资源,可以查阅达到相应标准的资源,从而使自身不需要"另起炉灶"建设,实现资源在教育体系的流动,提高资源配置的效率,使资源建设服务更多的学习者。对于学习者而言,如果自身的学习经历已经具备了相应的能力,就可以规避重复性的学习。比如,建筑类工作者如果能证明自身拥有了建筑类的相关工作能力,就完全可以不参与相应的学习,从而获取相应的资历。

5. 拓展教育资源

在终身学习时代,除学校教育体系和有明确目的、结构化的学习外,还存在各类非正式的学习,参与终身教育的学习者应该从多种途径来获取自身成长所需要的资源,进而转化为能力进阶的资本。尤其是作为在职学习者,他们的学习来源有可能是同伴的经验、自身的探索等,学习成果可能是专利、论文或者是项目建设,他们这些成果的取得,本身就意味着他们的工作能力得到了较大的提升，如果他们参与学习的话，理应规避这种层次的学习。因此，他们自身希望这类基于工作经验的学习成果能有一定的通道得到认证。认证标准的建立在提供了这种可能性的同时，还有效拓展了各类教育资源，学习真正实现了从规定场所向无线空间的拓展，同时拓展了教育资源的内涵，促进政府在扩大适应终身学习体系的场馆建设、基地建设等方面投入更多的资源，以满足终身学习体系构建的需要。

（二）学分银行认证标准建设原则

1. 科学性原则

认证标准体系建设是学分银行的基础，蕴含了社会对所认证学习成果的要求，也需要对现实情形进行匹配。认证标准的科学性是前提。首先，认证标准体系要适应多种教育机构办学的特色，按照知识、技能和能力的统一要求，构建既能满足社会需求，又能体现教育现状的标准。一般来说，对于社会用人机构而言，学习者的知识、技能和能力越高越好，越高的能力意味着越好的发展，但认证标准不能将层次定位过高，那样会损害学习者的利益，教育体系也不能得到满足。对于社会用人来说，与企业真实需求脱轨的标准，也会导致人力资源的浪费。其次，认证标准的科学性还体现在可操作性的基础上。要实现认证标准的可操作性，既需要满足教育对知识、技能和能力的要求，也需要符合国家的政策、法规和教育改革的方向，还必须条理清晰、重点突出和便于操作。同时，认证标准的本身是可以清晰区分的，不存在模棱两可或者是没有准确度量的内容。比如，描述"具有编写程序的能力"，可以表述为"能按照一定的目标设计相应的程序"。

2. 实质等效原则

实质等效指的是认证标准需要按照成果本身所体现的知识、技能和能力的层次，建设与之配套的认证标准。在学分银行成果体系中，既有学历教育，也有非学历教育，还有基于工作场的成长，以及各类知识产权、论文成果等。要建立适合多种类型成果流动的学分银行标准体系，需要把握"实质等效"的原则。换而言之，就是不管从什么渠道获取的学习成果，学习者在成果质量上是相当的，他们的知识、技能和能力是等效的。评价学习者的方式并不是单一的方式，而是知识、技能和能力的综合，以便保持成果认证的社会效应。

3. 成效为本原则

成效为本是一种从输出视角评价事物有效性的方式。按照章玳等人的研究，教学评价的成效为本指的是以学习成果为证据，在"完成课程、专业等学习取得相应学位之后，知道什么、理解什么以及运用所学知识能够做什么"，"其实质是认知变化、技能变化、情感变化和个体行为变化"，关键在"产出"。[①] 作为覆盖多种类型学习成果的认证标准，强化过程容易导致通道的狭隘。成效为本通过可以测量的成效，证明自身所具备的知识、技能和能力，能提升学分银行认证标准体系的科学性，降低社会认可的难度。

4. 时效性原则

学分银行的标准体系是具备时效的，这不仅与对接社会的知识变迁和技能转换相关，还与整体教育体系的发展相关。首先，数字化、网络化、智能化下的制造业削弱了传统工业生产的"流水线"模式，逐步向自动化转变，通过物联网、大数据等将信息、资源和人员整合在一起，构建成一个 CPS 系统（信息物理系统），推进了知识更新、技术更新、模式更新，同时改变了学科教育内容和标准体系。社会认同的标准会发生变化，学习的内容会随着时代的变化进行更换。认证标准需要按照产业更新周期开展标准更新，才能满足学分银行发展的需要。其次，教育本身是一个不断进步的体系，对于教育质量本身是有其时代背景的。认证标准本身具有提升教育整体质量的功效。质量提升的道路是没有止境的，达到一定阶段，势必在此基础上形成更高的标准，促进教育的发展。

三、学分银行认证标准建设的内容

那么，学分银行认证标准建设内容有哪些呢？这是由学分银行的功能决定的。一般来说，学分银行需要认可学习者的过往经历，这是终身学习体系

---

① 章玳. 香港高校基于成效为本的课程改革与启示[J]. 现代远程教育研究，2014(1)：79-84.

构建的具体要求。过往经历的认可和资历的构建息息相关，因此，资历框架是必要的。同样，专业标准、课程标准、学分认证等都是其建设的内容。

（一）学分银行认证标准建设的内容

1. 资历框架建设

资历框架是根据知识、技能和能力要求构建的一个连续的被认可的资历阶梯。[①] 资历框架的本质是资历标准，它因为"提供一个协调、整合、可比较的资历系统，形成各个层次教育的知识、技能和能力的统一评价标准，保证各级各类教育的质量"[②]。构建一个知识、技能和能力的层次体系，成为学分银行认证标准建设的依据。通过资历框架建设，可以形成同一级别的资历在知识、技能和能力上的可比较"基准"。资历框架建设是认证标准体系建设中最为核心的内容，是认证标准能否得到社会认可的关键。

2. 专业认证标准建设

专业认证标准指的是在资历框架的基础上，通过构建相同或相似专业在不同阶段的知识、技能和能力特征，形成认证单元，以便评估学习者在专业领域不同级别所应具有的知识、技能和能力。专业认证标准既是认证专业资历的基础，也是各类非学历教育达到某种层次的一种能力肯定，是进入后续学习或者获取相应的报酬和身份的条件。

3. 学分认证标准建设

学分认证标准一般指的是通过各类学习，认证为课程学分。它在认证标准体系中处于最基础的部分，也是最为庞大、应用最多、更新最快的部分，是认证标准体系的主体。课程认证标准建设既需要满足一般资历框架所要求的能力层次，也需要根据专业认证标准和社会需求情况进行不断更新和补充。

---

① European Parliament. Glossary Recommendation of the European Parliament and of the Council on the Establishment of the European Qualifications Framework for Lifelong Learning [EB/OL]．http：//www.eucen.eu/EQFpro/GeneralDocs/FilesFeb09/GLOSSARY.pdf，2019 – 09 – 01．

② 张伟远，段承贵．终身学习立交桥构建的国际发展与比较分析[J]．中国远程教育，2013（9）：9 – 15．

4. 资格认证标准建设

资格认证标准指的是证书和各类非学历学习成果的认证。证书和非学历学习成果由于在一定程度上降低了学历的要求，是终身学习体系建设的重要组成部分，确立证书与非学历学习成果和知识、技能与能力的对应关系，是资格认证的核心内容。同时，还需要通过证书规定的知识、技能和能力的要求，与学历教育的课程学习等形成联系，通过一定的规则转化为课程学分和专业资历。

5. 认证流程建设

认证流程是认证标准的一部分，也是各类认证标准落地的关键，同时认证流程的规范能确保整个认证体系建设的规范。认证功能的实现是目标机构对结果的认同，不仅需要成果本身是有质量的，还需要认证过程是合法、规范和透明的。认证流程建设就是对工作规则、工作流程的设置，要将认证的合法身份、恰当标准和工作方式以程序化、规范化和流程化的方式制定出来，形成业务流程。

(二) 学分银行认证标准建设的相关机制

1. 管理机制

学分银行认证标准建设是一项庞杂的工程，涉及课程学分认证标准、证书认证标准、资历认证标准等，需要各类资源的调动、各类关系的协调和各种理念、理论知识的传达，以及决定先建后建等相关的顶层设计。这些工作的开展需要借助运行良好的管理体系来实现。学分银行认证标准建设的管理机制是按照职责不同而不同的层级机制，比如资格认证标准建设与资历框架建设应该是政府组织行为；专业认证标准建设是政府领导下的行业主导行为；学分认证标准建设是学分银行主导下的标准建设委员会行为。除了不同层级的标准对应不同的组织管理层级，对接入学分银行认证标准的认定和公示、认证流程等各个方面的制度要求，需要管理机制功能的发挥。

2. 投入机制

学分银行标准建设需要投入源源不断的资源，最为重要的是资金投入和人才投入。在资金投入上，作为建设主体的政府要有稳定和充足的预算；在人才投入上，不仅要保证学分银行标准建设所需要的管理者，还需要行业、教育系统、信息技术人才的支持。

3. 合作机制

任何实体都无法完成全部认证标准的建设，更无法维护标准体系的更新。合作机制是认证标准建设的关键要素。合作是解决组织架构、协同建设、标准利用、有效反馈的唯一方略，缺乏有效合作，无法实现学分银行沟通的功效，也无法建立起学分银行的认证标准体系。

4. 评价机制

认证标准的学术性、规划性、适应性和完整性必须经过评审机制的审查，以确保认证标准的质量。评价机制起到质量把控的环节。评价机制的基本原理是按照社会需求、学科发展和标准所属等级进行评价，确保所建设标准的科学性和适用性。

四、学分银行认证标准建设的运行机制

围绕学分银行认证标准体系的建设要求，为顺利推进机制建设和内容建设，按照学分银行标准体系机制建设和内容建设的内在逻辑，设计了认证标准体系建设的运行机制，其工作目标是资历框架、专业认证标准、资格认证标准、学分认证标准以及认证与转换流程标准，通过管理机制、投入机制、合作机制和评价机制发挥作用，并结合实践，开展应用。流程运行方式和效果见图6-1。

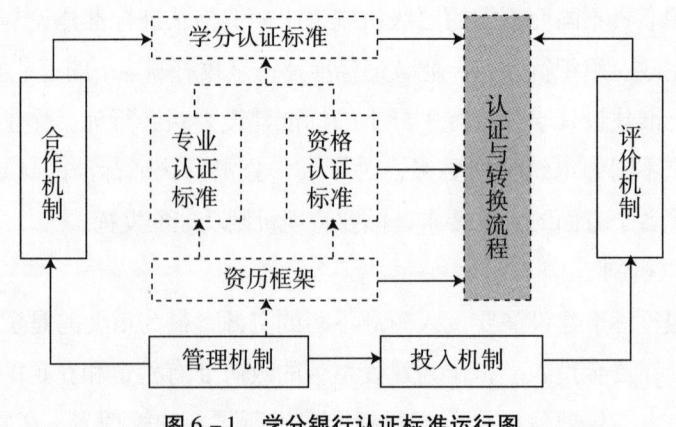

图6-1　学分银行认证标准运行图

（一）管理机制建设是学分银行认证标准体系建设的前提

管理机制指的是学分银行标准体系建设中各个相关主体之间的关系及其运行方式，具有三层特征：在层次上，需要强化从政府到教育机构以及到个人的多种层次；在形式上，需要强化行政、计划、指导、服务和监督；在功能上，需要强调激励、制约和保障。学分银行认证标准体系建设的管理体制主要有领导机构、管理与执行机构、学术保证机构。领导机构负责各类标准规划的制定，以及调动各种资源服务标准体系的建设与执行；管理与执行机构负责组织具体的各类标准体系建设与运行，比如资历框架建设机构负责与行业委员会沟通，通过组织行业专家、教育专家和学习者群体开展资历框架的建设；学术保证机构是对各类标准的社会适用性、教育适用性和学习适用性进行基于学术标准的核查。

（二）稳定的投入机制是学分银行认证标准体系建设与运行的基础

广义上的学分银行认证标准体系建设与运行投入涵盖的范围很大，比如：对弱势机构的教学质量改造问题；拓展在线学习资源，形成泛在学习场景的问题；改革现有体系，塑造教育教学机构之间协同合作平台的问题；通过标准建设，促进资源共享共建所需要的投入的问题。从认证标准建设与运行的快捷角度来讲，通过投入资源和资金，确保标准体系的建设和运行，是投入机制要解决的核心问题。政府预算是资金投入的主体，政府需要通过预算项目，在初期保持建设的力度，在后期保持持续的更新。适当收取标准的使用费用，也是维持学分银行认证标准体系建设的有效手段。

（三）具有良好协作关系的合作机制是学分银行认证标准体系建设的内在要求

学分银行认证标准体系建设是一个巨大的工程，且不说认证标准体系本身的复杂性和广泛性，就是其达成一个行业企业、教育机构和社会共同认可的标准都是一件需要组织协同的事情，更何况标准本身具有实效性，需要与社会日益变化的需求对接。良好协作关系的先决条件是形成具有特定目标、共同愿景、真诚合作的共同体。由于学分银行认证标准参与的多种来源需求，体现了不同的志趣追求、利益出发点和价值取向，因此需要通过共同愿景的形成、合作机制的科学有效、组织的强力推进等措施，将学分银行标准认证体系建设的目标转换为团队的共同意识，进而形成一个富有引力的精神空间，转换为共同决策和行动，形成合作共同体。

（四）评价机制是保证学分银行认证标准体系建设质量的防线

学分银行认证标准体系建设的范围较广、面对的主体多元、涉及的情境复杂，需要对建成的标准体系形成评价机制，确保学分银行认证标准体系的质量保证价值与社会需求的互动，提升学分银行的社会公信力。首先，多元参与是学分银行标准体系评价机制的外在形式。学分银行标准涉及各个方面的利益，评价机制既需要考虑政府对教育系统的质量要求，也需要考虑行业企业的现行需要和发展趋势，同时还与相应级别的学习者学习能力匹配。要综合考虑不同主体对学分银行标准体系的要求，就需要构建一个多元参与体系，因此多元参与成为评价机制的常态。比如，重庆广播电视大学主导的学分银行建设就将学分认证委员会的范围拓展到行业和学习者，开展对各类标准的审核。其次，公信力是学分银行认证标准体系评价机制的内在要求。学分银行标准要成为一种应用标准，就必须考虑其公信力的问题。公信力的内在要求是标准的可信性，要保证标准的可信，评价机制不仅需要对内容的科学性负责，同时还需要将规范的评价过程、权威的评价专家等要素整合起来，开展评价工作。最后，相互协同是评价机制发挥作用的关键。评价的效用是反馈，评价机制的构建要将反馈渠道作为建设的重要内容，通过评价信息提升标准体系建设的质量，同时通过标准的导向影响教育教学层面。

（五）信息保障机制

学分银行标准体系还要以信息化平台和大数据技术为手段，构建信息保障手段。信息保障手段指的是认证标准的建设要充分利用信息技术，把包括大数据在内的信息技术手段贯彻于标准建设过程。比如，建立专业认证标准的依据是社会对该层次专业的知识、技能和能力的需求，建立该标准可以通过大数据工具对社会该类招聘信息的要求进行收集，并梳理相关的知识、技能和能力要素。除此之外，认证标准使用反馈、认证标准建设过程中基于大数据技术的建模分析，以及学分银行信息管理平台的相关数据收集，都是保证学分银行认证标准体系建成的重要因素。

学分银行认证标准体系是学分银行建设的关键一环,同时也是发挥学分银行促进教育教学质量提升的功效的重要抓手。学分银行认证标准体系内容庞杂、涉及面广、投入资源大,其建设必定是一项持续和渐进的过程。标准建设的本质是一种评价建设,其核心是建立能力的评价方式和评价标准。能力本身是人与环境的互动,内蕴于人的态度、情绪、价值观、动机能各个方面,标准能描述的是外显于人对生活视界的需求,如知识、技能和能力。因此,在建设认证标准过程中,不仅需要构建一个体现不同层级学习者水平的知识、技能和能力标准,与此同时,智慧和美德的重要性也是不言而喻的。如何在标准中渗入这些要素,或者是提供相应要素的表现机会,是标准体系建设需要持续考虑的问题,也是本研究与实践团队的攻坚目标。

第七章 资历框架制度功能与建设策略

终身学习体系建设的核心是建立各级各类教育相互衔接和沟通的终身学习"立交桥",也就是国际上通用的资历框架建设。资历框架是终身学习体系建设的基础性支持制度,是学分银行的核心,也是学分银行各级各类标准的依据,其价值是实现各级各类教育的有效沟通和衔接。我国至今还没有建立起全国性的资历框架,不仅阻碍了学习者参与终身学习的积极性,还为国家经济社会转型发展带来了一定的障碍,不能满足社会建设的需求。在我国资历框架迟迟得不到推进的同时,其他国家的相关资历框架建设进展迅速。为推进终身学习体系建设,据不完全统计,全球共有160余个国家和地区建立了资历框架,并在全球一体化的挑战下形成了对接协议,实现了跨区域人才的学历与学分互认,促进了人才的有序流动。2010年,我国通过《国家中长期教育改革和发展规划纲要(2010—2020年)》,明确提出了"构建灵活开放的终身教育体系,搭建终身学习的立交桥"。经过7年的研究和实践,在开放大学、部分区域、部分行业形成了以"学分银行"或者是"学分银行项目"为载体的中国特色"资历框架"范例,试图探索出国家资历框架建设的经验,但国家资历框架并没有按照应有的进展形成,遇到了许多瓶颈性的问题。比如,基于学分银行的资历框架在具体实施中将资历框架直接对接转换标准,对专业能级的指导和运行的输出关注过低,课程尤其是应用技术类课程随着社会变化标准转变速度过快,导致标准建设远远跟不上发展建设,课程之间无法兑换等问题。笔者认为,其中重要的问题是资历框架的制度功效并没有得到明确,运行体系设计并不能支撑基于资历框架的专业建设、课程建设、教学过程运行以及质量保证机制的形成。因此,探讨资历框架究竟有何种功效,资历框架如何建设,应该怎样形成资历框架的有效输出,以解决教学问题,成为研究者关注的重心。需要指出的是,资历框架本身是一个巨大的话题,涉及资历框架的内容非常广泛,比如资历如何评审的问题,资历如何落实质量保证的问题,基于资历框架的教育治理问题,等等。可以说,资历框架本身可以自成体系,成为较为宏大的一个课题和选题。本章只试图解决资历框架的建设方式问题。

一、国内外资历框架建设的进展与问题扫描

(一) 学位制度下"资历"概念的形成与发展

资历从词面意义来说,似乎是一种经历。资历和经历显然是不同的两个概念,平时所说的资历不够与我们谈的资历的意义相差较远。欧洲对资历的定义是:"一种学位、文凭或者是其他由相关权威部门颁发的某种证明文件,可以证明持有者拥有某些特定的学习成果(Learning Outcome)"[1],能适应相应的工作。国内有学者称之为"工作为本"[2]。资历框架是现代教育的产物,但资历的思想渊源已久。在世界教育史上,最古老的资历是学位,起源于中世纪大学对教师职业的入门资格的规定。"学士学位意指学徒或帮工,他们没有获得执教资格,只能帮助老师上一部分课。"[3] 要成为教师,必须依次取得执教权(授课许可证)和就职礼[4],逐渐发展为我们所熟知的硕士和博士学位。随着社会对人才的需求不断增加,在城市管理、宗教管理等各个领域,

---

[1] EUROPA. Ministry of Science technology and Innovation. A Framework for Qualifications of the European Higher Education Area [EB/OL]. http://xueshu.baidu.com/s?wd=paperuri:(7dc30b3f698260a6d12f183175cb0474)&filter=sc_long_sign&sc_ks_para=q%3DA+Framework+for+Qualifications+of+the+European+Higher+Education+Area&tn=SE_baiduxueshu_c1gjeupa&ie=utf-8&sc_us=9175047981056324210.

[2] 张伟远. 工作为本的学习:突破终身学习立交桥瓶颈[J]. 开放教育研究, 2016 (12): 58-64.

[3] 崔延强, 吴叶林. 我国高等职业教育学位的制度功能及其构建[J]. 教育研究, 2015 (9): 84-91.

[4] 涂尔干. 教育思想的演进[M]. 上海:上海人民出版社, 2003: 64.

不断提升相应的求职能力需求，以文凭和身份所代表的资历正式在教育的各个领域蔓延。在法兰西，路易七世时期皇家主教3%是硕士，到路易九世时这个数字变成了41%；而图宾根大学的资料显示，1627名毕业生中，有1097名学生进入教会任教（中世纪大学和教会合一），314名学生进入行政管理体系，33名学生成为内科医生。[①] 可以说，在学位诞生之初，就与资历建立了不可分割的联系。随着学位制度的进一步发展，在现代大学中出现了新的变化，也就是教育史学家所说的"重学轻术"现象。以德国柏林大学为首的现代大学将"寂寞、自由、科学、修养"当作价值核心，"追求纯粹的知识，探讨真正的真理"成为大学的核心功能，学位的评价标准转向知识，学位与资历出现了隔阂。但随着工业革命的进一步进展，培养"世俗人才"的大学建立了一系列与职业资格挂钩的学位制度，成为一种象征自身具有的知识、技能层次和方向的身份象征，各类专业文凭与职业资格再次紧密联系，成为市场评价人才的主要标识，"资历"的概念基本形成。

（二）资历框架内涵及其外延

在前面的章节中多少有一些谈及资历框架，但资历框架究竟是什么，我们还没有进行清晰的定义。要清晰资历框架的制度功能，我们先得明确资历框架的内涵。资历框架指的是一系列按照知识、技能、能力的递进形式或不同层级就业与岗位需求，形成的一个连续的被认可的资历阶梯。资历框架实现不再以学历或者文凭评价学习者，而是以社会认可的知识、技能、能力的层级评价学习者。换句话说，在资历框架的理念下，学习者不管从哪里获得了知识、技能和能力，都能得到承认。在资历框架的制度体系下，通过相应的评价（如学术委员会评审），达到了某种层级的知识、技能和能力要求，即为获得资历框架中所对应的证书的依据，如学历、职业资格证书、文凭和学位等。达到相应资历的学习者可以以此申请相应的资历，参与下一个资历的学习，争取与资历挂钩的报酬与身份。比如，达到了中职层级所需要的知识、技能和能力，可以不参加中职教育，可直接进入高职阶段的学习。资历

---

① 张陈. 我国当代学位制度的传统与变革[D]. 重庆：西南大学，2011.

框架打破了普通教育、继续教育、职业培训等各类教育形式之间的隔阂，认可人们通过正式学习、非正式学习获取学习成果，认可在职场、工作场、生活场的学习和工作业绩，通过质量保证机制，实现学习成果的相互认可和多维转换，能为全社会提供支持个人发展的学习阶梯，受到教育者的关注。

（三）资历框架建设的世界建设情况

受益于欧洲经济一体化在欧洲各国的经济与文化交流环境需要，欧盟开始了推动统一标准的资历框架建设工作。1999年，欧盟29国在意大利博洛尼亚大学签订了《博洛尼亚宣言》，随后制定了学士、硕士和博士三级资历框架以及各类资历的能级标准[1]，首次实现了资历的比较和兼容性的评价，促进了高等教育的开放。欧盟资历框架的早期与现代资历框架的内涵不同，关注点在于学历教育，目的在于构建相互沟通的学习体系。2000年前后，随着信息技术的发展，部分发达国家行业与职业结构发生了极大的变化，终身学习亟须一种新的教育体制来支撑，这个体系的核心是职后教育与职前教育、学历教育与非学历教育资历的效用一致化。英国的资历框架（除苏格兰）在这样的背景下应运而生，其目标是建立"对课程、考试、评价和资历证书进行开发和现代化工作，建立一个世界级的教育和培训体系"[2]。2001年，英国正式设立高等教育资历框架，并于2008年推出修订版，基于层级、标准和成效，将各类教育融合，全面实现了对各类高等教育资格的能级鉴别，成为资历框架建设的典范。其他较有影响力的建立资历框架的有澳大利亚、东盟、南非、中国香港等160余个国家和地区，纵观所有建立资历框架的国家，个性化、灵活、开放、弹性、对过往资历认可等所塑造的终身学习阶梯成为资历框架建设的共同标签。

（四）我国资历框架建设的已有经验

随着经济的发展尤其是近年来经济的转型升级，社会对人才需求的标准

---

[1] 张伟远，傅璇卿. 试析欧盟构建资历和学分跨国互认终身学习体系的运作[J]. 中国远程教育，2013（11）：20-26.

[2] 董秀华. 教育资历框架的比较与思考[J]. 教育发展研究，2009（3）：46-49.

和取向发生了极大的变化,学习者利用学校体系以外的资源学习并取得积极成效,国家也需要借助一种制度体系,实现行业、城市、教育系统对资历的认可与终身学习体系的搭建,资历框架建设成为研究者所思考的问题。中国的资历框架的探索是从学分认证、积累与转换开始的,最早起源于2004年,教育部在《关于在职业学校逐步推动学分制的若干意见》中提出,要在职业学院系统中建立学分积累与转化信息系统,这是国家对资历框架的最早思考。后来逐渐提出学分银行的概念,核心依据是《国家中长期改革和发展规划纲要(2010—2020)》以及《关于开展国家教育体制改革试点的通知》等文件。决策者希望通过学分银行试点,建立横向贯通和纵向联系的终身学习成果认证载体,实现中国的终身学习立交桥建设①,并立项了一些学分银行建设的试点项目。没有资历框架就没有学分银行,在这样的政策基础和认识上,开始了我国的资历框架探讨,并取得了一定的成效,有一些单位和区域发布了自己的资历框架。截至2018年8月,我国发布资历框架并应用的主要群体有电大系统(开放大学系统)、区域城市的行业和职业,分别所对应的案例是国家开放大学的学分银行资历框架、上海终身学习学分银行资历框架,以及教育部2011年实施的"卓越工程师培养计划"、广东省终身教育资历框架、重庆"远教与职教一体化资历框架"。这些案例的实施为建立全国性的资历框架打下了良好的基础,但也存在大量无法突破的问题。比如,以认证标准建设为目标的学分认证体系,需要面对行业的快速迭代所导致的实施困难,容易陷入周而复始的认证标准建设之中,并给需要认证课程的学习者带来体验不佳等现实状况。同时,资历框架无法覆盖中国的行业。因此,上海终身学习学分银行建立以来,基于学习者主动认证的学习成果还停留在三位数以内,与数以千万计的终身学习者形成视觉上的强烈对比。那么,我国资历框架建设的问题出在哪里?学分银行的核心是质量控制系统,是对已有课程是否可以按照标准置换为学分的依据,而标准建立的主体是开放大学或者电大,

---

① 陈丽,郑勤华,谢浩,沈欣忆.国际视野下的中国资历框架研究[J].现代远程教育研究,2013(4):9–18.

容易造成单方面认定的问题,不能解决资历框架所需要的沟通各级各类教育的基本功能,变成了一种形式上的"自娱自乐",因此,探讨中国资历框架的制度功能及其运行体系现实而且必要。

二、资历框架的制度功能

发根于中世纪大学的"资历"是整体的,获得博士(教师就职礼)是资历获取的标识,资历的目标是获得教师职位。而现有的资历体系是随社会经济发展分工细化的产物,资历框架在给予人一种身份认可和职业门槛的同时,也对教育机构形成正确的导向意识和质量功能,为各级各类教育机构实现有效衔接,并为各级资历转化资本上的保障,争取其经济报酬和社会地位奠定了基础。作为一种制度,资历框架制度功能体现在导向、质量保证、沟通衔接、资本和规范功能上。

(一)导向功能

1. 资历框架的多元化导向

终身学习体系构建的最终目标是促进学习者参与各级各类学习,不是建立一个缺乏受众的教育体系,也不是单一的学校教育,而是以学校教育为主体的泛在学习体。因此,满足学习者的多元化需求显得尤其重要。资历框架的建设实现了将学历教育与非学历教育在同样的制度框架中进行思考,将学历教育与职业资格教育联系起来,并认可各类非传统教育的学习成果,比如工作场学习、师带徒学习等多种学习方式,促进了各级各类教育产品和服务通过成果认定的方式进入终身学习体系,促进了多元主体进入教育体系。

2. "学""术"并重导向

在以德国洪堡大学为首的现代大学的洗礼下,重"学"轻"术"的现象在高校中体现得尤其明显,造成了人才培养与市场需求脱节,应用型人才大量缺乏。国家觉察到应用型人才对社会发展的积极作用,不断完善专业硕士与博士学位的教育教学与管理体系;在本科层次,推动向应用型大学转型;在高职和中职层次,建立国家示范、国家骨干项目,并将职业教育定位为"战略性发展目标";在基础教育中,逐步融入职业教育的内容,在客观上促进了"学"与"术"地位的等同。而资历框架的建设直接连通了应用型人才和研究型人才的等级对照,促使人们在认识上不再局限于研究型人才的认定;其在促进两类教育沟通上的价值,比如通过职业教育的人才,按照知识、技能和能力的评估,可以在更高层次时,进入学术型的培养通道。同样,在理论上,各类非学历教育也可以通过一定的认证,变成学历教育的某个阶层人才,实现人才队伍的有序跨度,在行为上更加支持并参与应用型人才的培养,"学"与"术"得到了真正的并重。

3. 主体性导向

我国终身学习体系构建受到传统的计划经济和人力资本理论的深刻影响,较多考虑了经济社会对教育的发展问题,忽视了人的主体性的价值。在以信息技术为基础的创新时代,创新能力成为"决定经济发展的根本动力"[1]。创新能力不仅需要知识和技术的基础,更需要灵活的创新环境为支撑。"新颖性"与"适切性"是创新能力的两个决定性要素。[2] 资历框架提供了一种更为自由的学习通道,使学习者有更多的选择空间去做"适切"自身的创新,个体的主体性发挥充分,个性潜能更容易得到发挥。

(二) 质量功能

1. "质量身份"的彰显

资历是评价学习者能力的一种尺度,比如博士就是能力身份的一种认可。资历框架通过直观形象的方式,对学习者个人能力形成准确的评价框架,对应资历框架,能使学习者更加容易获得身份认可。"获得学位,不仅是国家给予的一种荣誉和鼓励,而且是获得者学习成绩和学术水平的客观标志。"[3] 资历框架通过对人的资历级别的认定,也能在宏观上准确把握社会的人才结

---

[1] 王素,浦小松. 异质性、教育发展与国家创新能力——基于面板分位数模型的研究[J]. 教育研究,2015 (6): 117-123.

[2] 罗伯特·J. 斯腾博格,托德·J. 卢伯特. 创造力的概念:观点和范式[M]. 施间农,等,译. 北京:北京理工大学出版社,2007: 3-13.

[3] 中国大百科全书编辑部. 中国大百科全书(教育卷)[M]. 北京:中国大百科全书出版社,1985.

构，帮助教育决策者形成教育治理的方向和目标；在微观上可以简单清晰地评价学习者的能力，帮助学习者获取相应的社会地位和经济身份，彰显资历的身份，促进学习者清晰认知和自觉提升。

2. 质量建设的引导

资历框架的核心内容是对能级的清晰描述，按照现有的资历框架的一般状况，知识、技能、能力是资历框架能级描述的核心内容。这种在制度上认可的能级，用来指导各级各类教育机构办学，并衡量自身在办学上的层次，是形成有序发展的基础。同时，要获得其他教育机构的认可，组织自身需要按照知识、技能和能力所描述的内容去把握学习的层次、保障学习的环境和把握评价的尺度，使之符合资历框架相应能级的要素，将基本质量意识印刻在办学者的意识中。

3. 质量形成的门槛

资历框架的基本内容是统一的标准体系，不但转换标准的建设，而且体现为学分的学时要求和学习成果的"成效为本"，是对不同层次人才培养质量上的最低要求。因此，资历框架建设下的人才培养体系实质担负了一个质量的"守门人"作用。教育机构提供的教育产品要获得市场的认可，必须让自身的质量监控方面的内容等于或者高于资历框架所描述的一般性内容。比如，在学分对应的学时上，以及工作成效上，只有高于质量标准的要求，人才才能实质性地受到社会的认可和接纳。这样的过程实质性地提升了整个教育体系的质量。

（三）衔接功能

1. 明确各个层级教育学生的发展水平

在高等教育领域，国家推行了多种衔接制度，比如通过美国社区大学两年的学习可以进入本科高校，中国中等职业教育与高职教育的"2+2"模式和"3+2"模式、高职与本科教育的"3+2模式"、本硕连读方式、研究生博士一体化培养方案等。其实质是不同层次之间的衔接，但从国内的衔接来看，主要体现在形式上，而并没有按照不同层级教育所需要达到的知识、技能和能力作明显的区别，有的课程甚至在不同层级中使用同样的教材和同样的数字化资源,还有低层次的课程难度高于高层次课程难度的现象出现,各种知识难度与人才培养层次不配套的现象大量存在,造成了资源共享共建的现实难度。资历框架建设可以按照不同层级的具体要求,将相应层级的知识、技能和能力反映到教学全过程,从而实现有差别的能级衔接,提升人才培养效率。

2. 过往资历的认可机制

在终身学习体系中,社会学习是重要的学习渠道,泛在学习是主要的学习通道。在现行的教育体系中,各类社会培训和社会工作体系实际上具备了育人功效,比如在行业中广泛出现的"师范",各种典型的案例和示例,以及学习者通过自主探索的方式,去寻求各类学习的帮助,进而转化为自身的技能。但这种"功效"并不能得到主流渠道的认可,即便标榜的电大开放教育,学历教育的招生也是"获得高中或者同等学力的学生",将海量的具有学习能力的学习者拒之门外。资历框架所规定的能级给予了过往资历认可的标准,并制定了资历认证的一系列相关程序,学习者可以申请通过相应的管理机构,认定自身的过往资历,使之能参与和本身能力更加"贴适"的学习,减少无效教育和低效教育。

3. 不同类型教育转换能力

终身学习体系需要各级各类教育机构通过资源、形式和评价上的沟通,实现相互衔接和相互支持。从现有的教育类型来看,各个教育体系处于相对封闭的状态,同等层次的教育机构几乎不能互动,职业教育人才培养体系与学术型人才培养体系之间很难互动,真正的沟通量少、质低,配合不足。资历框架通过对各级各类教育层级的鉴定为不同教育类型之间的相互转换提供了依据,处在相同层级的学习者可以被认定为不同类别晋级的基础,通过学分层次的沟通,也能实现以课程为载体的沟通,避免类似职业教育、成人教育不能得到社会认可的制度性问题造成的尴尬,也规避了不同教育类型之间教育转换过程中的反复性和低效性学习。

（四）资本功能

1. 经济资本

经济资本以金钱为符号，以产权为制度化形式。① 资历框架的经济资本效用为在参与社会经济生活时，通过增加资本砝码获得和降低人才培养成本。资历框架通过对各级各类教育实施等级化评定，以一种相对公正的方式塑造公平健康的经济环境，帮助不同体系的人获取更具公正意义的报酬，具有显著作用。同时，资历本身是一种获取经济报酬的符号，比如举办学校、物业公司、建筑公司需要的资质，其重要审核内容就是职业资格的人数。同时，资历框架通过课程之间的认证、积累与转换，减少人才培养过程中的同类甚至相同课程的重复性培养和低效培养。这种重复性培养和低效培养不仅体现在资格框架内的培养过程中，还体现在资格框架外的职后教育中，比如工作岗位上的重复培养现象较为明显。资历框架及其背后的学分银行通过整个过程的记录，规避这种重复现象。

2. 文化资本

文化资本指的是社会各阶级和个体所拥有的知识、技术、气质以及文化背景的总和。② 文化资本有具身文化资本、客体化文化资本和制度化文化资本。通过教育资格形式被制度化的文化资本，体现为学历和文凭证书等形式，是制度化文化资本的范畴。③ 心理学相关研究表明，具有文化资本的人较之于仅仅具有知识的人，对他们的物品有更高的估价。④ 资历框架通过对过往资历认可，实现了文本资本的制度化建设，成为一种有保证的资历认证，能有效消解过往资历认定的缺乏导致的对人才能力的漠视，对资历提升的阶层

---

① 张意. 文化与符号权力：布尔迪厄的文化社会学导论[M]. 北京：中国社会科学出版社，2005：46.
② 朱洵. 教育全球化中的影子教育与文化资本理论[J]. 清华大学教育研究，2013 (8)：51-55.
③ 刘生全. 教育批评的教育基础刍议[J]. 北京师范大学学报，2001 (2)：24-31.
④ 喻丰，彭凯平. 知识就是金钱：文化资本的经济价值与心理效应[A] //. 中国心理学会. 心理学与创新能力提升——第十六届全国心理学学术会议论文集[C]. 口头报告，2013：1122.

通道畅通能解决职业人才的提升问题。

3. 社会资本

社会资本是一种通过体制化关系网络的占有而获取实际的或潜在的资源的集中①,是生产资本、自然资本和人力资本结合起来的"介质"②,是个人通过拥有社会结构特征的资本,可以通过有目的的流动获取相应的资源。社会资本通过价值判断和文化输出纳入教育的分析框架,将人从单纯的经济要素提升到社会资源运作的主体,体现了人的主观能动性。资历框架实现了"以社会规则和规范的方式输送社会资本"③,通过相互配合、相互协同的教育体系构建,可以促进教育机构基于社会网络的教育合作、规范和信任,促进社会阶层的流动和经济的发展。

(五) 规范功能

1. 规范沟通

资历框架对于终身学习体系建设的核心价值是沟通。从目前看,即便国家有沟通意识,学校有沟通期待,学生有沟通需要,但整体的沟通较少。就《国家中长期教育改革和发展规划纲要(2010—2020年)》来看,不管是"学分积累与转换制度"还是"不同类型学习成果的互认和衔接",体现的是不同教学内容、教学要求和教学过程产生的学习成果认定、积累与互换,要求权威的第三方认证,显然不是联盟、区域行政或者协议能解决的,需要的是资历框架对学习成果从建设到成效上的整体把握和质量保证机制,以有质量的成果和科学的运行机制,支持不同主体之间的有效沟通。

2. 规范结构

一个良好的教育生态应该是基础教育扮演基础能力培育角色,应用型人才教育与研究型人才教育相互补充、相互交互。在我国高等教育中,始终存

---

① Portes A. SocialCapital: Its Origins and Applications in Modern Cociology [J]. Annual Review of Sociology, 1998 (24): 1 – 24.

② 郑淮. 社会资本:成人教育的基本功能和价值取向[J]. 华南师范大学学报:社会科学版, 2009 (4): 31 – 35.

③ 庄洁. "社会资本"理论研究综述[J]. 发展论坛, 2003 (1): 79 – 80.

在"升级"形态的向往,中等职业院校升格为高职高专、高职高专升格为本科,其中有历史原因,也有政治因素,更深层次的原因体现在不同资历之间的规范沟通渠道不畅,阻碍了学习者和办学单位的发展。安心于本层级的教育教学,实现教育结构的优化,是近期教育部相关文件所体现的精神。比如,高职骨干建设以"十年内不得晋升为本科院校"为条件,国家教育"十三五"规划也明确了教育的差异化发展。资历框架通过规范各级各类教育层级的成果,将不同层次的成果放在同一个框架中,构成相互联系的整体,使整个教育体系保持应有的结构,通过教育结构上的稳定来促进教育生态的平衡。

三、资历框架的运行体系设计

资历框架从制定到实施是一个复杂的系统性工程,不仅需要资历本身的合理与科学,需要资历建立在特定的制度环境,以使用便利,比如对责任的明确、政策的清晰等,还需要科学的运行过程设计和合理的监督机制。

(一)资历框架建设的责任体系

1. 政府主体、行业主导、多组织参与的责任落实

从国外已有的资历框架建设经验来看,作为一项基础性的公共制度创新,政府必须在建设过程中承担主体地位和领导核心。在我国现有的制度体系中,也只有政府来承担责任,才能落实资历框架的最终执行问题,实现"自上而下"的彻底改造。但政府不能想当然地成为建设的主体,面对改革发展的重任,政府责任的主体应体现在科学认知基础的有效布局、过程领导和组织评价等效用上。只有认识了资历框架的制度功效,在遵循现实国情和发展状态的基础上,自觉落实政府职责,资历框架才能成为终身学习体系构建的基石。当前,政府通过政策基础的铺垫,对终身学习体系骨架建设做了大量的前期工作。资历框架的建设,需要政府从政策上明确方向、从组织上自觉担任领导职责、从经费上提供保障,促进资历框架建设迅速推进。

行业是教育体系人才的最终归宿,人才培养的最终效果是促进行业的繁荣和更迭,支持更好的生活。行业掌握了人才需求层次的数据,熟悉行业内部对不同层次人才的素质与数量需求,有利于区别学校等教育机构和政府等

外在环境的相关利益者。行业自身转型升级需要得到人才的支持,基于此,行业要承担主导作用。行业可以梳理本行业相关的人才需求,利用大数据思维和技术,捕捉本行业各层次人才的能力需求,形成行业的能级标准建设意见,并深度参与学校等教育机构,形成支撑不同能级所需要的知识、技能和能力所需要的课程建设和教学过程。

资历框架的建设和学校的命运息息相关,学校等相关利益方需要在政府主体和行业主导下开展相应的课程改造和建设工作,并按照资历框架建设的要求,不断在本领域实施试点,对课程支持程度、过程支持程度、效果支持程度、人才培育过程满意程度的相关数据进行总结,将有关数据向行业和政府反馈。学习者和社会相关的组织要积极参与资历框架建设,充分表达自身的利益诉求,影响政府和行业的资历框架建设工作,同时帮助其关注个性发展、特殊群体等政府行业不能关注的地方,促进制度公平。

2. 各类主体参与资历框架建设的时间是资历框架从发起到监督的全过程

政府、行业和相关利益方在资历框架建设中的责任不仅是发起责任,更要有自觉意识,将资历框架建设的成效和国家的长治久安联系起来,以国家主人翁的态度去对待自身参与资历框架建设的责任,实现从发起、实施、反馈、监督全过程的参与,最终形成运作流畅的终身学习"立交桥"。

(二) 资历框架的建设过程

1. 确定一般性能级标准

资历框架所包含的人才成长体系主要有学历教育体系和非学历教育体系,学历教育体系以文凭、学位为能级建设的依据,非学历教育体系是职业资格证书或者相应的资历。资历框架需要对照市场对不同层级的人才需求进行知识、技能和能力的准确描述,实施等级排序,参考国内外资历框架建设的能级,思考我国能级标准如何与世界接轨,形成初步的能级标准,并与教育专家、行业、学习者等相关人士进行充分对话,形成一般性的能级标准。

2. 以行业为主导建立专业能级标准组织

确定了一般性的资历框架之后,需要在此基础上建立专业能级标准,行业的主导作用主要在这里发挥。首先,要选定全国性的行业组织,组成专业能级标准建设的核心。其次，由于专业能级标准需要教育的辅助实现，因此，在组织建设过程中需要吸纳教育专家和学习者代表参与。同时，现代行业所覆盖的范围较广、区域发展不均衡等现实因素，需要通过大数据技术等手段，捕捉不同区域的行业发展所需人才的能力结构等数据，大数据相关人才团队可以作为辅助队伍参与专业能级标准建设组织。

3. 开放专业能级标准以及支持模块

首先，行业需要通过大数据等技术辅助，提炼不同行业的能级要求。企业的用人信息蕴含了行业的能级需求，是行业必须充分利用的资源，需要通过数据捕捉进行分类整理，通过模糊数据建模，使之能按照一般资历框架需求形成相应的层级。其次，要与行业专家、相近领域行业专家、教育领域专家等进行充分探讨，修正能级要求，并建立非学历教育领域资历的认定标准。最后，需要按照不同能级分解成为不同的任务模块。比如，旅游专业的高职层次可以分解为通识能力和专业能力，专业知识可以分解为导游知识、导游技能和导游能力模块，再继续往下分，形成覆盖整个专业的任务结构。

4. 命名课程以及组织课程标准体系建设

要充分考虑现有课程建设情况，对各个任务进行组合，形成课程名称，根据任务的难度、覆盖面、不同层级接受者的现实情况等因素进行综合，形成课程名称，并组织课程标准体系建设。需要指出的是，这里的课程标准体系指的是能依托其建设课程的详细标准，包含了课程方案设计标准、内容标准、教材编制标准、课程实施与评价标准和课程质量保证标准。课程标准体系要较好地服务课程建设，需要准确把握专业能级要求和"工作为本"理念，实现从资料框架能级转化为课程建设的"龙骨"。

5. 教育组织按照标准开发课程

标准体系建成之后，按照标准体系所需要达成的目标，就可以开发相应的课程支持模块。需要指出的是，不同层级的课程建设需要有一定的内在性的课程建设理念支撑。比如，高职层次的课程建设，其所面向的是技术技能的应用，强调手脑并用的内容学习和真实任务的解决，清晰的语义结构和任务的合理搭配，与社会的互动，都应该考虑到课程建设之中。同样，研究生的课程建设需要清晰把握研究生的知识、技能和能力已有状态,按照研究生层面所需要开发的知识、技能和能力进行课程内容设计。同时,课程内容设计需要与评价同步,与质量保证体系的相关组织同步,实现一个有质量的课程生态,保证资历框架建设的制度效用。

6. 运行制度建设

在贯彻运行过程中,要将资历框架所蕴含的导向功能、质量功能、衔接功能、资本功能和规范功能规定化为文化,需要建立起相应的运行制度。首先,转换制度是实现衔接的依据,转换制度的建设是资历框架发挥作用的基本制度,是实现资历框架沟通各级各类教育的基础,如何转换需要形成一个清晰的规程,并融入监督评价的要素。其次,资历框架的重要内容是建立过往资历的认可制度。过往资历一般是建立在工作能力上的资历,比如建筑行业存在许多不能通过"五大员"(资料员、施工员、质检员、安全员、材料员)考试的学习者,但具有"五大员"的能力,而对这部分人的认可,对于鼓励工作场所的学习、鼓励现代学徒制度的延续和促进人才的多元成长通道有显著意义,需要在建设过程中形成办法、规程和方式。除此之外,跨专业衔接制度、资历框架建设更新制度也是重要的制度建设内容。总之,资历框架需要在政府主体、行业主导、多机构参与中建成一系列制度,保证资历框架的合理运行。

(三) 资历框架的监督机制

以上环节的运行需要监督机制的建设。韩国终身学习学分银行的建设因为缺乏相应的监督机制,导致社会认可程度较差。"韩国大部分的市民都不认可学分银行毕业的大学生,有的甚至认为学分银行毕业的大学生只相当于高中毕业生水平。"[1] 监督机制的存在既是规范和质量的有效保障,也是资历框架形成以公信力为基础的影响力的关键要素。

---

[1] 陈晶晶,陈龙根. 韩国学分银行制及其对我国构建完全学分制的启示[J]. 高等农业教育,2010 (8): 88 – 92.

1. 监督机制设计

我国香港地区资历框架通过建立学术评审为基础的质量保障机制,力图使本地区高等教育保持国际公认的水准。[①] 在这样的理念下,香港地区建立了校内自主评审为主,校外检查为辅的监督机制,保障了资历框架的公信力。我国学历教育和非学历教育分布异常庞杂,监督机制设计可以借鉴香港资历框架保障机制,聘请或者组建第三方评价委员会,实施对课程建设和运行管理方面的抽查。同时,对抽查结果的申诉机制也应该纳入监督机制范畴,实现在机制上保证运行体系的流畅和资历框架的公信力。

2. 监督运行实施

监督机制最为重要的是实施。质量保证最重要的环节是自律,但自律与利益冲突时,容易偏离资历框架所需要的质量要求。因此,明确监督内容、监督依据、监督方式和监督途径,并实时评估监督效果,是资历框架建设的关键。从世界范围来看,各种监督机制都有近乎相同的驱动力,但也表现出了自身的特色。在中国,资历发放的主体在政府,政府要负责监督运行,但政府只能委托第三方机构或者成立第三方机构来负责。组织相应的专家参与工作是监督运行发挥效用的可行办法。

资历框架的建设是一项系统性的工程,其建设过程非常艰巨,其设计本身具有前瞻性,其效用需要通过几年甚至几十年才能显现。在我国,有多种教育形态并存的现状,还有较大的区域差别,资历框架的建设不仅需要从政府到地方、到教育相关组织以及个人的参与和合作,更需要形成一种坚定的制度信念。以笔者所在学校的实践来观察,资历框架的建设还需要很多领域的突破。

[①] 严芳. 香港资历框架及其质量保障机制[J]. 教育发展研究, 2006 (12): 24 - 27.

第八章 行业子框架建设的模式设计

资历框架以能力标准为本,对各行业分类、认定和衔接制度进行了确定,在理论上形成了学习者参与终身学习的框架引导,同时以多主体参与的形式,确保了资历质量,促进了终身教育体系构建所需要的"立交桥"实现,减少了重复学习和培训,规范了资历结论,切实提升了经济运行的效率,降低了人才培养的成本,受到国际社会的普遍关注。按照张伟远等人的统计,全球150多个国家或地区建立了不同层面的资历框架,实现了跨国对接和跨地区对接[①],在整合社会资源、促进人才流动、降低教育成本、鼓励民众的终身教育参与等方面发挥了不可估量的作用。我国在资历框架建设上有一些前期的探索,国家开放大学、广东教育厅、重庆广播电视大学等发布了基于各自理解的资历框架,但没有深入行业标准和资历层面,仅仅是一般性的资历级别和标准的界定阶段。在此基础上,深入行业是必然路径,设计整体运行和保障体系,建立行业子资历框架(也称子框架、行业资历标准、专业标准,本文按照一般说法称之为行业子资历框架),指导行业层次的资历标准建设,进而改变课程体系、教学运行体系和评价体系,实施"成效为本"的评价以及鼓励工作场等泛在学习成果,落实资历框架的功效,是摆在我国面前的现实问题。本章结合学校开展专业标准的建设,总结组织建设行业子资历框架的运行机制和保障体系,探索基于行业子资历框架设计运行的具体方面,分

---

① 张伟远,谢青松. 资历框架的级别和标准研究[J]. 开放教育研究,2017(4):75-82.

析其过程中产生的问题及其原因,以期对行业子资历框架的建设提供案例参照,并积累行业子资历框架方面的经验。

一、国内外行业子资历框架建设的经验

随着世界经济一体化进程,国际人才流动加快,国内终身教育体系建设的需求加快,国际上开启了一波以资历框架为基础的终身教育体系建设热潮,形成了体系性的终身教育框架,取得了瞩目的成绩。具体到行业子资历框架建设,基于国情不同,尤其是行业、高等教育属性等因素,体现了一定的差异性。

(一)欧盟行业子资历框架的建设模式

随着欧元的使用,欧洲经济一体化进程迅速推进,劳动力市场流动加快。为了适应这种变化,欧盟推动了基于统一标准的学习者资历跨国互认和学分互认机制。[①] 欧洲行业子资历框架一般由主管教育的政府部门或者专门的工程教育组织建设,是在跨国框架或者本国一般性框架中建设,行业主导的同时,充分与教育系统对接,学习结果偏重于正式教育形态,并为非正式学习提供了通道,兼顾教育性、职业性、通用性和专业性。与资历框架建设进展一致的是质量保证体系,资历框架的质量保证形成了方向、层次、程度、内容、形式五个维度关注点。值得强调的是,欧盟行业子资历框架并没有采取传统的知识累计和学分累积,而是置换成为一系列精心设计的教学单元,支持行业的系列工作任务。比较典型的是 CDIO 工程师框架 [C(构思)、D(设计)、I(实现)、O(运作)],它将工程产品研发到生产的周期过程体现为行业资历建设的全程。[②] 这种模式较好地保证了专业的基本能力,对于学习者的专业适应,尤其是成人学习者的专业适应有较大的好处。同时,欧盟在行业子资历框架中强调的以"输出"为根本,正是我们之前谈到的"成效

---

① 张伟远,傅璇卿. 试析欧盟构建资历和学分跨国互认终身学习体系的运作[J]. 中国远程教育,2013(11):20–26.

② 邱秋琼,孔寒冰. 集成创新的 DOCET 资历框架评述[J]. 高等工程教育研究,2012(1):15–23,69.

为本"。总之，欧盟行业子资历框架一般由国家水平级别的教育学会或者专业协会具体制定，落实到课程大纲层次，为专业人员发展提供了清晰指引，提升了欧洲高等教育竞争力，促进了终身教育体系的形成和发展，以至于欧盟在信息化时代保持了高等教育的领先地位。

(二) 英国行业子资历框架的建设模式

英国建设资历框架早于欧盟，它包括了两套并行但能有效对接的资历框架，一种是苏格兰的资历框架，苏格兰是行为主体；一种是英格兰、威尔士、北爱尔兰的资历框架。其共同点是，英国审视自身学位文凭体系后，发现制订详细的教育计划说明的重要性，于是在原有学科的基础上选择优秀的教学计划进行优化，提出了迎接劳动力市场变化需求、产业创新和产业升级的人才支持需求、英国发展与欧洲联系的需求。1997年，英国成立高等教育质量保证机构（QAA），在QAA的组织下，形成了高等教育质量保证体系，并颁布了总体的资历框架和行业子资历框架。英国资历框架建设的典型特征是，由专门的高等教育质量保证机构组织建设，选择质量保证机构建设行业子资历框架，在质量上有更为清晰的认识，保证了英国行业子资历框架建设的领先性。同时，行业子资历框架是在优秀的现行教学计划中优化选出的，采集众多优秀教学计划的共同优点，使资历子框架在建设伊始就保证了其高度。其从教育的质量保证出发，体现了对学习结果完成质量的关注，迅速得到广泛认同，建设经验在英联邦小国乃至全球被学习和参照。其行业资历模块和单元设置体现了所有高等教育利益相关者的共同关注，对学科的前沿性、学习的批评精神、运用知识进行创造以及终身学习的观念和能力进行了全方位的关注。①

(三) 澳大利亚行业子资历框架的建设模式

澳大利亚资历框架兴起于20世纪60年代，旨在解决当时高等教育系统

---

① 毕家驹. 进入21世纪的英国学术资格框架[J]. 中国高等教育评估，2002 (2): 39-42.

缺乏统一要求和规范的问题。1995年，澳大利亚正式建立资历框架。①澳大利亚是一个联邦制国家，各个地区高等教育相对较为独立，标准不一，需要在国家层面形成强力权力，所以澳大利亚资历框架是政府直接主导建设的。也正是这种来自政府层面的强力作用，实施的是"自上而下"模式，成效较为明显，才成为全球资历框架的典范。其大致历程如下，1971年，政府建立了进修教育证书委员会，并被赋予了注册机构的职能，实施了学位命名系统的统一和课程标准的建设。②1985年，由高等教育证书委员会取代澳大利亚进修教育证书委员会，引入了全国学位系统。高等教育证书委员会在1990年对行业领域的课程和学位进修进一步分类，规范了课程的质量，以资历类型指标的方式对行业人才知识、技能和应用进行了区分，形成了一系列支持工作场学习的资历评审模式，并且形成了相互衔接的体系，于1995年正式建成。澳大利亚行业子资历框架促进了行业人员终身学习的参与。

(四) 我国香港行业子资历框架的建设模式

我国香港因为其高度发展的社会形态和多样化的高等教育，以及大量行业主导的职业训练和社会大量的专业文凭与证书教育，造成了职业培训目标、成效和社会认同的差异，导致了其资历框架建设的必要性。香港资历框架建设是在政府支持下，通过建立资历框架秘书处来具体承担的。具体到行业子资历框架（也称之为行业能力标准，Specification of Competency Standards），是在秘书处赋权下由行业主导建设的，既兼顾了行业的长远发展，又体现了行业目前普遍接受的岗位能力标准。在香港行业子资历框架建设中，行业与企业、大学、工会、职业训练局、行业资讯培训委员会以及其他利益相关者合作，制定了能力标准，激活了行业的积极性，相关行业通过资历的建设进入主流，真正在行业中开始活跃起来，行业组织从行业的边缘进入主导地位，

---

① Australian Qualifications Framework Council Secretariat. History of the AQF [EB/OL]. http://www.aqf.edu.au/AbouttheAQF/tabid/95/Default.aspx, 2017-12-03.

② Australian Education International. Country Education Profiles Australia [EB/OL]. https://aei.gov.au/Service-And-Resources/Services/Country-Education-Profiles-CEP/Documents/Australia.pdf, 2018-05-17.

设计了相应的"能力为本"的培训课程和业内咨询与推广工作,提升了培训机构、用人单位、企业员工和专业团队参与终身教育的积极性。① 截至2018年5月,香港的19个行业咨询委员会已经开发了银行业、保险业、珠宝业等41个行业子资历框架。

除此之外,较为有影响力的行业子资历框架建设还有美国等国家。美国等国家专业学会或者行业协会根据社会对专业和行业的要求,以及专业和行业未来发展的规划,建立了许多专业和行业标准。比如,美国土木工程师协会、机械工程师协会等积极推进自身的专业知识体建构活动,IEEE、ASCE、AAEE等协会逐步构建新的资历标准,以更好提升国家和地区的人力资源竞争力,但是由于美国并没有形成国家层面的资历框架,这些行业子资历框架在国际上的影响力相对有限。

二、行业子资历框架建设整体运行的制度设计

(一)我国的现有基础

从国际经验来看,建立资历框架是一项巨大的基础性工作。我国有幅员辽阔的领土和差异化的教育发展形态,却没有严格地按照教育层次设置课程的知识、技能和能力要求,导致没有统一的标准对各个层级专业建设形成指导,在特定历史条件和文化环境下教育体系"条状分裂、纵向分离","学校管理制度的封闭、普通学校与职业院校无法沟通、非学历教育成果得不到承认"②,"公办教育与民办教育存在截然不同的质量保证体系,非学历教育质量参差不齐"。③ 建立资历框架是沟通我国各级各类教育的桥梁,显得极其紧迫和重要。我国依托开放大学试点工作,开展了一些学分银行的筹建工作,建设了一些基础性的资历框架。有的资历框架已经具备了推广的条件,但由

---

① 黄健,刘雅婷,江丽,郑慧仪. 资历框架的设计与运行:香港的经验其实及建议[J]. 开放教育研究,2017(6):111-120.
② 郝克明. 学分认证、转换制度与终身学习——在2016构建终身学习立交桥和学分银行系统学术论坛上的发言[J]. 终身教育研究,2017(2):6-10.
③ 吴南中. 我国资历框架建设的渐进模式[J]. 成人教育,2018(3):1-6.

于没有深入行业本身，尤其是没有发动行业参与资历框架的建设，在指导和深入行业培训与人才培养方面有一定的难度。这一方面是限于开放大学本身的影响力和资源协调能力，另一方面是其他教育机构不见得也有协调整合能力。总之，从进展看，我国行业子资历框架的建设工作还较为滞后。我国有集中力量办大事的传统和能力，做成了许多其他国家难以实现的大事，这个能力主要表现在政府的资源调度能力上。高校依靠政府的投入办学，在办学的众多方面受到政府的严格指引，在某种程度上是政府权力的延伸，在我国建设行业子资历框架需要政府的强力切入。因此，政府主体、行业主导、学校组织、其他利益者参与是行业子资历框架建设的结构特征。同时，建立运行流程、实施质量保证是建立行业子资历框架建设的依托。

（二）行业子资历框架建设的制度设计

从现实国情来看，政府要在行业子资历框架建设中扮演主体地位，并不是说政府是行业子资历框架建设的主体，政府的主体地位是通过制度建设、赋权、经费支持和组织建设来实现的。参考中国香港、澳大利亚等国家和地区的资历框架建设经验，可以建设秘书处和质量保证办公室分别对建设过程和质量保证开展组织协调工作。建设秘书处可以与国家推进的学分银行建设结合起来，由政府支持的学分银行来具体执行；质量保证办公室可以由政府聘请相关专家来组织工作。在具体的建设运行中，行业（协会）、企业应该担任行业子资历框架建设的第一任务；学校体系、职业资格证书责任部门、培训机构等要参与相关工作；要发挥学习者的学习主体作用，将学习者纳入行业子资历框架建设。建设成型的行业子资历框架需要投入实践使用，而学校和培训机构成为当仁不让的第一责任人，负责为资历框架建设的成效提供反馈；行业、企业的用人反馈，也是主要的信息来源；不能忽视学生自身的学习体验，学生的信息也需要通过一定的渠道去体现。具体模型如图 8-1 所示。

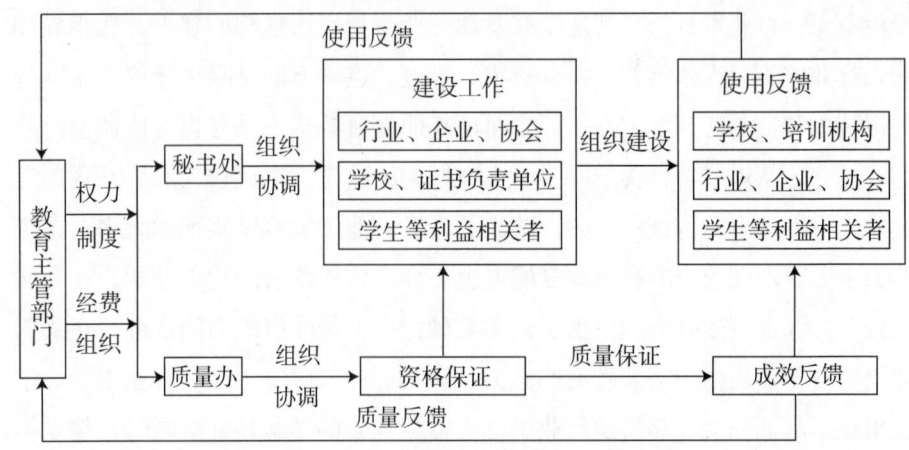

图 8-1 行业子资历框架建设的组织框架

在这样的制度框架下，教育主管部门通过制度的建设、权力的介入、经费的支持和强力的组织，能迅速调动行业子资历框架建设所需要的各类资源，推进行业开展标准的研发工作。但政府作为行政机构，在面对具体事务时，不能切入其中，而要通过赋权机构，实施制度建设和质量保证。需要指出的是，在建设行业子资历框架之中，政府和行业对行业资历所内蕴的标准必须无条件支持，并形成具有强制力的规章和制度，比如对获取资历的学习者身份的认同、经济利益的争取等。只有获取资历者通过资历提升了社会地位、获取了经济回馈、形成了良好体验，行业子资历框架才能真正运行。

三、行业子资历框架的具体建设流程

制度设计解决了行业子资历框架建设的外在问题，在制度框架上建设行业资历，还需要理顺行业子资历框架建设的内在规律，按照行业子资历框架的表征和结构来设计具体的流程。行业子资历框架的元素与资历框架的元素类似，有名称、层级、内容和资历的表征物。除此之外，行业的整体判断有利于学习者对行业内容、发展前景和进阶通道进行简要的介绍，也是行业子资历框架的组成部分。总的来说，资历的表征物指的是资历的学习结果、层级、学习计划、质量保证方式、合法授权、鉴定等，经由资历框架的机构组合而成。学习结果在不同的资历框架中使用不同的标准进行分类和衡量，包

括知识、技能、能力。① 由于行业子资历框架蕴含了认证、赋权等功能，知识、技能和能力的描述要清晰。布鲁姆的目标分类学提供了"成效为本"的知识、技能和能力的描述方式，"成效为本"建立了质量评价的标准等。总之，行业子资历框架需要以确立目标和标准、设计合理流程、实施过程质量保证的方式来开展。结合课题组探索重庆软件行业子资历框架的经验，行业子资历框架建设工作流程图可以设计如图 8-2 所示。

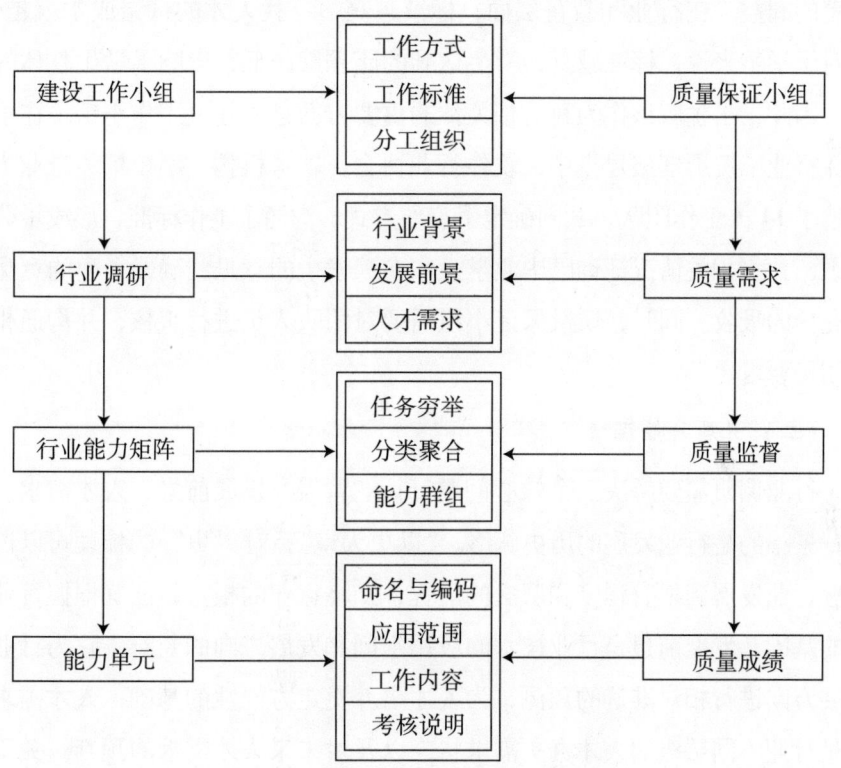

图 8-2 行业子资历框架建设工作流程图

（一）建设工作小组

在制度建设中，要明确小组的职责和任务序列，行业、企业和协会掌握

---

① 邱秧琼. 基于知识体的资历框架研究[D]. 杭州：浙江大学，2012.

了用人标准,在行业子资历框架中需要扮演第一责任人的角色①;教育机构、教育培训机构、职业资格证书颁发单位等,基于自身的教育与培训职责和经验、共同的利益以及教育实施的主体,需要作为主要责任承担者参与行业子资历框架,发挥主体责任。同时,教育机构对教育教学过程有特有的优势,能按照学习者的认知逻辑参与行业任务的整合和开发、能力单元等核心标准建设;学生等使用者需要表达自身的话语权,避免行业和学校伤害学生等使用者的利益。在行业和教育层面,标准越高,寻找人才的试错成本就越低,但对于学生来说,标准越高,学生达到的比例就越低,影响了学生整体的利益。因此,学生应该作为利益相关体的重要方面进入建设工作小组。在重庆软件行业子资历框架建设中,软件行业协会、软考机构、学校相关专业人士组建了14人工作团队,共同确定了工作方式、沟通了工作标准、形成了分工组织,并将相关情况征询已毕业学生和在读学生的意见,确保学生的意见得到充分的吸收。同时,质量保证小组需要对团队人员进行审核,并沟通相关的质量要求。

(二) 开展行业调研

行业调研需要解决三个核心问题:行业背景、发展前景、人才需求。行业背景指的是行业发展的历史脉络。"以史为镜",对"史"的梳理可以准确掌握行业发展到现有程度和层次的历程,知晓行业的根基,准确把握行业发展的基础;发展前景是行业技术的应用空间和发展方向的判断,它为行业的发展方向进行相对准确的预测,为人才培养奠定方向性的基础;人才需求指的是行业不同层级的人才真实需求状态以及对未来人才需求的预判。关于人才需求状态,不仅可以依托调研的情况得到,还能通过大数据与对招聘信息

---

① 关于这一点,在软件行业子资历框架建设中,有一定的争议。争议的焦点在于,部分研究者认为,教育系统有完整的学科体系,对各级各类人才有完备的培养经验,教育系统应该组织专家团队为资历框架的主导。在国外,也有大量以教育系统建设行业子资历框架的案例。在学术本科、硕士和博士层次,采取学科标准建设行业子资历框架可行。面向终身教育体系的内在构建需求,实施各类教育的沟通与衔接,还是要回到需求上来。因此,在软件行业子资历框架建设中,采取的是行业主导模式。

的整理、清洗和挖掘的方式得到。在软件行业人才需求的调研过程中，不仅分析了政府、行业层面的宏观信息，对企业真实需求进行了全方位的调研，还利用数据捕捉工作，对全国和重庆市软件产业的人才需求量进行了捕捉，广泛搜集了人才数量的规模、层次，以及企业对人才不同层次的知识、技能和能力的真实需求，为制定资历标准奠定了基础。

（三）行业能力矩阵建设

行业能力矩阵指的是按照行业核心职能和级别建立的分布图。以软件行业为例，重庆软件行业子资历框架将软件的职能分为了办公自动化、软件设计与开发、网络营运与支持、项目管理等四个核心职能，初等、中等、高等和高级四个等级。行业能力矩阵建设的过程可以分为能力穷举、分类聚合、能力群组等具体的步骤。能力穷举指的是行业子资历框架建设小组通过组织行业人员、课程教学专家与教师、学生等，对相关行业所需要的能力进行基于头脑风暴的列举；研究者通过大数据捕捉的方式，形成一系列企事业单位对相关行业的能力要求；行业子资历框架建设小组组织专家对行业的边界进行校验，分发给用人单位、教育机构与证书颁发机构、学生等进行讨论，最终形成行业的能力聚团。显然，能力聚团是一系列能力，要建设资历框架，需要对能力进行分类和分级，这就是行业能力矩阵建设的第二步——分类聚合。分类聚合就是将行业的能力进行归类整理，形成边界清晰、任务清楚的能力块。比如，办公自动化中对文字处理软件的功能和使用就是一个比较清晰的能力模块。最后，按照等级和职能进行能力群组，形成行业能力矩阵。一般而言，一个专业可以组建为一个能力群组，以覆盖专业学习的核心内容。用人单位也可以按照特定的职能，根据自身需要对能力进行群组。比如，用人单位要一个软件项目管理经理，可以选取相关的能力模块作为选聘的标准。对于部分用人单位的定制需求，也可以按照这样的方式来形成，实现学校与用人单位人才培养的融合。

（四）能力单元建设

能力单元指的是支持能力模块所涵盖的能力所需要学习的内容，包括知识、技能和能力要求，每个能力单元代表一组最少而不可分割的任务要求，通过能力单元的学习，能完成一件完整而独立的工作。当用人单位需要执行一组相互支持和相关的工作，以服务某一岗位要求或者认证某组技能，获取专业领域的认证，设计课程体系，形成专业人才培养方案时，可以将不同能力单元进行组建，这样就形成了课程层面的支持，并规避了重复学习的问题。能力单元要有明确的边界，比如上文所举例的文字处理软件的功能和使用，具体到能力单元层面，就是对 Word 等文字处理软件的相关支持、技能和能力的表述。能力单元建设核心模块或者表征物包括名称、编码、应用范围、级别与学分、内容和考核说明。命名和编码指的是为了便于检索和使用，将能力单元进行命名，并标注唯一的代码，方便各类相关主体使用；应用范围指的是描述能力单元建立时到有效期之间的应用环境、情形和要求；级别与学分指的是能力单元属于纵向序列的哪一级，需要达到的学习时间是多少；内容指的是一系列相关的能力，用来完成列出的工作任务，一般而言，内容需要支撑能力单元所对应的能力模块；考核说明指的是学习的成效主要证明相关单元的学习结果已经达到要求。

四、行业子资历框架的运行保障

行业子资历框架的建设，最终需要落实到教育教学过程中，落实到服务学习者的终身学习中。要实现这个目标，需要在建设过程中有强大的支撑，更需要运行保障体系支持，实现对教育教学的改进。要保障行业子资历框架落实到教育教学全过程，需要在以下几个方面改变：首先，要为行业子资历框架立法，实现各类不同来源的资历效能等同；其次，需要对现行课程体系进行基于资历框架的改造；再次，建立资历评审制度；最后，依托质量保证工作，实施实时更新，使行业子资历框架与行业最新发展互动，并将运行的实效反馈给行业子资历框架建设秘书处，包括行业子资历框架建设的成效与缺陷。

（一）行业子资历框架的立法支持

行业子资历框架运行的前提是其合法性得到承认。要实现这个目标，有两种不同的方式：政府出台并颁布资历框架建设小组所建设的行业子资历框架,社会机构必须承认;在一个更宽泛的领域颁布一般性的资历框架,在行业子资历框架建设中对接一般框架,说明其对接方式,这种方式的社会整体认同度相对较高,得到用人单位的认可也会更加迅速。除此之外,对国外实现基于协议的资历互认,对国内基于协作的资历共建,也应该是基于政府职能的行为,体现了合法性。需要指出的是,各类行业子资历框架的建设,自身需要保证质量,不然即便是政府以法律法规的方式颁布并强制执行,久而久之,所建设的行业资历不能满足行业建设和发展的需求,最终也将会被淘汰。

(二)建立基于行业子资历框架的课程体系

行业子资历框架所建立的能力矩阵,最终是依托课程的方式向学习者展示并帮助学习者获取能力,这也是各类教育中教学改革最先改革课程的主要原因。那么,基于行业子资历框架的课程体系具有哪些特征呢?首先,成效为本是课程建设的内在要求。成效为本就是从输出视角看教育系统的一种方式,成效为本的课程"是用能够使学生达成目标的可测量的术语进行陈述,然后设计课程使他们知道如何去做"。2007 年,OBATF 国际组织的理念试图将"成效"纳入课程建设,它指通过设计和组织课程,以学习成果为证据,在"完成课程、专业等学习取得相应学位之后,知道什么、理解什么以及运用所学知识能够做什么","其实质是认知变化、技能变化、情感变化和个体行为变化",关键在"产出"。[①] 成效为本是由行业子资历框架的内在要求决定的。行业子资历框架表述的是一种知识、技能和能力的要求,要实现行业子资历框架的效能,就必须与知识、技能和能力的要求吻合,也就是学习相应课程之后,能达到资历框架所规定的知识、技能和能力层次。其次,任务化、系列化和模块化是课程内容的呈现方式。行业子资历框架的课程是依托行业能力矩阵建设的,模块化是承接能力矩阵的基本要求,其对接的是行业能力模块,这就要按照能力形成的逻辑将课程任务化。同时,行业子资历框

[①] 章玳. 香港高校基于成效为本的课程改革与启示[J]. 现代远程教育研究,2014(1):79-84.

架是一系列课程，实现的是学习者内在一致性、外在阶段性的成长，同时符合学科基本结构，因此，行业子资历框架下的课程应是系列化的课程。再次，边界清晰、层次清楚是课程体系的外在因素。行业子资历框架强化任务的边界清晰，课程也应该有清晰的边界，规避重复学习。不同的层次有不同的学习要求，层次清楚也是课程建设的要求。最后，课程测试是保证课程建设质量的关键步骤。课程是否达到了行业子资历框架的要求，需要在课程专家的组织下实现基于成效为本的测试。

(三) 建立资历评审制度

首先，参与行业子资历框架实施的教育机构需要得到相应的认可。对于行业子资历框架的实施推广而言，由于师资不同、层次不同、文化不同、环境不同、经济基础不同等，在执行基于资历能级的教学过程中，效果也会存在一定的差异，这就要求对资历实施机构进行评审。其次，行业子资历框架涵盖了学历教育和非学历教育两个方面，非学历教育学习成果不仅体现在参与行业子资历框架相关的课程学习上，还体现在工作场学习、生活场学习、师带徒学习等形式上，要评价这些学习经历的效果，支持行业子资历框架的运行，建立评审制度不可避免。从现行资历框架建设的经验来看，澳大利亚等国家和地区建立了相应的评审制度，并通过前期材料准备、现场答辩和操作等环节，对先前各类经验进行认定。[①] 欧洲与英联邦等国家和地区也有相似的制度。[②] 考虑到中国的国情，行业子资历框架不能简单建立申报、评审制度，只有建立相关的集中考试、技能测试机制，对于庞大的人群而言，才有落地的可能。

(四) 依托反馈机制，实现行业子资历框架内容更迭

行业是依托成熟技术和社会需求所产生的大规模技术应用与创新的群体

---

① 张伟远，傅璇卿. 基于资历框架的终身教育体系：澳大利亚的模式[J]. 中国远程教育，2014 (1)：47-52.

② 张伟远，傅璇卿. 试析欧盟构建资历和学分跨国互认终身学习体系的运作[J]. 中国远程教育，2013 (11)：20-26.

以及其背后产业的总称。① 行业技术的更迭会极大地改变生产方式和运行模式，尤其是外部技术的产生，对某些行业会产生颠覆性的影响。比如，手机的发展造成了传呼机行业的整体消失。可以预见，"互联网+"行动尤其是基于大数据的人工智能发展，对传统行业的生产方式和运行模式会产生极大的变化，对人员结构和人员能力结构提出了新的要求，这就要求行业子资历框架不断地更迭内容，按照新业态、新需求来定位知识、技能和能力。这就要求行业子资历框架依托质量保证体系、课程使用单位、资历颁发单位和学习者等利益相关体，将课程、能力单元、能力群组等相关不适信息反馈给秘书处，组织专家开展新一轮的建设，通过不断地反馈调整，使专业资历框架的内容与社会需求保持深度互动。

行业子资历框架建设是社会发展进入终身学习体系的现实需求。笔者认为，行业子资历框架需要在政府主导下，组织行业等利益相关体，通过制度设计、建设流程、运行保障来建设与运行。在实践上，课题组组织了重庆软件行业的资历框架建设，对制度设计、建设流程和质量控制有一定的经验，并证明了以上两个环节的合理性。在软件行业子资历框架的经验下，课程建设也在有序推进，在设计理念上获得了重庆市教委市级教学改革项目的支持，随着课程建设完成、投入使用并产生成效，积累式获取资历成为可能，校内教育接入终身学习体系，展现了行业子资历框架在激发终身学习参与上的潜力。可以预见，行业子资历框架的建设能对教育教学产生系统性的影响，但要在中国这样行业体系完善的国家实现行业子资历框架的全覆盖，是需要政府、行业、教育与培训机构共同参与并通力合作才能形成的，是一项任重而道远的任务。

---

① 彭飞霞."互联网+"时代职业教育人才培养模式的转型升级[J].教育与职业，2018（5）：42-48.

第九章 非学历教育学习成果认证标准建设

在世界多极化、经济全球化、文化多样化、社会信息化环境下,科技与产业革命蓄势待发,国内为应对这种世界潮流,统筹推动"五位一体"总体布局,推进"四个全面"战略发展,深化供给侧结构性改革,民众感知自身知识、技能和能力受到社会急剧变化的影响,各个年龄层次的学习者参与各类非学历教育的规模、层次、覆盖面不断拓展,非学历教育不断得到人们的认可,展现了蓬勃的生机。

非学历教育作为教育的主要类型之一频频出现在各类关于教育规划的相关文件中。《国家中长期教育改革和发展规划纲要(2010—2020年)》指出,要实现"学历教育和非学历教育协调发展","继续教育参与率大幅提升,从业人员继续教育参与率达到50%。现代国民教育体系更加完善,终身教育体系基本形成"。《国家教育事业发展"十三五"规划》提出,"形成更适应全民学习、终身学习的现代教育体系",实现"继续教育参与率明显提升,学习型社会建设迈上新台阶"。学分银行建设就是要将学历教育和非学历教育放在一起进行统筹考虑,实现两种教育之间的协同和沟通。作为未来教育的主要形式和载体,非学历教育在终身教育中的分量和份额会不断增加。从现实情况来看,非学历教育实现了较高的质量,定义了新的学习范围,拓展了学习人群,模糊了学历教育与非学历教育的界限,具有认证价值。建立非学历教育的认证标准和运行机制,回应民众的非学历教育需求,促进学历教育、职业资格教育、非学历培训、社区教育等各类教育之间学习成果的流动与沟通,鼓励工作场学习、师徒关系学习等非教育机构学习,激活民众的终身学习参与热情，减少民众的无效学习，提高学习绩效，成为非学历教育认证体系建设的出发点。下面笔者就非学历教育的认证问题展开探讨。

一、非学历教育认证在终身教育体系中的重要作用

(一) 非学历教育的组成

"学历是按阶段性教育进行，并能取得文凭以证明和积累其阶段性学习的精力和历程。"[①] 非学历教育就是与学历教育相对的教育，指的是国家没有统一学制，不授予学历证书的各类教育活动。[②] 一般而言，非学历教育没有严格的入学门槛，不限制时长，重视过程评价，重视学习者主动性。它包括如下类型和内容：岗位培训、就业培训、专业技能和专题知识培训、家庭生活培训、社会与闲暇生活培训、社区教育等[③]，以及工作场教育、生活场教育、师带徒教育等。

1. 岗位培训

岗位培训是指对从业人员进行以提高本岗位需要的工作能力或生产技能为重点的教育活动。岗位培训包括岗前培训和岗后培训。岗前培训一般发生在毕业后与就职前，主要是对工作的基本要求、思想意识和相关注意事项的培训；岗后培训一般重点关注能力的全方位提升。1987 年 6 月，国务院转发国家教育委员会《关于改革和发展成人教育的决定》，把开展岗位培训定为今后中国成人教育的重点；以行业为主，由中央和地方各业务主管部门组织实施；要有指导性的培训计划、教学大纲和教材。

2. 就业培训

就业培训指的是针对未就业认可，以培养劳动者的就业技能、创业能力为重点的培训。它以提高劳动者职业技能和适应职业变化能力为目的，发挥

---

① 刘延哲. 学历教育本位转向继续教育本位——我国成人高等教育办学机构职能转型研究 [D]. 曲阜：曲阜师范大学，2009.
② 孙继荣，康曙光，何苗，刘永红，龙嘉，雷达. 电大学历教育与非学历教育的接轨研究 [J]. 现代远程教育研究，2011 (5)：66 – 71.
③ 姚静. 普通高校非学历教育研究 [D]. 福州：福建师范大学，2008.

政府的组织作用，实现培训需求与培训资源的有效对接，提高职业培训的针对性、实用性和有效性，提高民众的就业能力，为民众就业或者再就业提供服务。

3. 专业技能培训

专业技能培训也称为职业技能培训，指的是按照国家专业分类和职业技能标准进行的规范性培训。国家规定，一些职位必须经过职业培训，获取技能等级证书，方可上岗。专业技能培训也可以是针对各种不同的需求，以强调企业战略目标为前提，以进一步提升企事业人员管理能力和工作效率为宗旨，以加速企业管理流程优化和团队融合为目的的培训。

4. 专题知识培训

专题知识培训指的是为了特定的行为目的组织的相关培训。比如，就提高思想意识，将相关工作人员组织到一起开展的培训；企业的执行力专题培训等。

5. 家庭生活培训

家庭生活培训特指为家庭生活或者是家庭生活的某个方面开展的培训，旨在提升家庭生活能力。

6. 社会与闲暇生活培训

社会与闲暇生活培训指的是为提高休闲能力的相关培训，比如下棋、跳舞、品茗等闲暇活动，旨在提升人的幸福感。

7. 社区教育

社区教育指的是运用本社区教育、文化等资源，面向本社区全体公民，以促进本社区人的发展与社区发展为目标的各类教育活动。社区教育是社会发展和时代变革的产物。在我国，社区教育起步于20世纪80年代初期。它是在国家实行改革开放后，总结原有学校教育、家庭教育、社会教育相结合的经验的基础上，借鉴国外社区教育的经验，从国内不同地域的实际出发，通过试点逐步发展起来的，它可以有效地解决社区相关问题。

8. 工作场教育

工作场教育指的是在工作的情境中，通过观摩、体验、手把手指导等方式，对相关人员的职业技能予以指导提升的教育。

9. 生活场教育

生活场教育指的是在日常生活中，通过指导、示范、体验的方式，对相关人员的生活技能或者综合素质予以提升的教育。

10. 师带徒教育

师带徒教育也称为徒工培训，指的是企业、事业单位培养新技术工人的一种教育活动。在古代，手工艺工匠就招收学徒，传授技艺。封建社会后期，各行业学徒培训的办法主要由行会规定，包括授徒的礼节、数额、条件、出师年限、业务标准、师徒的权利与义务等。民国时期，许多企业把招收学徒作为培养技术工人的主要途径。中华人民共和国成立后，建立了工厂企业学徒工培训制度。

（二）非学历教育何以需要得到认证

在非学历教育领域，存在许多可以深度挖掘的教育成果，在人才培养中有极大的价值，需要得到认证的支持。

1. 学历教育与非学历教育的界限逐渐模糊

在教学目标上，非学历教育旨在为生产、建设、服务、管理等领域培养一线人才，体现了极强的实用性，与生产生活紧密相连。除此之外，大部分非学历教育都有较强的针对性，解决的是具体问题。比如，高校教师资格培训，解决的就是新入职教师的教育教学基本技能，与高等教育尤其是应用型高校关注的技能问题密切相关。国家还在倡导高校向应用型高校转型，学历教育与非学历教育目标逐渐趋同。在教学内容上，非学历教育强调岗位就业培训教育、职业技能培训，重点关注职业岗位知识和技能，有较强的针对性，与高等教育大众化趋势下的应用型人才培养在内容上高度契合；在课程设置上，强调市场需求，强调实用性和针对性，强调学以致用，呈现灵活开放，并提供菜单式选择，让学习者按需学习，与高校课程设计相比有较大的相似性；在教学方式上，采用多种教学模式的混合，注重学习者体验和参与等。总之，学历教育与非学历教育的界限逐渐模糊，在效果上同样可以得到社会与用人单位的认可。

2. 非学历教育显示了较高的质量

"回炉"一度成为青年群体参与非学历教育的代名词,指的是用人单位或者学习者自身为了更好地适应本职工作,选择社会机构参与非学历培训,以更好地适应工作岗位的要求。这种现象一方面显示了学历教育机构的教育内容和教学方式与学生脱节、与社会脱节,另一方面也说明了非学历教育能解决现实社会的相关知识、技能和能力上的问题,切实回应了社会需求,体现了一定的质量。越来越多的证据显示,非学历教育显示了较高质量,在人才培养效率上有一定的优势,受到社会各界的关注。教师体系、公务员体系等"国家队"将非学历教育作为职称晋升、职位晋升的基本条件,各类企事业单位也将非学历教育当作解决员工技能与素质问题的"灵丹妙药",遇到问题就转向非学历教育寻求"答案"。这和非学历教育并不受制于品牌、校园、各类计划等外部环境,而是在积极的市场竞争环境下所产生的"质量"相关。有的非学历教育由于针对性强、个体适应性强、调整能力强、可持续性强等特性,拥有与学历教育相当甚至更高的质量,所以,按照一定的标准对非学历教育的学习成果进行认证,并不影响学历教育的质量。

3. 非学历教育拓展了学习的范围,在促进学习者个人能力发展上具有积极意义

当学习被定义到狭隘的学历教育学习时,学习不可避免地成为片面化学习和阶段性学习。随着对学习理解的逐渐深入,尤其是"学习是通过经验的转换创造知识的过程"[①] 的观点受到广泛认可,认证非学历教育成果的活动广泛开展起来。非学历教育将各种类别教育整合在一起,理论上可以满足学习者各个方面的学习需求,显示了极强的生命力。比如,当校园学习不能满足专业发展和个人发展需求时,可以利用在线学习、参与培训进行学习。但非学历教育仅仅提供了途径,满足了学习需求,还不足以构建一个完备的体系。当学习者参与非学历教育的学习,满足"当学习成果对于学习者有用

---

① 王迎. 非正式学习成果认定的研究与实践[J]. 中国电化教育,2012(1):33-37.

时，学习者积极性会大幅度提升"的理论假设①，就能有效促进学习者的参与积极性，有效刺激非学历教育提供者思考教育的问题，逐渐拓展其广度和深度，满足民众的非学历教育需求。有的言传身教的教育，比如"能工巧匠"的教育，工作场的教育可能比学历教育显示出更好的质量，它们的学习成果得到认定，能激发整个教育体系的活力，并为学习者争取社会身份和社会地位奠定了基础。

4. 拓展终身学习人群，可有效助推学习型社会的构建

非学历教育将学习范围从特定的某类人向全社会的"职业人"甚至"社会人"扩散，非学历教育认证能将这种学习通过"贴标签""固化身份""引导更高层次学习"等方式扩散到终身学习人群。"贴标签"指的是通过非学历教育认证，将非学历教育成果转化为被认可的学历教育成果或者相应的资历，学习者依此可以去争取与身份匹配的报酬和地位。当学习者自身能体会到非学历教育给自身报酬和地位提供支持时，自然影响与之交往的生活圈，通过"口口相传""典型""示范"等方式，向其他人群拓展。"固化身份"指的是通过非学历教育认证对学习者身份的认可，形成身份激励。身份激励指的是通过特定身份的赋予，促进组织或者个人参与某组织的办法。② 将非学历成果认定为相应学分或者资历，是对学习者参与终身学习身份的认可，对学习者留在学习空间和状态有积极作用。"引导更高层次学习"指的是通过对同层次的学习成果的认定，促进学习者明确自己的学习起点、下一阶段的学习内容和学习目标，自发自为地按照资历等级的进阶方向参与各类非学历教育，提升自己的层次。

二、非学历教育认证标准建设的内容与原则

非学历教育认证体现了极大的社会、个人价值。认证什么、如何认证、

---

① 吴南中. 学分银行建设的动力机制及其构建研究[J]. 中国远程教育，2017（4）：72-78.

② 吴南中. 在线学习培育的顶层设计与推进机制研究[J]. 电化教育研究，2016（1）：45-50，58.

认证的标准是什么,是本研究需要回应的第二个问题。

(一) 非学历教育认证的内容

作为终身教育体系构建的组成部分,理论上所有的"经验的转换创造知识的过程"都应该可以获得认证,因此,"认证什么"的问题自然转化为了认证为"什么"。笔者认为,从层次、内容上对各种非学历教育进行分类,可以分为积分认证、课程学分认证、职业资格认证和学历(资历)认证。

1. 积分认证

积分认证是对应激活终身教育体系构建中的终身学习个体——学习者而建立的终身学习账户。为更好服务于学习型社会的构建,各类省、市学分银行或者类似机构设置了以身份证号为唯一标识的终身学习账户,可以为账户赋予积分并获得相应激励。比如,有的可以抵免部分学费,有的是职称和职级晋升的条件,有的和家庭小孩入学问题联系,有的可以换取一定的物质奖励,等等。积分认证是通过累积式的积分积累,激活学习者参与终身学习的欲望,其结果主要是对自我有利。同时,其参与情况可以作为教育机构有针对性地开展各级各类教育的支持。

2. 课程学分认证

课程学分即学分,是获取学历的凭证,是学历教育的重要组成部分。学分类学习成果的认证需要严格按照资历框架建设的内容,按照资历框架所规定的知识、技能、能力的等级要求,对学习者所学习的内容进行评定,达到了学习者相应课程所需要的知识、技能和能力,可以获取学分。一般来说,课程学分的认证还需要和其先前经验结合。比如说获取高职层次的课程学分,可以存储到学分银行平台,但需要得到中职或者同等学力的学习者才能作为课程学分来使用,以发挥课程学分的作用。

3. 职业资格认证

职业资格是对从事某一职业所必备的知识、技术和能力的基本要求。比如各类职业资格证书和入职要求。又如建筑行业的"三大员",按照"三大员"考核所需要的知识、技能和能力进行施工和管理的技术人才可以认定为"三大员"资历。

4. 学历（资历）认证

学历是最为复杂的认证类型，一般评价专业能力和通识能力。通识能力是按照资历框架要求的不同等级知识、技能、能力的标准进行评估。专业能力是按照资历框架专业能级的知识、技能、能力进行评估，按照既定的能力单元评价其能力结构。比如，香港过往资历认可规定中的汽车销售基本能力单元组合为处理顾客投诉、采购旧车、采购新车、制定车辆交收及运送程序、展示/陈列汽车，比照要求按照运行体系进行严格评价，并辅之以知识考核的方式，达到相应的要求可以认定为相应的资历，不再需要考核学历，就可以进入下一阶段的学习。

（二）非学历教育认证的原则

1. 实质等效原则

实质等效指的是在认证体系的建设中，不区分学历教育和非学历教育，都按照相同的标准进行认定。不管非学历教育成果认证为什么类型的表现方式，都要确保其知识、技能和能力的要求是一致的。比如，高职教育文凭有学分要求、学时要求、考核要求等，要认定为相应的学历，必须按照相应的规则进行评价，能达到学历教育要求的才能被认证为相应的资历。

2. 成效为本原则

成效为本是从输出视角看教育系统的一种方式，"是用能够使学生达成目标的可测量的术语进行陈述，然后设计课程使他们知道如何去做"。通过"完成课程、专业等学习取得相应学位之后，知道什么、理解什么以及运用所学知识能够做什么"，"其实质是认知变化、技能变化、情感变化和个体行为变化"。[①] 由于非学历教育形式的多样性，对输入端的质量控制缺乏有效的办法，因此，实际可行的是评价学习者通过学习所产生的知识、技能和能力上的提升。

---

① 章玳. 香港高校基于成效为本的课程改革与启示[J]. 现代远程教育研究，2014(1)：79-84.

3. 服务学习者原则

终身学习体系构建的目标是建立服务学习者的运行体系，服务学习者、支持学习者、引导学习者是非学历教育认证体系建设的基本方向。非学历认证体系的建设要始终坚持以学习者为中心，以促进学习者提升能级、提升社会身份和报酬、拓展学习通道为己任，支持学习者非学历教育学习成果的认证。

（三）非学历教育成果认证的标准

在非学历教育中，无论是认证、积累还是转换，其实际操作对象都是"有效学习时间"，这和"学分"的来源有一定的相似之处。按照我国《教育大辞典》中"学分"的规定，讲授、讨论类课程每周按授课 1 学时（50 分钟），作业 2 小时，并延续 1 学期为 1 学分。中国香港、东盟、欧洲以有效学习时间 10 学时为 1 学分。据此，建立非学历教育成果认证体系也可以以"有效学习时间"为衡量尺度，"有效学习时间"即是所取得的非学历教育成果在社会学习者平均学习能力下所需要的学习时间。由于资历认证和学历认证强化的是积分和学分的累计值，所以我们这里讨论的主要是积分和学分。非学历教育成果认证与转换的结果有两类，一类是积分，比如学习心得、论文、研究报告等不具备学分认证条件的相关学习成果；一类是学分，比如心理咨询师培训、教师资格证书培训，有确定的教学标准和时间要求，可以按照完成的能力单元认证为完整或者部分学分。对于非学历教育成果而言，积分和学分应该具有"有效学习时间"上的等效，这是保证积分有效应用的办法。比如，在专业技术人员晋升职称时，可以笼统地要求专业技术人员在相应的技术岗位获得一定数量的"继续教育得分"，既包含学分，也包含积分。显然，除了有效学习时间，要得到相应的课程学分，还需要通过知识、技能和能力的评估，形成一系列的评价方式，比如职业能力的测试。一般来说，对于知识覆盖度较高的体系，除了知识性的纸面测试，其他相关测试，比如能力的评估，需要一套较为复杂的程序，以及行业标准的相关支持。

三、非学历教育认证的运行体系设计

非学历教育所获取的成果要认定为积分、学分、资历和学历，需要建立

第九章 非学历教育学习成果认证标准建设

一个认证非学历教育的机制，按照非学历教育认证的标准，设计非学历教育认证的流程，支持非学历教育成果的认证。要设计非学历教育认证运行体系，首先要确立认证组织、由谁来认证以及评价认证标准的问题；其次是要设计相应的认证标准；最后是认证流程的设计、实践与评价。为了清晰展示整个非学历教育学习成果认证的规划，特设计如图9-1所示。

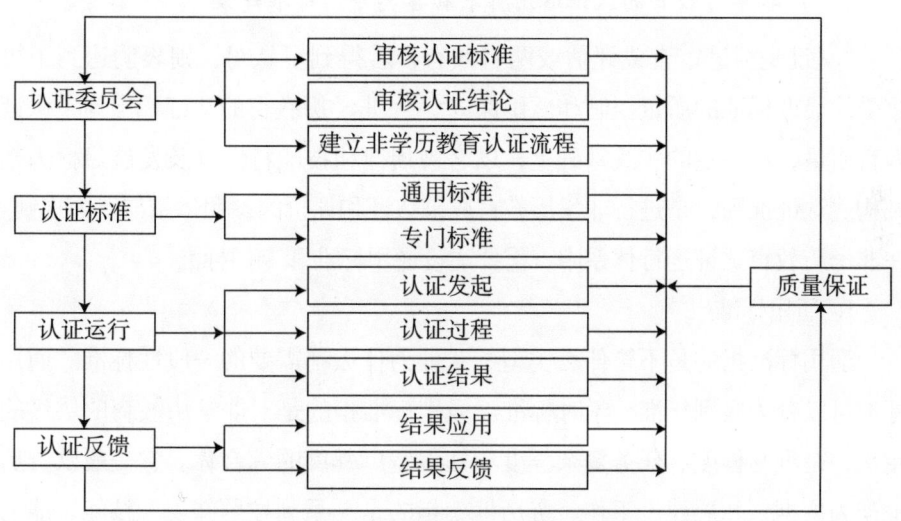

图9-1 非学历教育认证流程图

（一）确立非学历教育认证委员会使之成为非学历教育认证的最高机构

非学历教育认证标准建设和认证流程需要一个决策机构判断不同级别的学习成果的难易程度和所需要耗费的时间，这样的决策机构不是由独断的强势个人做决定，而是由政府、教育机构、企事业团体、学习者等多方拥有话语的组织通过治理机制建设组织起来的团队。其主要职责是：审核指导非学历教育成果的认证标准建设；设置非学历教育成果认定与转换流程；沟通学历教育认证委员会，促进更多非学历教育成果进入学历教育；建立健全非学历教育的质量保证机制；受理各类有争议的学习成果认定申诉等。非学历教育认证委员会是非学历教育学习成果认证工作的领导核心，发挥规则制定和运行过程控制的领导作用，是整个运行体系的基础。实践证明，非学历教育认证委员会可以由非学历教育研究与实践领域部分具有一定话语权的研究者和学者、政府非学历教育的领导人员、具有代表性的非学历教育参与者组建，有较好的运行能效，遇到专业问题时可以由委员会人员推荐相应领域的专家参与非学历教育认证委员会的工作。

(二) 非学历教育的认证通用标准和各类专门标准建设

"认证是通过审查或评估或两者兼有，若得到了认可，则表明达到了可接受的最低标准的质量控制和质量保证。"[1] 非学历教育的认证标准为了保证教育质量，在一定的实践基础上，以客观规律和技能特性以及发展目标为基础构建认证准则，是进行非学历教育成果认证和评价的参照体系与行为规则。在非学历教育认证运行体系中，需要建设通用标准和专门标准。

1. 通用标准

通用标准指的是不管什么类型、认证为什么都需要的一般性标准。通用标准可以分为级别标准、学时标准。级别标准指的是对非学历教育的层级的定义，是难易程度、任务复杂程度和知识宽广程度的综合体。它一般以资历框架为依据，开展建设工作。资历框架指的是一系列按照知识、技能、能力的递进形式或不同层级就业、岗位需求、实际应用，形成的一个连续的被认可的资历阶梯。由于资历框架覆盖了教育体系的所有学历教育和非学历教育，因此被认为是终身学习体系构建的基础性制度。[2] 中国香港、欧盟等国家和地区都建立了各种类型的资历框架，规定了不同层级所对应的知识、技能和能力。非学历教育的级别标准的建设需要在资历框架的指导下开展，参照资历框架的知识、技能和能力的要求，设计非学历教育的级别标准。学时标准指的是"有效学习时间"，是对不同层级、多种类别的非学历教育成果学习时间的规定。简单而言，它就是获取一个非学历教育成果所需要耗费相应层

---

[1] Clark, Burton, Neave, Guy. The Encyclopedia of Higher Education Vol2: Analytical Perspectives [M]. Oxford: Pergam on Press, 1992: 1305.

[2] 陈丽, 郑勤华, 谢浩, 沈欣忆. 国际视野下的中国资历框架研究[J]. 现代远程教育研究, 2013 (4): 9–18.

级的普通学习者所需要的时间。比如,获得汽车驾驶资格证书需要 30 学时的理论学习时间,就是对这个级别所需要的学时的标准确定。

2. 专门标准

专门标准指的是不同学习成果认证所需要的专业标准。一般来说,专门标准可以分为积分标准、学分标准、资历标准和学历标准,是对不同级别中专业技能上的知识、技能和能力的描述。比如,月嫂的初级标准应该具备什么样的知识、技能和能力,中级标准应该具备什么样的知识、技能和能力,怎么去评价其达到了相应的能力。专业标准是标准建设的关键内容和核心要素。专业标准的建设一般在专业评审委员会的指导下开展工作,根据市场、培训机构、专家的共同认可进行相应的描述,并形成认证标准体系。

(三)设计非学历教育学习成果的认证运行流程

1. 认证发起

一般来说,认证发起可以分为两种情况,第一种是个体要获取积分、学分、资历和学历主动发起的申请,比如学历和自我成就动机;第二种是机构集体发起的认证项目。两种情况都旨在满足一定的个体与组织诉求,通过提交认证申请,进入认证流程。一般而言,认证申请包括了经验的证明材料、申请书(含申请认证或转换的类型)。比如,加拿大汤姆逊河大学面向学习者开展基于能力的档案评估,学习者围绕交流能力、信息组织能力、解决问题及决策能力、计算能力、批评性思维能力、心智成熟程度、独立思考能力、知识与技能应用能力进行证明材料梳理,学校评审委员会根据相应的文本进行评估。[1]

2. 认证过程

当个体或者机构提交了认证申请,就进入了认证过程。首先,组织者实施材料的初步检查并实施证据核定。一般而言,规范性、完整性是检查的重点。其次,通过初步检查的认证申请材料经过专家核查,给予意见。部分需

---

[1] 李令群,向艺芬,靳嵩. 我国先前学习认定操作路径探析[J]. 中国电化教育,2014 (4):71-76.

要实作考核或者知识考核进入考核环节，考核通过，进入下一环节。最后，将初步结论提交给认证委员会。

3. 认证结果

通过认证委员会审核的成果，实施公示制度，在信息平台进行公示。公示期间，没有收到投诉、问询的即为通过。同时，信息平台公布这类学习成果可以被认定为某种非学历教育的认证成果进入系统。没有通过的学习成果可以申请复议，复议由认证委员会直接进行审查，保障学习者权利。

（四）对认证结果的应用与反馈

通过认证的非学历教育成果可以应用到所认证的内容中来，比如认证为学历教育课程学分的，可以在修读相应的学历教育时实施减免，学习者不再重复修读相应的课程学分。实际上，非学历教育成果的应用范围很广，比如上海有的中小学将父母的终身学习积分当作入学条件，也是肯定了包括非学历教育的终身学习对家庭文化环境等的作用，更多的应用主要是兑换一定的奖励或者是减免部分学历教育的学分或者学费。需要注意的是，不管是认证标准、认证内容、认证方式还是认证结果的应用，都需要在实践中不断形成反馈意见，不断积累关于认证应用的数据，通过认证应用的情况，优化课程质量，开发更高层级的课程，拓展学习途径，帮助学习者达到更高的学习目标。

（五）建立质量保证体系保证运行过程

没有质量就没有认证，质量是保证非学历教育认证体系的关键。建立非学历教育认证体系的质量保证体系，是保证运行过程规范和认证结果具有公信力的基础。要建立非学历教育成果认证的质量保证体系，首先，要形成"成效为本"的认证理念。成效为本关注的是学习结果，保证的是目标清晰、定位明确、输出科学，在认证体系中最具有操作性。其次，要建立系统化、一致性和连贯性的非学历教育成果的质量保证体系。不管是认证为积分、学分、资历和学历，知识、技能和能力的评价维度以及不同层级的要求是质量保证的核心，围绕知识、技能和能力的评价与审核是运行体系合理运转的关键。同时，需要围绕核心制度，建立起系统性的支持制度，比如认证结果的应用,既可以支持学习者自身的身份和薪酬的提升,又可以支持社会相关组织的社会参与和社会福利体系的建设。

四、非学历教育学习成果认证的运行保障

运行保障作为一个方法论的概念,在维持组织与运行机制上产生连续性的作用。要保障非学历教育成果认证的正常运行,建立法律保障效用是关键,促进学习者参与认证的动力机制建设是基础,配套的运行制度是重要构件和关键支撑。

(一)建立法律保障体系,支持非学历教育学习成果的认证与运行

非学历教育成果的认证与转换,并不是一个自发的过程,需要各级政府发挥行政和法律法规的强制与规范作用。许多国家都把终身学习以及非学历教育学习成果要求作为社会建设规划、教育发展规划和经济发展规划的重要内容。比如:欧盟在《学习与培训:迈上学习社会》中阐述了非学历教育成果的认证方式,提出了框架性的文件;法国颁布了《职业继续教育法》,支持学校教育和社会化培训的成果沟通与衔接;日本建立了多元化的学习评价体系,支持国民在社会上参加的学习抵扣学校学分,建立评审制度,对没有修完大学本科或者研究生课程但具备相关能力者,可以授予相应的学位。[①] 中国也有部分区域建立了相应制度鼓励非学历教育成果的认证,比如上海。要促进非学历教育学习成果使用范围的扩展,进而提升非学历教育的规模和影响力,需要建立经费的投入机制,保证非学历教育成果认证与转换系统运行所需要的经费,支持终身学习体系建设。

(二)激活学习者参与认证动力,促进认证体系的完善与运行

学习者参与是运行体系赖以存在的基础。对于学习者而言,非学历教育学习成果的认证具有社会价值、经济价值、自我成就价值,需要从对应的角度加强引领,促进其参与非学历教育成果的认证工作。首先,可以利用身份

---

① 吴晓义. 终身学习视野下学校教育与社会培训的沟通及衔接[J]. 北京大学教育评论,2007(7):32-41.

激励、行为激励、效果激励等激励手段，通过满足学习者的社会认可和社会交互，激发学习者参与的积极性。比如，获得非学历教育积分多的家长可以为孩子优先选择学校。其次，可以利用制度体系、行业组织等方式，认可非学历教育的学习成果，使学习者可以依次争取更高的身份和更好的报酬，从而实现学习者的经济效应，促进学习者的参与。最后，学习者本身具有提升自身的欲望，可以通过示范、宣传、经验交流等形式，促进学习者积极参与认证与转换，满足学习者自我成长的动力，促进学习者的参与。

（三）在社会体系构建相应的配套制度支持非学历教育学习成果认证与转换

社会体系指的是经济领域、社会发展领域等。从终身学习的理念来看，非学历教育成果的认证与转换并不是一个单一的体系，而是社会建设中的重要组成部分，需要经济建设、社会建设和教育建设等多方面的支持。在社会建设中，需要将非学历教育体系作为社会建设的重要内容进行顶层规划，并进行制度设计，支持非学历教育的成果认证；在经济建设中，需要培育非学历教育机构，形成非学历教育产业生态，提升非学历教育的质量，使其学习成果能被更多的人认可；在教育建设中，需要向学习者开放资历、学历等对学习者有激励作用的"硬件"，激发学习者通过非学历教育认证，获取学分、学历和资历。同时，社会组织需要认可非学历教育，支持非学历教育学习成果的认证与转换。

当前，世界各个国家的终身学习体系建设已经从理念转向行动，有的已经形成了较为完善的制度和运行体系，具有较多的实践经验。非学历教育的认证与运行体系的建设，是终身学习体系建设的重要构件，是激发终身学习活力的重要举措，既有价值理性、理论理性，也有实践理性。

第十章　学分银行模式下的课程建设

随着终身教育体系的推进,学分银行沟通各级各类教育机构的价值受到教育实践者的关注,基于学分银行的课程建设也开展起来。回顾保罗·朗格朗所提倡的"终身教育"理念,两点核心分别为:第一,每个人通过可能的发展实现自身的抱负,也都要适应社会给他们提出的新的要求。因此,教育不应该是任何一个学校毕业之后就完结了的,而是应该通过人的一生持续进行。第二,现行的教育是闭锁的、僵硬的、以学校为中心的,未来的教育是社会整个教育与训练体系的全部机构和渠道的整合。所有人"在其生存的所有部门,都能根据需要而方便地接受教育的机会"[1]。富尔等人在《学会生存:教育世界的今天和明天》中表示:"终身的概念包括教育的一切方面,终身教育并不是一个教育体系,而是一个体系的全面组织所根据的原则,而这个原则又是贯彻在这个体系的每个发展过程之中的。"[2] 从终身教育体系的内涵看其中的要义,就是要将终身教育发展成为一种统合的、一体化的、能真正方便学习者开展学习和教育的机会。这也成为一切终身教育倡导者的一致追求。学分银行就是在这样的理念下提出来的,以模仿普通银行存储钱币的做法,移植到学校成果管理体系,基本功能是实现各类学习成果的认证、

---

[1] 高志敏.关于终身教育、终身学习与学习化社会理念的思考[J].教育研究,2003(1):79-85.

[2] 联合国教科文组织国际教育发展委员会.学会生存:教育世界的今天和明天[M].北京:教育科学出版社,1996:200-201.

积累和转化,通过相应的规则获取学习证书(资格或者学历)① 作为沟通终身教育体系建设的关键制度。学分银行落实到教育运行过程中,在欧洲、韩国等国家和地区起到了积极的作用,而我国上海、陕西等地作为学分银行的试点却遇到了各种问题。首要问题是学分质量问题,也就是阻碍各个机构和组织承认对方学分的关键问题。要实现学习成果在不同机构的有效兑换,其前提是"有质量的学分",根源是课程建设。学分银行要继续推进并产生实质性的效应,就需要深入课程层面,指导课程建设。在学分银行理念下,课程建设应该秉承什么样的建设逻辑,怎么运行才能有效保障质量,是本章要解决的核心问题。

一、基于学分银行理念的课程建设内涵

(一) 课程与学分制

1. 课程与课程建设

一般认为,课程指的是学习的进程及其安排。广义的课程是指学校或者教育机构为了实现培养目标而选择的教育内容及其进程的总和;狭义的课程指的是指某一门学科。② 课程建设是对课程蓝图的勾勒与实践过程,全方位地反映办学思想与育人价值取向。课程建设包含课程目标的建设、课程体系与内容的建设、课程评价的建设以及课程建设制度的建设等内容。课程建设是学校教学工作的重心,是特色发展的关键。"好的大学,就是能够提供更多更好课程的大学;好的教授,也就是能够提供更高质量课程的教授。"③ 从课程建设的角度来讲,课程指的是某一门学科的建设或者多门学科组建的某个体系的课程建设的全部内容;从整个学分银行建设的角度来讲,课程指的是学分银行所沟通的所有学科体系,是一个具有复杂性和多样性的庞大体系。在教育领域中,课程有多种分类,比如按照是否属于专业人才培养体系,可

---

① 孙冬喆. 通往终身学习的路径与机制——中国学分银行制度建设研究[M]. 上海:华东师范大学出版社,2015:17.
② 靳玉乐. 课程论[M]. 北京:人民教育出版社,2015:67.
③ 张楚廷. 高等教育哲学[M]. 长沙:湖南教育出版社,2004:298.

以分为正式课程与非正式课程；按照是否具有相应的目标，可以分为显性课程与隐性课程；按照是否与专业相关，可以分为通识课程与专业课程；等等。在学分银行体系中，课程可以分为学分课程和非学分课程。学分课程指的是符合学分银行所框定的知识、技能和能力相关的课程，完成课程的学习可以获取相应的学分；非学分课程指的是不能直接转化为课程学分的课程，需要评估其效果，并通过相应的评测才能决定是否属于相应的课程的学分。

2. 学分制

学分制是"高等学校的一种教学管理制度。以学生取得的学分数作为衡量其学业完成情况的基本依据，并据以进行有关管理工作"[①]。学分制起源于德国选课制，在美国等国家得到完善和推广，从而成为世界主流高校的基本制度。按照学分制的基本要义，取得相应学分是获取资格或者文凭的基础。因此，保证学分的质量和课程的数量，是学分制的实施精髓。

（二）基于学分银行理念的课程建设

在教育领域，课程是教育体系健康成长的"细胞"，没有课程建设，就没有教育体系的逐步改进和优化。学分银行落到实处，需要通过落实课程建设的学分银行理念，传达和实现学分银行所预设的价值。

1. 基于学分银行理念的课程建设

学分银行就是在学分制基础之上，以沟通各级各类教育机构的终身教育理念的指引下，创设的一种学习者学习成果认证、积累与转换的制度。学分银行的目标是实现教育体系在时间和空间上的开放性，促进个体参与终身学习的制度创新。学分银行具有开放性、灵活性、规范性等特点。[②] 学分银行的功能是实现学习成果的认证、积累与转换，要促进学分银行功能的实现，在课程建设中必须融入学分银行的开放性要求、灵活性要求和规范性要求，提出新的操作规范，这又称为基于学分银行理念的课程建设。开放性要求是

---

① 《教育大辞典》编纂委员会. 教育大辞典[Z]. 上海：上海教育出版社，1992：402.

② 王振龙. 陕西高等继续教育学分银行——终身教育立交桥的构架与实践[M]. 北京：科学出版社，2015：11.

指课程建设需要服务于各种类型和不同层次的学习者；灵活性要求体现为课程要尊重学习者的个体差异和学习情境的迥异；规范性要求指的是要基于一定的标准，产生一定的质量，学习者学习过程要有监控手段，实现"有质量的课程"的建设目标。

2. 基于学分银行理念课程建设的原则

显然，学分银行改变了课程建设的要求，要符合学分银行对学习成果的认证、积累与转换，就要实现不同教育层级和机构之间的交流。而要更好适应学分银行的运行，课程建设要遵循标准化、层次化、模块化、全人化等基本原则。

标准化是指学分银行理念下的课程是管理规范化、科学化的课程。首先，标准化的首要内涵是课程建设标准化，这是课程质量的基本保障，也是课程质量的基本衡量标准。课程建设的标准化指的是按课程标准建设课程。原则上，课程标准是根据课程功能，国家公认机构指定并由国家权威部门组织批准和实施的标准。从我国高等教育发展的历程而言，建立体系化的国家标准课程有一定的难度，但学分银行的现实需求需要国家尽快开展标准建设，并以此为课程建设的基本依据。从学分银行开展的深度而言，课程标准的建设需要在行业指导下保持小规模的认同，比如区域学分银行建设联盟或者有影响力、有扩散能力的教育机构。其次，标准化蕴含了建设过程的标准化。课程建设要遵循课程方案设计、学科课程标准确定、经验能力标准设计、教材设计与编写标准确定、课程实施标准确定、课程质量管理标准和评价标准确定等实施运行管理，并通过协同不同教育机构与科学前沿工作者推进课程的建设，用规范保障有质量的课程建设。

层次化指的是学分银行理念下的课程建设要符合不同层次使用的需求。不同的教育机构对课程的深度与广度存在事实上的差异，课程建设需要体现明显的梯度，提供给不同教育层次的人使用。这是学分银行进行兑换的基本要求，也是确保各个层次教学质量和学习成果价值的有效办法。首先，明确课程在不同学习层次上的深度。比如，"高等数学"课程建设可以明确高职的层次、本科的层次，在转化过程中，通过层次找到短板，进行模块化补习与考核，考核成果成为转化的基本依据。其次，明确课程在不同类别上的广度。比如，某些专业的"高等数学"在教学过程中需要用到线性代数和概率论的知识，通过所缺模块的学习考核就可以进行相应的学分兑换。

模块是组成系统、具有确定独立功能的半自律的子系统，它通过标准化的界面结构，可以与其他模块构建更加复杂的系统。[1] 模块化借鉴到学分银行，指的是学分银行理念下的课程建设需要将课程所蕴含的学科知识进行模块化处理。不同的教育机构和资格（学历）对课程的要求存在差异，要有效地利用好教学资源，提高教学效率，并实现不同机构的认证比较，将课程模块化是较好的处理办法。模块化课程有两种路径：第一种是课程知识的主体化。其特征是以主体为组织框架，围绕知识点组织学习活动和理论知识。第二种是课程知识的任务化。其特征是根据实际任务，整合知识和调动资源，学习过程转化为体验整个任务接受、完成、评估的过程，通过多个任务为载体完成课程的建设。任务驱动成为高等教育较为流行的教学模式，其作用机理是通过真实任务提高学习者的参与感，通过淬炼知识提取和调动资源的能力实现学习者成长，能较好地评估其知识、技能与能力，与学分银行资历架构吻合。模块化的价值是结合学科知识逻辑，构建"块状"学习模块，与学分银行的"认证单元"理念融合，实现通过模块化满足学分银行建设的要求。同时，这种模块化是学习者中心的课程建设理念，学习者在学习参与上体现了一定的自由度，在课程实施过程中较之以往的学科课程有更好的效果。

全人化指的是学分银行理念下的课程是满足个人完整人格发展的课程。课程的根本目的在于为个体的发展和幸福服务，个性、理性、情操、身心平衡应该成为课程追求的目标。换而言之，课程体现了对整个人的塑造和培养。在科学主义的冲击下，这种课程建设的原则被符号化的科学概念所冲击，人退居科学之后，人的全面发展被片面发展所取代，适应工作而不是适应个人的全面发展成为教育的主格调。学分银行是沟通终身教育体系的管理机制变

---

[1] ［日］青木昌彦，安藤静彦. 模块时代：新产业结构的本质[M]. 周国荣，译. 上海：上海远东出版社，2003：17.

革,其终极内涵是通过实现各类优质资源的接入,支持人的个性发展、和谐发展、全面发展。因此,学分银行理念下的课程建设需要考虑学习者的全方位能力发展,需要在科学内容中融入人对生活的热爱,融入尚善的价值理念,融合终身学习的技能发展要求。

二、基于学分银行理念的课程建设逻辑

学分银行向课程建设提出了新的要求。将学分银行课程建设的内涵与原则以及与现行教育体制相互交错的关系进行系统性的考察,可以厘清基于学分银行理念的课程建设逻辑。

(一) 功能定位是课程建设的前提

课程建设的前提性工作是确定课程的功能,也就是课程为什么而建立的问题。学分银行理念下的课程是终身教育各级各类机构的载体,但并不是具体的某门课程服务于所有机构,而是建立在课程标准之上的课程。首先,要确定课程所服务的学习层次。按照英国高等教育学分积累与转换系统所规定的学分等值化逻辑,不同的教育要求要找准符合自身所需要的学习深度和复杂程度,以此为课程建设的前提来开发课程。其次,要确定课程所需要实现的功能。回到课程本身,我们可以发现,课程可以分为"使人成为人"的课程和"使人成为某一种人"的课程。[①] 这实际讲的是课程的功能问题,前者被认为是通识课程,后者被认为是专业课程。一般而言,学分银行强化"全人"的建设概念,需要通过专业课程支持其"成为某一种人"的发展,也需要融入"成为人"的发展,两者需要在特定场景下实现融合。最后,要与当前的教学改革相互适应。平心而论,现有的课程建设是与教学脱节的,学分银行需要"有质量的学习成果",必须和教学建立联系,体现在功能上则需要通过与整体的教学设计、学习者的理解视域、开放实施与评价的一体化思路等相关教学环节与过程实现双向互动,促进教与学整体的提升。当然,即

---

① 陈秉公,陈卓. 论人文素质教育课程的功能定位、设计原理和教学规律性[J]. 思想教育研究,2008 (4): 3-7.

便是这样描述课程的定位,也略显笼统。在课程建设实践经验中,在学分银行理念下,要深度研讨和准确把握课程的精神主旨和课程学习者成长体系的功能价值,进行系统化的描述,促进每个参与者深刻理解课程建设的功能价值,并转化为课程建设的具体实践。

(二)课程标准建设是课程建设的基础

课程标准作为课程建设实施的行动指南,其本身的建设是课程建设的基础。对于学分银行而言,课程标准既是课程质量的基本保障,又是课程参与认证、积累与转换的基础。首先,课程标准建设是多方协同的建设过程。课程标准的首要目的是实现承载课程的基本功能,也就是要课程专家、学科专家、教学设计者甚至吸取行业企业相关人士参与课程标准建设联盟,通过理念表述、专业知识传达、专业发展需求等各个方面不同视域的参与,统合不同领域在课程标准上的表达,形成既有专业发展性又有全人发展性,还需要服务教学过程的实施要求的课程标准。其次,课程标准建设要满足不同层级的课程建设需求。不同层次、不同专业和不同岗位对同一门课程的要求有所不同,标准要对课程建设所达到的层次有清晰描述,并反映到课程建设本身。最后,课程标准制定要适合课程质量本身的监督规则和衡量尺度。课程标准的主要范围是课程质量的评价标准、教学质量的评价标准和教学实施的督导标准。从课程建设的研究与发展来看,要保障课程运作的合理有效,促进学生的发展,必须建立起可以依赖的课程质量管理规则。课程质量管理规则依赖于课程质量本身的监督规则和衡量手段。

(三)课程的模块化表达是课程的表现形式

模块化就是把课程复杂的体系根据系统规则分解为能够独立设计的半自律性的子系统的过程。① 通过模块化,可以保持在系统内进行专业化的划分,同时能根据业务的需求进行重新组合和排列,实现不同的功能。模块化是学分银行理念下课程建设的外在表现形式。首先,学分银行建设的转换要求是

---

① 杨幽红.能力导向的工科院校模块化课程体系设计与实施[J].高等工程教育研究,2011(3):100-103.

模块化。学分转换的基础是认证单元,也就是通过以主体化和任务化的模块作为认证单位的主要承担者,通过模块化支持课程参与学分银行。其次,模块化是学分沟通的基础。不同教育机构、不同专业与岗位对课程的宽度和深度存在差异,沟通的基础是模块化的认证单元。同时,课程通过模块更新,可以吸收专业发展前沿的知识与技能,接受学习者、教师在教与学过程中的各种反馈,实现课程的更新换代。需要指出的是,模块化的现实运行要突破学科主义的桎梏,不仅要求教师对整体课程任务有较高层次的把握,还需要较强的调动资源的能力,才能实现模块化课程的建设。

(四) 可转换是课程建设的纽带

学分银行的核心价值在于沟通,学习成果转换是沟通的主要形式。首先,通过学分转换实现教育机构之间的联系。转换发生的前提是一个教育机构的学习成果需要得到另一个教育机构的认可。在这种相关关系的驱动下,两者会对学习成果的质量等进行深入了解,促进建立在学习成果上的交互产生。其次,通过转换可以加大学习者对学分银行的黏性。学分银行要发挥作用,需要学习者依托学分银行与教育机构发生联系。通过转换可以让学习者意识到学分银行的价值和理念,实现自身获取所认可的学习成果,提高学分银行的参与感和获得感,从而有效提升学分银行的黏性。再次,通过转换可以增加课程体系之间的协同性。当课程得到转换时,其他相关课程尤其是进阶课程可以充分利用已有课程所奠定的基础,集中精力进行自身课程的建设。最后,通过转换可以唤醒利益相关主体对学习成果质量进行关注。当学习成果不流动时,教育机构对其他教育机构成果的质量停留在如何保持自身竞争力上;当学习成果可以转换时,需要考虑教育机构的质量并施加一定的压力。同理,当学习成果不流动时,用人单位可以选择学习质量信得过的机构;当学习成果流动时,用人单位就会关注整个教育生态的质量,并投入相应的精力、财力支持教育的发展。另外,通过学习成果的转换还可以获取学习者的学习数据,为终身教育打下数据基础。

(五) 质量提升是课程建设的关键

课程建设是教育机构的重心,课程质量是课程建设的核心,教育机构的发展最关键的是课程质量的发展。基于学分银行理念的课程建设将质量置于能否生存的基础之上，质量提升成为课程建设的关键。在学分银行时代，各级各类教育机构已经准备了足够的资源提供给学习者使用，课程建设的主要工作不是解决课程的有无问题，更不是累计低效课程资源，而是在已有课程的基础上提升质量。首先，只有有质量的课程，才能产出有质量的学习成果。课程建设的工作就是通过不断吸取外部环境的知识和能量，改进自身的内容、呈现方式和评价方式，追求更高的质量和更容易被理解的方式。其次，质量提升是学分银行所沟通的教育机构之间竞争的生存基础。学分银行通过可交换获取了大量的资源，学习者面临的选择增加，也为课程的提供者增加了压力。教育机构只有提高自身的资源建设水平，才能回答学分银行所提出的竞争问题，回答自身如何生存的问题。

（六）组织创新是课程建设的保障

首先，课程建设必须加大教研室的协同创新。高等院校的教研室发展不甚理想，学分银行理念下课程建设对质量的要求、对视野的要求等需要教研室加强学科与教学方法的研讨，促使"有质量的学习成果"所依托的课程顺利建成。其次，课程建设必须加大与课程设计者的沟通，通过建立课程团队的方式，加强课程的组织建设。基于学分银行理念的课程建设不仅需要学科知识的引领性，更需要教学论对教学设计的支持作用——一门优质课程的标准不是知识的全面性，而是真正帮助学习者得到成长。除此之外，课程的模块化需要教学设计者的支持，学习者特征等需要大数据的支持，才能实现课程组织内人员的协同，实现追求高品质课程的需求，并在追求高品质课程的同时建立学习文化。

三、基于学分银行理念的课程建设运行体系

对于如何在学分银行理念下开展课程建设，需要关注几个基本问题：一是体现学分银行理念的课程建设原则，也就是标准化、层次化、模块化、全人化等原则；二是体现学分银行理念的课程建设逻辑，也就是开展课程的功能定位设计、课程建设标准形成、模块化表达、可转换考虑、质量提升与组

织创新等。落实到实践层面，则需要做好以下几个关键步骤。

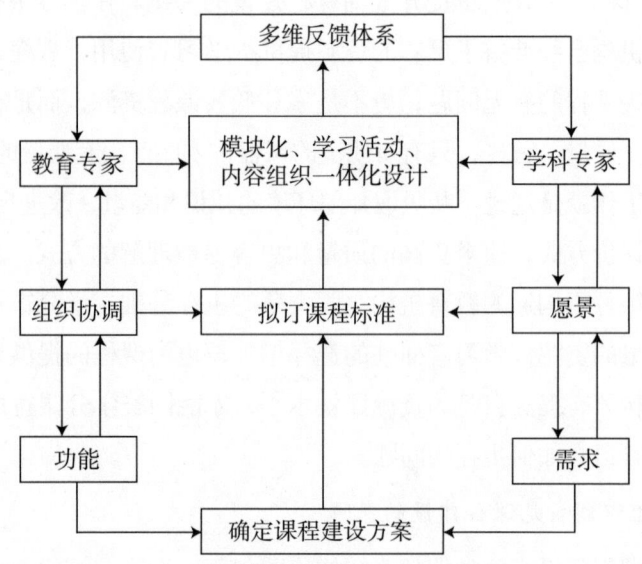

图 10-1　学分银行理念下课程建设运行体系图

（一）确定课程建设方案

课程建设方案就是根据课程功能和现实需求确定的课程总体规划与设计方案，是课程建设的脚本。课程建设方案确定的是课程为什么而建设，课程解决什么问题，在学分银行转换过程中处于什么类别，怎么组建课程团队，采用什么理念和方式建设，课程建设的时间节点等基本问题。首先，从"需求"看课程建设的目的。课程建设的起点是需求。通常而言，需求体现在两个方面：学习者需求和教育机构需求。学习者需求指的是在教育体系中，需要新的课程协助学习者成长。比如，新的学科研究前沿产生的新课程需求；已有课程知识或者建设理念滞后导致的课程建设需求。当然，课程建设可以是一门完整课程的建设，也可以是某个模块因为知识陈旧需要进行更新的建设。其次，从"功能"看课程建设的方式。服务不同层次的学习者应有不同的方案。比如，高职教育的学习者在知识要求上体现为"具体的一个专业领域或宽泛的工作和学习领域有广泛的、技术性的和理论性的知识"，在能力要求上体现为"具有广泛认知、技术和表达技能，能选择和运用不同方法或者材料完成系列活动,能对可预测或者有时不可预测及偶尔为复杂的问题",在技能上体现为"能在不断变化的环境中并在宽泛的范围内应用知识和技能,展示自主性、判断力和责任感"。① 课程的建设需要在所服务的学习者层次上考虑如何建的问题,考虑知识、技能、能力等在课程建设中的理念表达。同时,理论性的课程、实践性的课程与理实一体化的课程在课程方案上又有较大的区别。在模块化过程中,理论性课程一般只能采用知识主体化的方式进行;实践课程一般可以更为方便地使用任务化的方式实现。

(二) 拟订课程标准体系

课程标准是课程建设实施的行动指南,其本身的建设是课程建设的基础。课程标准的拟订在实践过程中需要把握三个关键:首先,学分银行理念下的课程标准是成体系的标准,包含了课程方案设计、学科课程标准确定、经验能力标准设计、教材设计与编写标准确定、课程实施标准确定、课程质量管理标准以及评价标准确定等标准体系,是集课程知识、技能与能力要求和教与学实践需求的统整性标准。其次,课程标准是多元协同组织的结果,需要通过组织协同确定。课程标准在某种意义上只能在国家标准之上进行具体的细化,在建设过程中,课程标准需要重复考虑利益相关体的诉求表达。最后,课程标准要融入学习者学习的愿景。学习者对课程的学习不是完全按照专业、学科、岗位等需求而言的,而是有自身的期待,有能力储备的需求,甚至还有超越现有应用框架的知识期待。课程标准在形成获取学习成果的最低标准的同时,也需要鼓励学习者获取更高学科等级的探索。

(三) 进行以模块化、设计学习活动和内容组织一体化的课程内容建设

标准建立以后,团队开始实施课程内容建设。课程内容建设是课程建设的关键,一方面检测了课程标准是否按照计划完整得到体现,更为重要的是课程建设成果的具体体现。在学分银行理念下开展课程建设,模块化、学习活动设计和内容组织需要在学分银行统整性的视域下,按照开放、标准等原

---

① 国家开放大学. 国家开放大学学分银行学习成果框架通用指标 [EB/OL]. http://cb.ouchn.edu.cn/gkcms/wwwroot/cbank2/kj/xxcgkj/index.shtml, 2016-08-09.

则开展。首先，模块化过程需要体现与学分银行学分认证的需求进行对接。转换是学分银行制度的核心，课程内容的组织需要在转换的功能下进行，包括模块化设计。在现实运行中，模块化的能力需要学科专家与教育工作者在接受课程建设理念上的协同创新，并且实践过程需要突破原有学科完整性的观念，统筹考虑任务或者主题、行动和学习领域、情境与范例性的结合，科学合理执行模块化。其次，学习活动设计是内容组织的重心。要实现模块的功能，学习活动是核心支撑。学习活动本质上是一种教学设计，通过材料组织设计活动，帮助学习者领会新的内容，掌握新的技能，储备新的能力。最后，按照学习逻辑探讨课程的组织方式，选取学习活动，将学习内容整合起来，并进行文字、视频等课程资源的最终呈现。需要指出的是，学分银行并不摒弃学科，没有学科知识体系支持，课程建设毫无意义。同时，也有学者在讨论中提出课程内容建设是课程主持教师的自由，主持教师拥有课程建设的单边控制权，尤其是校本层面的课程。在笔者看来，主持教师拥有自由表达的权利，但这种权利需要建立在相对固定的课程标准和确定的课程建设方案之上，否则这种自由毫无意义。

（四）建立多维反馈改进体系

课程建设不是一蹴而就的事情，需要不断地反馈以促进其质量的不断提升。课程需要集合学习者体验反馈、教师使用反馈、企业行业反馈等多元反馈系统不断提升自身质量。学习者体验指的是课程的呈现逻辑是否符合学习者的心理秩序，学习过程是否适应学习者所处的阶段，学习评价是否科学与可行，学习成果是否能满足学习者的知识能力提升预期。学分银行是人本化的终身教育体系沟通者，学习者通过学分银行可以找到更优质的教学资源支持自身的发展，是否满足学习者需求以及满足学习者需求的程度是重要的反馈信息。教师使用反馈指的是作为课程操作者的教师在使用课程与学习者进行交互时对课程内容等方面的质量反馈意见。企业行业反馈是指用人单位对课程使用信息的反馈。除此之外，专家意见、阶段性评估意见也是课程质量改进的重要来源。需要指出的是，现代信息技术为反馈体系建立了大数据通道，当课程以混合学习、在线学习等渠道进入学分银行，学习者数据的收集就可以依托学习平台开展。这对提高反馈的针对性、准确性和科学性有极大的帮助。

四、基于学分银行理念的课程建设保障支持体系

显然,基于学分银行理念建设课程,需要改变以往的课程建设模式,涉及多方面的变动,会遇到较大的阻力。其要顺利推进,还需要寻找更多的资源支持,并保障其按照运行逻辑与体系运转。

(一)变革领导,形成愿景

变革领导指的是变革型领导,是一种备受现代管理所推崇的领导方式。其核心观点是通过对士气、理想、兴趣和价值观的作用,促使工作者超越个人利益的关注,转向关心价值观、社会准则与规范,以及组织的长期目标问题。[①] 基于学分银行理念开展课程建设,面向的是超越已有工作模式的巨大新事物,需要全体教师在校长的引领下形成干事创新的价值共识,形成超越原有模式发展的共同愿景,鼓励教师通过合作、协同、创新等形式,提升课程建设质量。

(二)科学规划,实现引领

课程建设是一个巨大的系统工程,不可能在短期内覆盖某个学校或者教育机构的全部,需要科学规划、顶层设计和有序推进。首先,要按照学分银行质量发展的要求,确定学校特色专业和特色课程,作为课程建设的优先选择。其次,要按照规划开展制度建设。需要通过制度明确课程建设必须符合社会发展的需要,需要满足学分银行内蕴的要求。最后,要挖掘建设过程中的经典。可以通过学分银行建设的课程以及实施的效果,作为示范和推广的经典,以经典课程建设案例引领教育机构开展课程建设。

---

① 仲理峰,王震,李梅,李超平.变革型领导、心理资本对员工工作绩效的影响研究[J].管理学报,2013(4):536-544.

(三) 多元互动，协同建设

基于学分银行建设的课程，不仅是教育机构实施教学并提升自身特色的依托，还被外围社会关系和多元利益相关体关注，尤其是关注课程质量问题。首先，要通过互动，与其他教育机构实现错位建设、特色建设。课程建设不是课程的反复建设，而是要在科学规划的基础上，参与整个教育体系的互动，实现错位发展、特色发展。其次，要积极吸取外界能量促进课程建设质量的提升，尤其是要积极吸取用人单位和专业学科发展前沿对专业标准、科学教学一体化设计和反馈评价的意见，有条件的情况下应积极吸纳它们参与课程建设，实现协同创新。

(四) 实时评估，形成反馈

评估是保持建设动力的必要手段。要确保课程建设按照质量提升的学分银行理念推进，需要借助评估的力量。首先，要按照规划、愿景、制度等形成评估体系，考察课程建设的进展，保障课程建设所需要的资源。其次，构建利益相关主体的评估参与体系。通过学分银行所沟通的终身教育机构需要参与评估，通过集体反思，对课程建设的经验进行阶段性总结，并将意见反馈给课程建设团队，促进课程的更新换代。最后，有必要借助第三方评估对课程建设质量进行公正合理的评价，促进课程建设质量的提升。总之，要形成外部评估和内部评估结合，坚持定期评估与实时评估结合，在评估中发现问题、解决问题，促进课程质量不断提升，以及课程建设成果满足学分银行的需求。

学分银行作为新兴事物，是终身学习体系建设的关键，必将引起教育领域更大范围和更深程度的结构变化。在学分银行理念下建设课程，需要用崭新的思维思考问题，更需要有前瞻性的眼光推进工作。纽约大学教授克莱·舍基 (Clay Shirky) 用 MP3 的普及对唱片产业的冲击类比了教育领域的变化。"一个崭新的故事，重构了人们可能性的看法，但从业者是最后知道的。……当管理者知道时，认为无关痛痒；当变成有利可图的市场，成为众人追捧的风向时,世界真的变了,再也没有时间来适应已经改变的了。"① 在某种意义上,学分银行下的课程建设也是这样一种故事,我们希望的是,通过我们先行者的实践,转化为教育机构自我的觉醒,用更好的课程服务学习者和推动学分银行建设,避免浪费更多的时间和造成更大的缺憾。

---

① [美]威廉·G. 鲍恩. 数字时代的大学[M]. 欧阳淑铭,石雨晴,译. 北京:中信出版社,2014:92.

第十一章　学分银行模式下的教学运行

众所周知，教学与课程建设从来都不是单独的一部分，新课程改革从课程建设开始，从教学模式进行改革，才能使课程的效用真正得以发挥。第十章讨论了学分银行模式下的课程建设问题，提出了课程建设和课程质量控制的一般性的办法。显然，并不是完成课程建设就能支持完成学分银行建设。从《国家中长期教育改革和发展规划纲要（2010—2020年）》和教育部《关于推进高等教育学分认定与转换工作的意见》可以得到如下结论：首先，我国始终将学分银行建设作为支持终身学习体系建设的核心制度，并希望在开放大学体系中得到成功的试点，从而探索出符合中国实际的学分银行建设策略；其次，整个教育体系，尤其是开放大学教育体系的课程建设质量、教学运行质量以及教学质量均需进一步提高；最后，学分银行制度体系运行的理论环境还不成熟，并且在短期内建设完善国家学分银行制度不太现实。

学分银行的构建涉及教育的多个方面：从国家层面讲，国家资历框架、教育治理体系、学校布局理念、教育的投入机制等，是学分银行生存的外部基础；从学校层面讲，涉及从学分银行设计到机构改革、治理体系改革、发展战略改革、教学运行改革、自身质量保证机制建设等一系列学校元素的更新；从个人层面讲，涉及个人发展的重新规划、课程教学机构的选择、与优质课程的对接等方面。尽管学分银行涉及各个方面的变革，但对于学分流动而言，最为重要的是课程质量和教学过程保证，做好课程质量，就保证了有质量的课程的基础；做好教学过程保证，就能支持课程建设的目标。

作为课程建设在教学运行过程中的延伸，教学运行应该怎么变革，才能适应学分银行建设的内在要求,这是笔者在下面要讨论的问题。

一、学分银行视角下教学运行特征的梳理

学分银行起源于终身学习理念的兴起与终身教育体系的构建,旨在为人们的发展提供一种"统合的、一体化的、能真正方便学习者开展学习和教育的机会"[①]。它鼓励学习者通过各类学历教育与非学历教育形式获取学分,主要功能是模仿银行的职能,实现学分的积累、存储、转换,以帮助学习者更为便利地参与学习并获得资历和学历。中国以开放大学为主体的教育系统(含广播电视大学)纷纷开展了学分银行建设的试点工作。从现状来看,尝试建立了学习成果框架,并在框架中建设了一些认证标准和转换规则,开展了一些终身学习账号建设的试点等。但是,还没有从根本上触动教育系统。学分银行的建设,需要教育系统全方位的支持,体现到教学运行层面,应具有如下特征。

(一)教学制度:以学分制为核心支持学习者个性化的制度体系

1. 学分制

学分就是某种学习计划的学习结果的量的描述,给予一个学习者学分就是承认其在这个课程上的学习达到了一个特定水平。[②] 学分制是"高等学校的一种教学管理制度。以学生取得的学分数作为衡量其学业完成情况的基本依据,并据此进行有关的管理工作"[③]。按照学分制的内在要求,获取一定量的学分,就应该能得到一定的资历或者学历。保证学分的质量和足量的课程,是学分制实施的基础;资历框架的建设,是保证学历基本能力的要求;自由选课,是学分制实施的内在要求。在学分银行制度体系下,教学管理制度必须保证各种类别的学分能被认可为学历教育的学分,才能鼓励学习者通过各

[①] 吴南中. 基于学分银行的课程建设逻辑与运行体系[J]. 成人教育,2017(5):55-60.
[②] 王宏方. 对欧洲学习制的概述与反思[J]. 比较教育研究,2008(12):86-89.
[③] 《教育大辞典》编纂委员会. 教育大辞典[K]. 上海:上海教育出版社,1992:402.

类特色教育获取个性化成长,适应创新型人才的需求和学习成果的自由流动。因此,建立学分制是学分银行视角教学运行的基础保证。

2. 资历框架制

资历框架指的是按照知识、技能和能力的要求,构建一个连续的可被认可的资历阶梯。[①] 资历框架制度的建设,"可以提供一个协调、整合、可比较的资历系统;形成各层次教育的知识、技能和能力的统一评价标准,保证各级各类教育的质量"[②]。资历框架的价值对专业和行业的知识、技能和能力做了清晰的界定,对不同课程的层次、类别进行了清晰的区分,并在一定程度上保证了学分的质量。学习者可以按照自身所需要获取的资历和学历参与课程的学习,并通过学分银行获得与课程学习层次相关的资历和学历。

3. 学分互认制

按照资历框架的运行逻辑,本应该是资历框架所认可的学分,理应得到认可,但由于中国的现实国情,"条状分裂、纵向分离",并且严格受控于政府的管理模式,高校之间的合作协同能力远远不够,仅仅依靠资历框架的运行,无法实质性地支持大规模的运行学分银行所需要的成果认证、积累与转换。通过联盟、协议等形式,从局部入手、从同类性质的学校入手,实现学分互认制度的建立与运行机制的实施,是学分银行的现实需要。

(二)教学价值取向:支持学习者终身学习能力的培养

价值的首要含义是客体能够满足主体的需求。在基于学分银行的教学支持体系中,支持学习者终身学习能力的培养是其价值核心。

1. 通过多种途径的学习成果认可机制,支持学习者终身学习能力的培养

终身体系预设了一种全社会、全时段和全过程的学习模式。在这样的学

---

① European Parliament (2008). Glossary Recommendation of the European Parliament and of the Council on the Establishment of the European Qualifications Framework for Lifelong Learning [EB/OL]. http://www.eucen.eu/EQFpro/General Docs/Files Feb09/GLOSSARY.pdf, 2016-11-10.

② 张伟远,傅璇卿. 试论欧盟构建资历和学分跨国互认终身学习体系的运作[J]. 中国远程教育,2013 (7): 20-26.

习模式下，学习者需要通过不同的学习途径来获取自身知识和技能成长的需求，也就是我们之前讨论的泛在学习场域。在终身学习理念下，一次性的教育供给制度已经完结了，阶段性的学习是为终身学习做准备的学习，这需要在教学过程中得到体现。比如，在教学管理中对多种学习成果的认定，避免学习者为了"学习管理"而学习。随着学习成果来源的广度不断拓展，教学体系不再是整齐划一的学习，而是根据学习者的个性特征，实施个性化指导。

2. 倡导自我导向学习，支持学习者终身学习能力的培养

自我导向学习是深刻体察自身学习需求，自我设置目标的学习。在学分银行的模式下，学习者要为自身的学习树立目标，并围绕相应的目标调动各类相关资源，支持自身的学习。这样的能力需要在日常生活中得到锻炼，这就要求教学过程为此做出一定的调整。比如，将更多的学习主动性还给学习者，支持学习者通过多种途径获取知识完成学习，并将学习的所得反馈到课堂中，以学习者讨论的方式实现其他学习同伴的共同成长。原有的以教师为中心的教学体系需要重构，取而代之的是以学生为中心的自我导向学习。

（三）教学过程层面：支持学习者零碎的学习

MOOC以及所关联微课在2012年风靡全球之后，将碎片化学习的理念传达到全世界，其实与学分银行的教学运行过程有相当的契合。除了MOOC所倡导的碎片化学习外，在具体的教学过程中，学分银行需要教学支持模块化学习、任务化学习、系列化学习、层次化学习等多种学习方式。

1. 模块化学习

模块一般理解为"具有确定功能、典型的通用独立单元"[①]。模块化学习指的是在课程学习中，按照课程的内在结构，分解为相对独立却能承载特定功能的模块，方便学习者随时参与学习，并进行成果认定。学分银行支持"零存整取"的模式，其理念下的学分认证需要按照标准的模块开展。也就是说，学分认证必须实现一定量的模块相通，才能实现兑换。基于此，中国

---

① 邢秀芳，朱德全. 基于模块化网络的职业技术教育主题式教学设计构想[J]. 电化教育研究，2009（12）：88-91.

很多学分银行建设都是按照"认证单元"的方式开展学分银行的认证标准建设。因此，模块化学习模式与学分银行之间存在天然的联系，一个或者多个模块对应一个或者多个认证单元，使整个课程的教学呈现既有紧密联系的整体性知识构建，也满足学分银行的随时学习需求。

2. 任务化学习

学分银行认证只能基于学习结果而展开，学习过程质量如何并不能清晰地反映到学习结果中。这就要求教学运行过程中，要重视知识、技能和能力输出的整体性，帮助学习者应对复杂任务的挑战。因此，任务化学习是学分银行在教学运行层面的具体要求，课程教学需要按照学分认证标准和课程知识系统的内在要求，将课程整合成模块，再设计相应的任务支持模块，实现任务化学习。

3. 系列化

单个任务的学习对于学习者而言有一定的价值，但学习成果的获得，尤其是资历或者学历的获取，一定是多个任务的组合。因此，学习者只有获得系列化任务的知识、技能和能力，才能参与学分银行的认证、积累与转换工作。这就要求在日常教学中，教师通过系列化的学习任务，帮助学习者获取整体的学习成果。

4. 层次化

学分银行的基础制度资历框架"框定"的是不同等级学习成果的知识、技能和能力，也就是说，同一课程在不同的级别中知识、技能和能力的要求是不一致的。这就要求在教学过程中，教师要清晰把握学习者的层次，实施层级化教学。

（四）教学评价：支持以成效为本的评价

成效为本是从输出视角评价教学运行系统成效的一种方式，支持的是"以学习成果为证据，在完成相应的课程之后，能知道什么、理解什么以及应用所学知识能做什么"[①]。反映到教学评价层面,就是要支持学习者自主参与评审制度、分散化评价、成效为本的评价。

1. 评审制度

考试的偶然性在学习成果认证过程中的弊端被无限扩大,建立以评审为主、考试为辅的教学评价体系,支持学习者通过比照课程认证标准的要求,对自身知识、技能和能力进行评估,并准备相应的支撑材料,提供给学分银行中心,由学分银行中心按照第三方标准组织相应的专家进行评审,结合一定的标准化考核,给予学分认证的结论。评审制度确定之后,逐渐向资历和学历拓展,可以有效地破解社区教育等非学历教育和师带徒教育的成果不能得到社会认可的困境。

2. 分散评价

在原有的评价体系中,课程学习者必须按照特定的时间参与学习和考试,成绩合格者取得课程学分。由于学分银行将人群进行了分散,学习者可以按照自身的兴趣和不同教育机构提供的特色课程,参与不同的教育机构,因此,教学运行中对评价的集中要求应该转向分散,不仅是地域和参与时间的分散,而且可能按照模块化的要求,对不同模块进行评价,通过积累阶段性的分段成果,评定学习者是否获取相应的学分。

3. 成效为本的评价

在评价内容的设计上,出于学分银行认证的需求,需要将关注的重点放在学习者完成课程之后表现的知道什么、理解什么以及应用所学知识能做什么上,并借助学习的内容观察学习者在学习过程中实现的认知变化、技能变化、情感变化和个体行为变化。

二、学分银行视角下教学运行的实现策略

要实现基于学分银行的教学运行,不仅需要各级教育工作者认识到学分

---

① 章玳. 香港高校基于成效为本的课程改革与启示[J]. 现代远程教育研究,2014(1):79-84.

银行对于终身学习体系构建和个人学习能力培养的价值，更需要采取有效的策略，实现现有教育体系的突破，实现学分银行真正引领教育教学改革。

（一）理念更新：教学运行需要注入学分银行理念

理念在教学变革中具有支撑作用，学分银行的效用发挥、教学运行必须在学分银行的理念下开展。学分银行的理念也并不是为了学习成果的认证、积累与转换的主要功能的教育理念，而是终身学习理念转向行动的具体体现，支持的是贯穿整个学习者一生学习的基本信念。从目标来看，学分银行旨在打通终身教育体系中各类教育之间的壁垒，实现学习成果的便利流动，为民众的终身学习塑造条件；从功能来看，学分银行的成果认证、积累与转换实际上是服务学习者，培养学习者参与终身学习的能力，并获取相应的资历；从运行方式来看，学分银行将资历框架和认证标准通过与社会用人单位和行业要求结合在一起，学历、资历和社会工作的联系日益紧密。因此，学分银行的理念的本质是支持终身学习体系的构建，支持区域内人才的可持续发展和转型升级。教育工作者必须清晰地把握学分银行的理念，并从不同的途径通过激励、鼓舞、政策制定、机制建设、行动典范塑造、示范、师资培养等各个方面入手，影响包括校长在内的行政主管和教育教学一线教师，将学分银行清晰的层级化要求、资历等级意识、模块化和任务化处理等一系列要素转化为教师的行动意识，将学分银行的要求从"外生"转化为"内生"，促使整个教师队伍参与基于学分银行的系统改革。

（二）制度建设：筑牢学分银行视角下的教学运行基础

要按照学分银行视角开展教学，有很多制度层面的问题需要解决，比如资历框架建设的问题、学分制的实施问题等。教育研究者要围绕学分银行视角下的教学运行，从学分制、资历框架、学分认可与评审机制等方面入手，建设大量的相关制度，方便学习者真正能利用各级各类教育资源开展课程学习，并将课程学习的成果转化为能帮助自身获取利益的课程学分。需要指出的是，从学分银行视角来看，最难突破的是制度建设。一方面，固有的级别、地位、思维惯性阻碍了较高层次的院校认可层次较低院校和非学历教育的学分；另一方面，要在制度建设推进学习成果流动的同时，制订完善的方案，保障学习成果的质量,防止部分"灰色"机构通过不具备质量的学习成果打乱学分银行视角下的教学运行,拉低整个教育的质量。因此,要发挥民众的力量,有目的地引导政府、行业、企业和民众参与学分银行视角下的教学运行制度建设,发挥他们的智慧,形成完善的制度体系,并将制度所蕴含的思想通过制度制定的过程向相关者反馈,从而形成一条具有监督、反馈、调节的"效益"链条,促进整个制度的科学化。

(三)标准建设:督促教学运行围绕学分银行特征的有效办法

课程标准是对学科或专业课程性质、目标、内容和实施建议的教学指导性文件,是具有普遍指导意义的"蓝本",对课程的建设、实施和评价具有指导意义。在学分银行的框架下,课程标准既是判断课程是否满足不同资历等级的认证、积累与转换标准的依据,也是约束教学运行过程围绕学分银行的课程实施的有效办法,内容包括方案设计标准、内容标准、教材编制标准、课程实施与评价标准、课程质量保障标准。[①] 通过规划和整合的标准建设,可以约束教师按照标准实施资源建设、课程建设、教学和评价,确保进入学分银行体系的课程能满足学分流动的"最低质量",同时引导教师能按照成效为本、模块化、任务化的方式开展课程教学,最终实现学分银行的功能。

(四)课程建设:实现学分银行理念的教学运行突破口

课程建设是对课程蓝图的勾勒与实践过程,全方位反映教育者的办学思想和育人价值取向。课程在教学建设中扮演着极其重要的角色,在实现学分银行视角下的教学运行中,课程建设可以按照学分银行的标准化要求,实现与资历框架相对应知识、技能和能力的课程质量;按照学分银行层次化需求,实现提供不同教育层次的课程;通过模块化的课程组建方式,实现形成独立功能的不同任务的组合,实现课程的整体功能,满足学分银行对认证标准建设的要求。学分银行顺利推进教学运行的变革,需要在学分银行视角下有规划地建设课程,通过有组织的协同创新、系统的特色课程建设、有规划的共

---

① 李佳. 学分银行背景下职业教育课程标准体系建设[J]. 职业技术教育,2017(11):24-27.

建共享等方式，寻求更多的资源共享。

（五）教学实施：融入学分银行的教学需求

教学运行始终围绕教学过程，教学过程是教学运行的核心，也是取得成效的关键。教学的改革成功与否，是能否改变教学过程和获得成效为核心的评价指标。要融入学分银行的需求，在教学上需要做到以下几个方面：首先，要坚持任务化学习。按照课程设计的任务开展教学，支持小组、团队协同完成知识和技能学习任务。其次，要坚持个性化学习支持。学分银行的价值是支持个性化学习，支持学习者按照自适应路径学习。在教学过程中，也需要教育工作者为学习者的个性化学习提供支持，比如自定步调、灵活参与、即时评价等。最后，注入终身学习理念。学分银行是终身教育体系所迫切需要的支持体系，在知识上，要为学习者打造框架，方便学习者接受后续系统学习；在能力上，要关注以自主学习能力为主的终身学习能力，需要给予学习者更多的自主学习空间，帮助其完成终身学习；在技能上，需要关注基础技能，帮助学习者获取社会的职业能力。

（六）评价引领：发挥评价的指挥棒作用

在基础教育领域，升学考试的"指挥棒"作用发挥明显，但在职业教育领域和高等教育领域，评价引领的效用不太突出。在学分银行视角下的教学评价，需要通过知识、技能和能力全方位融入，重新拾起评价的"指挥棒"作用。首先，要重视知识、技能和能力的全方位评价。要按照"成效为本"的原则，关注学习者在学习过程中知道什么、理解什么以及应用所学知识能做什么等来衡量学习者的学习成效。其次，对接标准设计评价内容。标准是按照资历框架的要求设计既能体现该层次资历所需要的知识、技能和能力目标的评价内容，也能挖掘学习者在学习过程中不足的地方，形成帮助学习者反思的方向。最后，充分体现以能力为本位的教学评价。数字化时代的知识增进速度和终身学习的现实需求，导致传统知识不再独尊，而隐蔽在知识后面的学习者的能动性和主体性却受到了关注。学分银行回应的就是终身学习时代的制度需求，在评价设计中需要按照学习者这方面的发展需求开展，通过评价引导教学运行围绕学分银行的需求进行。

第十一章　学分银行模式下的教学运行

学分银行给予了教学改革新的方向和内容。在学分银行视角下运行教学，需要用终身学习理念来指导思想问题，设计和实践既能满足现实需要又具有前瞻性的眼光，既满足学习者面向职场的能力成长需求又满足终身学习社会的能力培养教学运行体系，支持学分银行建设，建立真正沟通各级各类教育的终身学习体系。

第十二章 学分银行质量保证机制的建设

现代社会的发展，需要高质量的教育输出支持。为了提升整体教育质量，约束不规范或低质量办学，政府采取了多种办法，并取得了一定的成效。对质量的理解没有统一的标准、质量保证的机制建设缺乏相应的规范、质量评价存在较大的滞后性等，无法构建出具有相对公信力的质量保证体系，学习成果质量不均的问题始终存在，成为阻碍各级各类教育相互沟通和相互衔接的关键。我国在"十三五"规划中提出要建设国家资历框架和学分银行，学分银行建设工作从研究转向实践。落实到具体教育教学实践，目前积极推进的学分银行建设就缺乏现实可操作性的学分银行质量保证机制，阻碍了学分银行的实施，很难支持各级各类教育"立交桥"运行的具体要求。学分银行质量保证不仅是理顺我国终身教育体系建设发展思路的重要抓手，还是极其重要的中国参与教育国际行动的方式。以何种理念建设学分银行质量保证机制，成为研究者讨论的话题。本章尝试探讨构建成效为本的学分银行质量保证机制建设理论，将成效为本的理念贯彻于学分银行建设与应用全过程，从而保证资历、专业标准、课程标准、学分的基本质量，推动学分银行的建设，助力实现学分银行沟通终身学习体系建设的作用。

一、学分银行质量保证机制相关词义阐述及内涵

（一）质量与质量保证

从词源来看，质量指的是事物的优劣程度，既有主观上的适用程度，又体现了事物与产品对规定要求的满足程度。国家标准化组织（ISO）在2005

年颁布的《质量管理体系 基础和术语》(ISO 9000:2000)中对质量定义为"一组固有特性满足需求的程度",将质量的描述从特有载体向广泛的领域拓展,并深化了"关系"概念,蕴含了质量"动态"的过程变化。在教育领域,质量是一个宽泛的概念,质量的高低同样存在主观上的评价标准和动态化的评价标准。一般而言,现代教育追求开放的教育体系、有成效的教学过程、具有公信力的评价结果、能满足学习者和社会的需求被认为是有质量的教育。

质量保证是指高等院校为了确保学习者达到特定的学习目的或者满足一定的机构、组织和群体而制定的标准以及实施的相关活动。[①] 质量保证的主要内容包括主体、目标、对象、指标、标准和实施层。主体回应的是谁来负责实施质量保证相关活动的问题,较为常见的是政府主体、学校主体、专业学术团体、第三方机构等。一般而言,政府、外部机构、第三方机构等负责实施的质量保证活动称之为外部质量保证,办学机构自身实施的质量保证活动称之为内部质量保证。目标一般包括问责、依从、控制、改善、国际认可、国际比较。在许多国家,尤其是英、美等国,质量保证的最初目的在于提高办学绩效。随着全球化趋向发展,国际认可和国际比较成为质量保证机制的重要目标。对象指的是教育产品、课程、资历或者学历,具有多层次性。指标指的是用来保证质量的标准,比如成效标准(出口标准,强调学习者的习得)、过程标准、时间标准等。实施层指的是怎么实施,用什么样的环节来保证过程。

(二) 成效为本的理念

一般而言,一个教育系统的质量包括三个环节:输入、过程、输出。[②] 从输入视角看,教育成效一般关注资金、资源、设备等投入;从过程视角看,教育成效一般关注组织、控制等;从输出视角看,教育成效一般关注教育产

---

① 黄福涛. 高等教育质量保证的国际趋势与中国的选择[J]. 北京大学教育评论, 2010 (1): 114-124.

② 章玳, 香港高校基于成效为本的课程改革与启示[J]. 现代远程教育研究, 2014 (1): 79-84.

品和产出结果。成效为本就是从输出视角看教育系统的一种方式,"是用能够使学生达成目标的可测量的术语进行陈述,然后设计课程使他们知道如何去做"。2007 年 OBATF 国际组织的理念试图将"成效"纳入课程建设,指通过设计和组织课程,以学习成果为证据,在"完成课程、专业等学习取得相应学位之后,知道什么、理解什么以及运用所学知识能够做什么","其实质是认知变化、技能变化、情感变化和个体行为变化",关键在"产出",体现了学习者中心、目标导向和能力本位。在教学实施中,可以促进教师关注有效经验,以提升其获取信息、提高技能和发展思维的能力。

(三) 学分银行质量保证

学分银行建设是终身学习体系建设的基础制度,可以建立教育体系与劳动力市场之间认证制度的衔接。[①] 学分银行的基础是"有质量的学分","有质量的学分"依赖一系列条件,课程建设、教学实施都是强化"有质量的学分"的基本保障。但教育的内部条件改变,不能保证整体的质量,需要从内到外建立起相互配合的保障制度。在内部,要强化资历框架的指导效用,严格按照资历框架的知识、技能、能力的维度进行人才培养的活动。比如,香港完成了涵盖从初中到博士的七个等级,通过五个通用能力的水平来界定各个等级的人才培养实效(批判性思维能力、问题解决能力、沟通能力、运算能力和信息素养)。资历框架的建设目的是建立清晰的专业(行业)、通用能力能级,促使学习者按照能力提升的不同阶段,按照相应的秩序,进行目标导向的学习,这是质量保证的根本。对外部,要通过第三方机制,实时对机构执行资历框架的成效、课程学分的成效等涉及学分银行建设的各个方面进行监督,坚决执行有质量的学分才能进入保护的范畴的准则,以确保学分银行的公信力。

(四) 成效为本的学分银行质量保证机制

学分银行沟通的是各级各类教育成果,自然不排除有的教育机构通过资

---

① Commission of the European Communities. Commission Staff Working Documents *Towards a European Qualification Frameworks for Lifelong Learning* [Z]. SEC (2005) 957, Brussels.

历获取的便利性，行破坏整个学分银行生态的行为。在韩国，学历和社会生活紧密相连，甚至涉及追求配偶的能力，因此，很多人通过投机取巧的方式，以学分认证的方式获取学历，降低了韩国对学分银行的期待，破坏了学分银行的发展。要规避这种现象，执行严格的质量保证制度，确保学分银行输出的结果受到社会的广泛认可，学分银行质量保证机制建设是保障学分银行公信力的必要举措。正因为这种考量，欧盟以学时为度量，以学分为标准，建立了质量保证体系；北美国家虽然没有建立国家资历框架和相应的保证体系，但建立了以"协议"为基础的严格制度，为学分流动奠定了良好的基础；中国香港设计了"评审局"制度，在体制上解决了质量保证体系主体模糊的问题，形成了较为成功的资历框架。不管哪种模式，由于在现实评价体系中，目标和资历教育实施过程很难用量化方式评价，难以形成有公信力的评价结果，无法大面积进行质量监控，因此，可以将评价的关键着力点由教育输出质量转变成为国际较为认可的质量保证建设发展方向。成效为本即以学习者的实际习得为评价标准，参照质量保证的内涵，成效为本的学分银行质量保证机制指的是为了确保学习者所获取的资历等学习成果达到相应资历层级的知识、技能和能力要求，实现资历等学习成果所要求的知道什么、理解什么、运用所学知识能做什么，以及所确立的时间标准、能力标准应用到课程建设、实施过程和评价活动等一系列相关的制度和活动，确保资历等学习成果代表的学习者能力达到学分银行的要求。资历等学习成果质量涉及教育的各个层级和各个方面，社会文化、国际环境、人文历史等都会对资历等学习成果的质量形成影响，过于宽泛的概念对学分银行系统建设缺乏指导性价值。基于此，本文将成效为本的学分银行质量保证的理论与支架设计集中于教育体系（含教育机构和教育管理部门）的层次与要素之间相互关系。

二、成效为本的学分银行质量保证机制的价值与特征

（一）成效为本的学分银行质量保证机制的价值

1. 成效为本的学分银行质量保证机制提供了可以测量的尺度

"资历"作为一个准入标准，必须是可以测量的，而"学分"是各类学

习成果测量的尺度。选择"学分"作为学分银行学习成果的策略尺度，是由学分银行所面向的对象决定的。学分银行所认知的学习成果覆盖了学历教育、非学历教育以及各类无定式成果，用各类教育都认可的尺度去衡量各类教育的成效能得到最大程度的认可，并确定学分银行所认证的学习成果的公信力。现有的学分银行学习成果保证机制是以"学时"和"学分"构建的，参与学习的时间并不能代表学习的成效，而学分的取得一般是通过传统考试，天然否定了非学历教育和各类无定式成果的价值。成效为本有三个前提假设：所有学习者通过学习都能成功，但时间和方法有区别；成功的学习能促进更加成功的学习；学校决定了学生是否获取成功的条件。[①] 这强化了学习成果的范围，并实现了以学习成果为证据的评价体系，学生完成课程、专业学习之后只需要按照一系列的评价流程，证明自身知道什么、理解什么以及运用所学知识能做什么，即可获得相应的学习成果。能证明学习成果有效的一切事实都可以作为证据，比如书证、物证、视听材料、专家证明、行业鉴定等。相对学习时间和课堂考核，成效为本理念使用标准化的行为动词，将各个级别的知识、技能和能力指标描述清晰，使资历可以得到更加科学的测量和评估。

2. 成效为本的学分银行质量保证机制引导教育教学改革的指向性更加清晰

什么样的标准意味着什么样的教育教学改革。终身教育体系构建的终极目标是各级各类人群积极参与，调动民众的积极性。在洪堡大学领头的现代大学洗礼下，重学轻术的现象在高等教育体现明显。基础教育为高等教育打基础，对接高等教育是初等教育的必然选择。在这样的环境下，人才培养与市场脱节严重。学分银行建设所倡导的成效为本理念，更加注重知识、技能和能力目标的综合，在其理念指导下的课程具有"以学习者为中心、以目标为导向、以能力为本位、以学习成果为证据"的显著特征。[②] 同时，不再区

---

① Spady W. G. & Marshall K. J. Beyond Traditional Outcome – Based Education [J]. Educational Leadership, 1991, 49（2）: 67 – 72.

② 章玳, 香港高校基于成效为本的课程改革与启示[J]. 现代远程教育研究, 2014 (1): 79 – 84.

分教学成果的来源，而是用同样尺度衡量，扩大了终身学习人群，使教育教学改革更加面向社会、面向市场、面向人人，人才培养能真正实现与市场接轨、与社会需求接轨、与人才培养多源性吻合。

3. 成效为本的学分银行质量保证更具可操作性

作为理论上覆盖教育体系各个环节的"把关者"，质量保证机制的建设范围巨大，如何以最小代价获得最大成效是质量保证机制构建者必须直面的问题。在教学实施过程的三个环节即输入、过程和输出中，相对输入、过程而言，输出的评价难度最小，最有操作性。首先，输出最容易测量。在"明白营运管理的原理"的目标下，学习成效可以表述为"在有一定资料或者缺乏完整资历的情况下，进行竞争力分析，比较对手在特点、客户资料、定价、条款等方面的不同"，围绕这一成效，设计相应的评价手段较为容易。其次，输出的测量最为准确。在不同级别学习成果所蕴含的知识、技能和能力要求下，学习者是否达到相应的层次可以通过实际操作、举证、测试、评价等多种方式准确测量。而以学时为标准的质量保证机制缺乏对学时质量的监察，忽视了学习者的学习差异。同样，仅仅考量输入和过程也很难达到质量保证的效果。道理显而易见，将学习成绩极差的学习者放在清华大学的名师课堂中学习一定量的课程，也不能完全说就能达到与清华大学学生同样的质量。

（二）成效为本资历框架质量保证机制的特征

1. 成效为本是学分银行质量保证建设的核心理念

成效为本是关注学习结果的评价方式，评价的标准是获取相应学习成果所知道、理解以及运用知识所能具体解决问题的能力，既符合终身学习社会开放、全纳、多元的价值取向，也能解决教育教学过程中学习者的学习途径的多样化需求。首先，成效为本的学分银行质量保证机制将原本封闭的教育体系进行了开放性的"理念改造"。学校不再是学习的唯一途径。按照成效为本的观点，学习者无论是通过在线学习获取知识、技能和能力，还是基于实际工作场景，按照学徒制、观摩等获取知识、技能和能力，都能通过一定的评审和认定获得认可。其评审核心就是评价标准，评价标准的表现就是学习结果的实际成效，是可以具体体现出来的知识、技能和能力。其次，成效为本的学分银行质量保证机制为多元化办学提供了评价体系。学分银行质量保证机制建设，其首要目标是保证学习成果的质量，但其最终目标是指导教育教学系统性的变化，最为实际的体现是提出质量最低要求的保证。在现行办学体系下，由于缺乏对教育教学的质量标准，导致了部分类型的教学质量不够理想，尤其是政府控制不能有效行使的"民办教育"、各类培训，它们以追求经济利益的最大化为目标，导致了大量的不规范办学行为，破坏了教育的生态。成效为本的学分银行质量保证体系将相应学习成果的具体要求以可以评价的成效清晰展现，为课程建设、教学实施、课程评价等基础性的教育教学行为提出可以参照的质量准绳，能促使教育教学行为按照教育输出的成效进行规范。最后，成效为本的学分银行质量保证机制的建设有助于人才培养机构与社会需求的契合。目标不清、定位不明是现行部分教育机构人才培养的突出问题。成效为本需要教育工作者思考在本阶段选取什么样的内容层次和知识范围培养人才，提升与社会需求的契合程度。比如，资历与高职教育对应的阶段，应该围绕高素质技术技能型人才开展教育教学行为，而不是拔高或者压低人才培养层级。

2. 有效性是学分银行质量保证机制建设的基本出发点

有效性就是学分银行质量保证机制要合理，并能产生实际的效用。学分银行质量保证机制的有效性问题是建立质量保证机制的出发点，没有效用，学分银行质量保证机制建设就没有价值。学分银行质量保证机制的目标是利用最小的代价获得最大保证的效果。学分银行质量保证机制是否有效，主要体现为保证目标、保证主体、保证过程、保证方法、保证信息、保证结果、保证反馈等是否有效，而这些有效的关键是建立一套全方位、多系统、开放式的保证机制。要构建一个具有有效性的学分银行质量保证机制，需要满足三个条件：首先，促进教育教学的发展，这是保证学分银行质量保证机制建设正当性的来源。缺乏对教育教学发展的促进，甚至是在拖教育教学发展的后腿，都不能实现学分银行质量保证机制建设的正当性要求。其次，积极支持参与学分银行质量保证机制的改革者获得合理的利益回报，这是学分银行质量保证机制合理性的前提。参与学分银行质量保证体系的教育机构可以获得有效的回报,比如:通过学分银行认证获取社会认同的回报,但这类回报要求的是学分银行本身已经建立了良好的社会公信力;通过学分银行质量保证所需要的质量建设要求,提升自身教育教学成效,实现基于质量的核心竞争力,是获取回报的有效方式;参与学分银行质量保证机制,为有可能的经济利益分享,也是获得回报的有效途径。最后,采用共同治理的方式推进,是学分银行质量保证机制建设的有效保证。从正当性的角度来讲,成效为本学分银行质量保证体系的建设指向的是提升基本教育教学质量;从合法性的角度来讲,参与资历框架质量保证的改革者能提升自身机构所提供的各类学习成果的社会认可,并不是无意义的行动;从保证能力将质量保证有效性需要发动从教师到管理层全方位的资源的角度来讲,教师、教学支持服务人员的理解、认同和积极参与最为关键。学分银行质量保证不能是一个机构甚至是一部分人在推动,应该是各个教育主体,通过相互协调和相互促进,提升整体学习成果的质量,应该是基于共同治理的平台来促进学分银行质量保证的效用发挥。

3. 自治与控制均衡是学分银行质量保证机制建设的主体权责关系的基本特征

资历起源于大学教师选拔制度,"学士学位意指学徒或帮工,他们没有获得执教资格,只能帮助老师上一部分课"[①]。要成为教师,必须依次取得执教权(授课许可证)和就职礼。[②] 在精英大学时代,学历和资历是"几乎无需谈及的事"[③]。随着大学的扩张,大众化成为高等教育的特征,高等教育自身通过 MOOC 等途径,向社会机构转变,资历的质量问题不再局限于发放证书的高等教育,而变成一个多元的话题。学分银行建设要认可资历或者其他学习成果的质量,保证资历或者其他学习成果的质量,需要在共同的标准上

---

① 崔延强,吴叶林.我国高等职业教育学位的制度功能及其构建[J].教育研究,2015(9):84-91.

② 涂尔干.教育思想的演进[M].上海:上海人民出版社,2003:64.

③ 李雪飞.高等教育质量话语权变迁——从内部到外部的历史路径探析[J].清华大学教育研究,2006(4):89-94.

形成一些规范化的制度，比如学习时间的要求、学分的要求、课程与教学的要求等。教育本身是有自身质量追求，也有质量主体地位的机构，自身要获取发展，需要建立内部质量保证机制。因此，学分银行的质量保证机制需要从外部做出基本的规范，从内部明确各级的权责，在自治与控制上保持均衡。首先，外部的质量要求要符合教育体系内部的现有生态。外部的质量要求不能过于显著地高于内部的质量要求，给教育机构带来过大的压力，同时造成资源的浪费。比如，行业、企业对高职人才的期待不能与本科人才的供给能力相当，而是应该与高职层次的教育相当。其次，内部的质量要求要主动与外部的质量要求相协同。教育系统的教育教学要在内容上、方式上、评价上与外部的质量要求相吻合，要主动将社会对人才需求的变化体现在自身的教育教学改革之上，随着社会的转型发展，不断提升自身的质量。

4. 系统化、一致性和连贯性是学分银行质量保证机制建设的运行特征

跳出现有教育机制和学分银行自身运行体系来看，质量保证机制的建设是涉及教育教学各个环节的总体性概念，这一概念包含的是不同层次［初中、高中（中职）、专科（高职）、本科（应用型本科）、硕士、博士］、不同领域（通识领域、专业领域）、不同层面（社会教育体制层面、学校管理层面、学院管理、专业层面、课程建设层面、教学方式层面、教育评价层面）等多种多样的保证。回到学分银行建设本身，学分银行质量保证机制的建设，是为了保证学分银行认证的各类学习成果的质量。教育教学提供的核心产品是资历、学历、证书和课程学分等，因此学分银行的质量保证是涉及教育教学各个方面的质量，比如资历的质量、学历的质量、课程学分的质量等。虽然学分银行的质量保证不能替代教育内、外部质量保证的功能实现，但是在确保学分银行学习成果效用的基础上，对核心环节和关键内容形成系统化、一致性和连贯性的机制建设，是学分银行质量保证机制的核心。要实现学分银行质量保证机制建设，首先要在整体的视野中把握学分银行质量体系的核心相关因素，以保证部分的方式建立制度。比如：在资历上，要形成一套以资历框架为核心的知识、技能和能力要求；在专业能力上，要按照主流的专业能力标准，探索一般化的专业能级；在课程学分上，要准确把握课

程所对应的资历标准的层次和内容,实现课程学分的准确把握。其次,不同制度直接相互联系,形成相互促进的保证机制,使不同体系的制度内在特征上呈现一致性,外在效用上实现制度系统之间的相互支撑,并促使不同层次、不同领域、不同层面的质量保证内容连贯,实现学分银行体系对质量的导向作用和控制作用。

三、成效为本的学分银行质量保证机制建设顶层设计

(一)学分银行质量保证机制的核心影响因素的学理分析

作为一个较为宽泛的体系建设,学分银行质量保证机制涉及教育教学各个方面,任何与教育体系发生关系的个体、组织以及社会文化都会影响最终的质量保证的成效,进而影响学分银行学习成认证的质量。从本质来看,学分银行质量保证是教育治理模式下的一种政治行为,这一行为的科学落实能对办学机构形成恰到好处的行为控制和合法干预,形成覆盖各级各类学习成果体系的基本质量。对如何影响学分银行自身的公信力,我们可以从以下三个维度分析:理论维度、层次维度和要素维度。

1. 理论维度

理论维度指的是学分银行与质量相关的理论成果对实践运行的影响方式。一般而言,理论基于实践产生,作用于实践。"教育研究是一个理性的活动,须对教育行为和教育实践进行合理性的辩护"[1],同时需要在推进教育实践过程中进行指引性的说明、形成规范化的制度。学分银行质量保证机制的建设,实际上是遵循教育理论下的质量逻辑,需要形成从理念到实践的逻辑链条。具体到学分银行质量保证本身,最为核心的要素是质量保证理念、质量保证认知、质量保证制度。质量保证理念指的是学分银行质量保证机制建设中所坚持的质量观下的思想意识,包括管理的质量观、学术的质量观和效益的质量观。质量保证认知是对行为如何影响质量的清晰判断能力,比如某种制度

---

[1] 李太平,刘燕楠. 教育研究的转向:从理论理性到实践理性——兼谈教育理论与教育实践的关系[J]. 教育研究,2014 (3):4–10, 70.

对某种结果的相关性预示。举例来说，在远程教育中放松考核要求，就会造成教学过程落实不到位，整个质量系统崩盘。因此，考评要求是确保资历成效的重要内容。质量保证制度是建立在理念和认知下的实践体系，是告诉各相关机构"应该如何做"的具体实施。

2. 层次维度

层次维度是按照教育系统现存的学习成果质量保证机制的管理层次进行排列归类的维度。一般来说，层次准度可以分为教育管理部门、第三方质量保证机构、各级各类教育机构、质量保证部门。教育管理部门是代表政府进行决策，行使学分银行所认证的学习成果质量保证的事实。比如：通过物质资源的投放，引导教育机构实施质量建设和宏观调控；通过设立最低质量标准，保证所管辖的教育机构能按照基本的质量要求进行基于学习成果基本要求的培养、认定工作；通过各种调节、监督、评价等行为，为各类教育机构形成良好的环境。第三方质量保证机构指的是办学主体和政府之外的独立质量保证机构。学分银行的各类学习成果要实现统一的效用，需要通过第三方的认证，保证来自不同层次、统一层次不同水平的办学主体所提供的相应学习成果体现"相若性"。各级各类教育机构是办学的实际控制中心，其制度布局、组织能力、资源获取能力等是学习成果得到质量保证的关键。质量保证部门指的是教育机构内部的质量监控部门，关系具体教育实施的时间保证、过程保证和评价规范保证等各个方面。学习成果相关的教学实施、评价、认证都受到质量保证部门的制约，是学分银行质量保证的关键。如果不同层级的质量保证机制缺乏有目标的指导，教育机构很难依靠自身觉醒去约束自己开展质量保证行为，就容易导致质量保证的失效。

3. 要素维度

要素维度指的是学分银行质量保证机制建设的基本点，是具体对质量产生决定性意义的控制点。要素维度包括人才标准、课程管理、支持服务、信息反馈等方面。人才标准指的是在资历框架建设中不同层级人才的具体要求，体现在不同的学习成果体系中，国际上一般用知识、技能、能力三个维度来描述，东盟等国家采用知识和技能、应用和责任两个维度来描述，实际上与知识、技能和能力类似。① 课程管理是在人才标准之下建立的包括能力矩阵、课程标准、课程内容、课程实施和课程评价等一系列制度，是学分银行保证机制的核心支撑。支持服务指的是为资历教学运行提供的"有指导的教学会话"，包括教材、教师、教室等直接支持，研究方法、参考资历等相关支持，学生贷款、心理咨询等间接支持。② 信息反馈指的是学习成果形成中信息的传达通道与反馈机制。由于学习成果是与社会发生交互的信息载体，社会的需求通过信息反馈作为资历框架质量保证的动力、内容与方式，并影响顶层战略，因此，信息反馈机制尤其重要，它在现代技术背景下，通过捕捉、挖掘和处理资历相关的大数据，对指导教育决策、学习分析和效果评价具有积极的意义。

（二）成效为本的学分银行质量保证机制建设逻辑关系梳理

学分银行质量保证机制的落实，不仅是单一要素或者单一系统的作用，还需要三个维度之间形成紧密的配合关系，从不同角度、不同方位落实资历框架的质量保证。

1. 成效为本的学分银行质量保证机制的内在关系

首先，理论构建整个机制的基本依据。理论本身不会对学习成果的质量产生影响，理论作用的发挥必须依靠实践，需要依托相关理念，形成紧密关系的制度体系。理论能回答是什么、如何做的论证问题。成效为本的学分银行质量保证体系作用的发挥，需要成效为本的理念，将学习成果所要求的知道什么、理解什么、运用所学知识能做什么，以及所确立的时间标准、能力标准应用到课程建设、实施过程和评价活动等一系列相关内在要求，通过以学分银行建设目标、过程与评价等形式建构学分银行质量保证体系的理论，在系统的理论指导下形成科学构建学分银行质量保证体系的意义、内容、方法。

---

① 张伟远，谢青松. 资历框架的级别和标准研究[J]. 开放教育研究，2016（4）：75-81.

② 吴南中. 基于教育大数据的 MOOC 支持服务特质与形成研究[J]. 中国远程教育，2015（12）：49-55.

其次，要素构建依托理论维度的支持，同时通过层次维度构建的体系发挥作用。成效为本学分银行质量保证机制的建设，其核心是构建以成效为本为核心价值追求的卓越教育制度，实现以学习者为本的权益。需要指出的是，各类学习成果质量相关的任何因素都是支持学分银行质量保证机制的相关因素，但如果将所有要素毫无章法地组合在一起，必然会削弱核心要素的价值。因此，我们所说的要素是经过梳理的核心要素，其要素的拟定是在学分银行质量保证机制的理论指导下形成的，不同要素需要在合适的层次中才能发挥作用。比如，人才标准是学校层面需要关注的要素，学校或其他教育机构思考在教育体系中的定位基础之上，为实现自身人才定位而采取的资源调配、制度建设等，保证实现相应的标准。而支持服务则重在实施层面的执行保证，是实施机构相应部门所执行的，需要确保学习者在学习过程中获得积极的回应，从教学行为过程保证学习成果的效用，不同层级的要素构建了质量保证体系的着力点。

2. 成效为本的学分银行质量保证机制的理论模型及其解释

要实现资历的成效，就需要按照质量保证机制设计运行模型，按照运行模型所蕴含的要素和机构要件，形成制度体系，将理念融入质量保证整个体系中（见图12-1）。

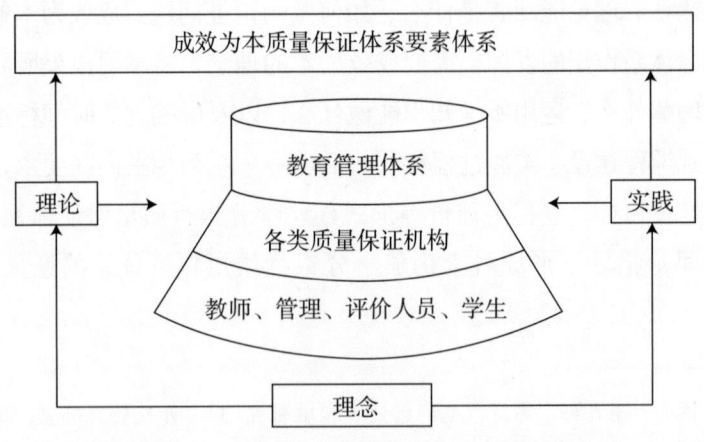

图12-1 成效为本学分银行质量保证体系理论模型

首先，理念是理论构建和实践形成的基础。理念通过指导理论产生引导整个体系的完善，完善的理论体系是实践运行流畅的基本保证。在成效为本的学分银行质量保证体系构建中，要将学习者实际获得，也就是教育"输出端"的成效，作为质量保证的准绳，将学习者可以感知的质量和社会认可的质量联系起来，将成效要求转化为教育教学过程中的评价尺度，都需要在理念的指导下展开。

其次，学分银行质量保证机制是一个在成效为本理念指导下的多层次互动体系。教育管理体系是成效为本质量保证体系的"中枢"，指的是在政府的指导下，通过对学习成果一般性的要求，比如学分、学习形式、学时要求、知识、技能、能力要求通过清晰层级差异进行合理的表述，形成指导各级各类学分银行质量保证策略和机构建设的依据。各级各类质量保证机构是实施学分银行质量保证的"监督中介"，由各级质量保证主体机构和第三方机构共同组成，比如课程的建设质量、课程的运维质量、教学的过程质量等，都是学分银行学习成果质量保证的基础。

最后，所有理论指导实践关系、层次关系、要素关系都建立在内部运行的制度体系之中，外显的是学分银行质量保证的要素体系。要素体系指的是与质量保证相关的各个要素呈现，比如课程建设的内容与形式要求、教学的内容与过程要求等，是展现在外部的具体表现形式。同时，不同呈现系统通过相似系统的支持，可以完成质量保证的功效，保证学分银行的学习成果质量满足要求。

（三）成效为本的学分银行质量保证机制的运行结构

从层次维度来看，需要从办学主体资格、专业实施情况和课程质量三个层次来保证资历的质量。按照中国现有的国情，政府、教育机构（学校为主）、专业委员会承担主要职责。同时，要保证各类学习成果的合理流通，需要扩大第三方机构的作用，以行业标准和学生需求为基础，设计评审条件，进行评审、信息公示和反馈。为了更加清晰地展示成效为本的学分银行质量保证机制的运行结构，结合现实国情，形成图12-2所示结构图。

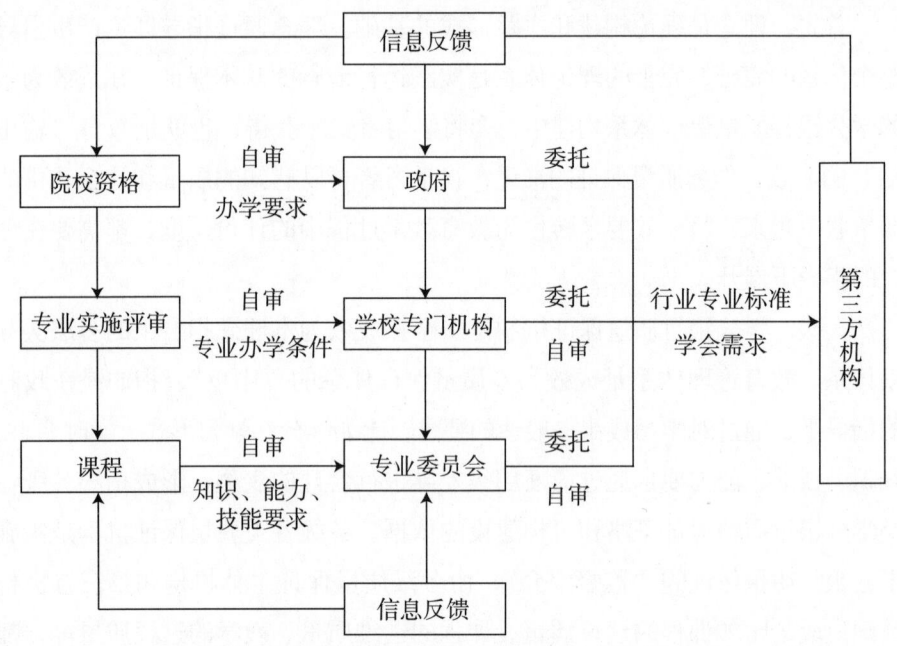

图 12-2　成效为本资历框架质量保证机制运行结构

首先,举办教育的各级各类资格按照相应学习成果等级的办学要求,开展自审,确保资历输入所需要的各类资源投入,并将相应的材料提交给政府,政府委托第三方机构进行核查,形成信息反馈。

其次,院校所办专业进行办学能力评审。评审的主体是学校专门机构,通过内部审核,保证专业办学条件能满足各类学习成果的输出。比如,要加强不同层级的办学资格的审核,确保院校办学的基本能力都达到合理的质量要求。同时,交付第三方机构进行审核、登记,并提供信息查询。

最后,专业团队按照成效为本的理念,进行课程建设,以不同等级的知识、技能、能力要求,设计教学内容、实施要求、评价要求,并提供给专业委员会进行审核。专业委员会按照能力模块支持程度、学时合理性、评价科学性和准确性等要求进行审核,通过相关审核课程,交付第三方机构进行审核、登记,并提供信息查询。各类教育者通过第三方教育机构公示的相关信息所取得的课程学分、专业学历学位等需要得到法律的认可,能帮助学习者获取相应学习成果和争取与学习成果相关的各种待遇,比如准入资格、经济报酬、社会身份等。同时，各类教育机构依托相应的信息，开展学习成果互动，最大限度实现资源共享，并通过资源共享，保证学习成果的基本质量，提升学习成果的含金量。

四、推进成效为本的学分银行质量保证机制建设的策略

（一）明确学分银行质量相关者的责任

从学习成果服务经济社会的角度来讲，各类学习成果的质量是支持经济有效运行的有效手段。比如，有质量的学历能有效减少人才的试错成本，降低企业的人力资源支出；同理，有质量的教育供给，也能降低学习者学习的成本，减少职后培训或者推动职后培训的层次，进而提升自身的资本获取能力。教育机构本身不是直接的生产机构，不能生产出产品并在市场上获得利润，而需要通过为生产机构提供劳动力、学费收取、政府资助、个人捐赠等方式获得收入。同时，经济社会原则上按照教育机构所提供的学习成果进行资源分配，依靠学习成果的等级对社会进行分层。经济社会和资历的获得者是通过教育机构的中介作用发生联系的。从学习成果本身的角度来讲，教育机构是质量保证的主体。政府通过法律形式，从促进社会治理的角度讲，需要借助学习成果体系进行管理，承担领导策略，但政府不能替代学校完成学习成果的教育。因此，政府应该成为学分银行质量保证的责任主体，承担"中枢"的职责，开展和组织学分银行的质量保证机制建设。教育机构要主动思考学分银行质量保证机制如何落实成效为本，如何设计机制体制完善成效为本的质量保证框架，如何落实具体的教育教学行动，在教育教学过程中不断反思，并实时开展自查，接受第三方质量保证机构的调研。第三方质量保证机构与其他行为主体没有实质的利益关系，能进行有公信力的评价，是保证资历公信力的有效方式。第三方质量保证机构应该在政府购买服务的前提下，作为政府职能的延伸发挥作用。

（二）成效为本的学分银行质量保证机制落实依靠"以硬为主，软硬结合"的制度体系

学分银行质量保证的目的是保证各类学习成果的成效，保证办学条件、

教学过程、教学内容等需要达到最低标准，是刚性要求。这一点受到政府和学界的一致认可。在实施许多年的本科教育合格评估中，重点看"三个基本"，即办学条件基本达标、教学管理基本规范、教育质量基本得到保证，同时考察学校服务区域（行业）经济和培养应用型人才的能力。① 学分银行质量保证是刚性标准，是办学条件、专业办学能力和课程实施的具体要求，是每个级别学习成果的获取者必须达到的知识、技能和能力要求。因此，成效为本的学分银行质量保证机制建设是以"硬条件"为主的机制建设。在现有的条件下，有的教育机构还没有具备相应的"硬性"条件，在专业和课程建设与实施过程中与各类学习成果的要求有现实的差异。"一刀切"的方式在推进的时候会存在一定的问题，尤其是西部地区、山区等办学条件不足的教育机构，还需要一段时间的提升。"一刀切"的方式会加剧这些地区教育资源的稀缺程度，而软硬结合是目前成效为本的质量保证机制建设的现实选择。

（三）常规推进与动态抽查结合

成效为本的学分银行质量保证机制建设需要较长的运作周期。比如，进一步规范办学机构、提升专业办学能力、建设成效为本的课程及其教学实施。一方面，需要将成效为本的意识注入各级各类教育机构办学的全过程，并实施以教育机构自身组织体系为主体的质量评审；另一方面，需要通过抽查机制，对已有机构、已有专业和已有课程进行抽查，形成一定的评估压力，监督资历提供主体保持与社会、企业和学生需求的动力，促使其按照社会需求进行资历的内容更新、形式更新和结论更新。学分银行通过对基层的学分需求和资历需求，在接受政府委托的前提下，组织相应的动态抽查，并进行信息反馈。

---

① 李志宏，李岩. 加强高等职业教育质量保障体系建设再思考[J]. 中国职业技术教育，2014（3）：28-31.

(四）成效为本的学分银行质量保证机制还需要建立"以内为主，外在借力"的方式

"以内为主，外在借力"指的是成效为本的学分银行质量保证机制要以各级各类教育机构为主，同时借助政府、行业或者第三方质量保证机制来推进学分银行所认证的学习成果质量保持在标准之上。"以内为主"是依据学习成果的质量与教育机构自身最为相关的逻辑而来。在教育越来越市场化的今天，教育机构自身发展遇到了极大的阻力，达不到相应的学习成果的基本要求，自身的学习成果不能受到社会的认可，自然无法参与社会的分配。"以内为主"强调的是教育机构的自觉，部分教育机构自觉性不高，在利益的驱动下，学习内容达不到相应的质量，损害了学习成果的公平。比如，同样的本科毕业证，含金量过低的机构所发的毕业证会损害有较高含金量的毕业证的机构的利益，有必要借助外部的力量开展评估。在评估过程中，外部力量由于较为客观真实，能对教育机构的培育实效给以更为接近实际的评估，可以帮助教育机构发现问题、解决问题，保证整个学习成果系统的质量，促进学分银行质量保证的效用发挥，同时还是拓宽学习成果来源的有效途径。

没有质量保证，就没有学分银行。成效为本的实质是回应终身学习体系对多种学习方式的支持。成效为本的学分银行质量保证机制建设的核心要义是促成有"成效"的学习成果，实现以学分银行沟通各级各类教育机构，是学分银行建设的重要组成部分。本研究在理论维度、层次维度和质量维度共同作用下设计了成效为本的学分银行质量保证机制的运行方式，提出了相应的策略，其建成还需要在学分银行建设的实践中不断完善。

第十三章　学分银行联盟构建路径

学分银行建设是教育体系积极回应终身学习体系构建的一种方式，其沟通各级各类教育的价值受到政府的肯定。2012年国家开放大学等6所开放大学挂牌试点建设，学分银行作为重要的试点内容开展工作，成为"学分银行的积极推动者、实际承建者和实践运行者"[①]。在实践过程中，"缺少能总揽全局的推进模式、缺少统一标准、缺少相应法律与政策保障"等问题[②]，影响了学分银行的顺利推进，而"学分认定主体不清、学分积累能力不济、学分转换需求不足"[③]，则成为学分银行发展面前的拦路虎。分析学分银行的问题可以发现，作为沟通载体的学分银行，阻碍其发展的还是沟通问题。甚至可以说，沟通不畅阻碍了学分银行的推进，成为学分银行发展的硬伤。在这样的背景下，结合国内外经验，实践者提出通过建立学分银行联盟，将处于观望的教育机构转化为合作的主体，提升学分积累的能力，成为学分银行推进的有效抓手，上海、江苏、云南等都建立了不同层次的学分银行联盟，试图通过联盟迅速推进学分银行工作。组建学分银行联盟，通过联盟的方式降低沟通成本，提高沟通效益，发挥学分银行促进教学变革，增强教育资源共享，培养学习者终身学习的习惯，成为现实条件下的战略选择。为什么要建

---

① 吴南中，吴易雄. 职教体系学分银行的建构理念与推进策略[J]. 中国职业技术教育，2016（33）：26-32.

② 季欣. 我国"学分银行"制度建设存在的问题及对策[J]. 教育探索，2014（6）：85-86.

③ 杨晨. 我国"学分银行"建设的三大问题[J]. 中国远程教育，2012（6）：41-46.

设学分银行联盟,学分银行联盟战略的核心价值是什么,如何实现通过联盟推进学分银行,是下面尝试解决的问题。

一、沟通不畅是阻碍学分银行发展的硬伤

(一) 学分银行的本质即沟通

学分银行的核心业务是学分认证,指的是按照一定的标准和规则,将各类教育机构、在线教育平台、工作场和其他教育成果认证为学历教育的学分或者其他社会认可的资历和相关的条件等行为。在学历教育领域,最为核心的认证是学历方面的学分认证。一般来说,学分认证可以分为单向认证、双向认证和多向认证。在终身学习理念下,由于教育系统对什么是学习、什么是教育有了更深的认识,教育的途径和方式得到扩大,原来的机构学习向生活场学习、工作场学习领域渗透,逐渐改变了学习的原来定义,各类学习成果认证受到普遍重视,世界上大部分国家通过各种途径建立了自身的认证体系。比如,英国等国家的资历框架,美国的"协议式"认证方式,韩国的"学分银行"模式,都取得了积极的成效。从本质上讲,学分认证就是一种沟通,学分银行就是实现各类机构沟通的桥梁。首先,学分认证是教育机构与教育机构之间的沟通。一个学习成果要得到其他教育机构的认证,除了学习成果本身所蕴含的质量外,还要通过规范、科学、有效的认证运行体系认证。比如,在特定质量保证机制下的机构认证,蕴含了大量基于文本或者对成果所产生的教育机构开展直接的考察、交流与对话,这种行动促进了教育机构之间的理解和沟通。其次,学分认证是教育机构与学习者的沟通。学习者乐于学习什么、学习过程注重什么、学习结果要达到什么等一系列的行为伴随学习者参与的学分认证过程,形成了学习者的"画像",既展示了学习者知识、技能和能力的获得情况,也展示了学习者自身的教育需求。教育机构明确了什么样的教育适合学习者,学习者明确了自身要实现什么样的目标才能得到教育机构的认可。再次,学分认证是教育机构与监管部门的沟通。教育机构是受到一定监管的,学分认证机制的建设,必须在公平、公开和公正的环境下开展,学分认证过程的规范性程度实际上证明了教育机构办学的

规范程度。学分认证的过程以及相关后续事项的处理,经常会与监管部门沟通协同,保证运行的流畅、操作的规范和结果的权威性。最后,学分认证是教育机构与社会的沟通。学分认证最终是要通过市场检验的,社会是否承认学习成果的价值,对认证能否持续起关键作用。为了得到社会的支持,教育机构必须与社会互动,明确社会的要求,并将这些要求转化为认证机制建设的标准和规范,实现与社会的深度互动。

(二) 学分银行发展的最大阻力为沟通不畅

郝克明先生指出,终身学习体系的指向对传统的教育特别是高等教育管理体系、制度和模式提出了新的挑战和要求,内容主要是学校管理制度的封闭、普通学校与职业院校无法沟通、非学历教育成果得不到承认。[①] 他高瞻远瞩地提出阻碍学分认证所遇到的最大问题,也就是我们所说的沟通问题。从国际国内教育体系推进学分银行的目标进行回溯发现,几乎所有的学分银行项目或者学分认证的合作都指向沟通,我国就旗帜鲜明地提出学分银行建设制度是"探索构建人才成长的'立交桥'",潜在之义就是打破现有教育格局中的"条状分裂、纵向分离",实现学习成果的流动,支持学习者通过不同的途径、不同的方式、不同的机构获取学分,并通过积累获取相应的学历和资历;支持打破学历教育与非学历教育之间的隔阂,实现两类教育的融合;支持各级各类教育机构通过衔接实现人才成长的"阶梯",提升人才培养的一致性程度、内在关联性程度;支持全民学习、全面学习,将学习贯彻于民众一生,成为一种生活方式。现阶段,沟通不畅阻碍了学分银行的发展,究其原因,可以得出几个影响学分银行沟通效果的因素。首先,没有形成全国性的资历框架,缺乏沟通的基础。其次,学分银行运行机构无法把控与政府、政策、教育机构之间的协作,无法把学分银行对质量的要求转化为认证标准。这既与统领全国性的学分银行尚未建立有关系,也与现有学分银行认证标准建设体系缺乏应有的质量保证相关,同时各级各类政府对学分银行的投入也

---

① 郝克明. 学分认证、转换制度与终身学习——在2016构建终身学习立交桥和学分银行系统学术论坛(南京)上的发言[J]. 终身教育研究,2017(2):6-10.

相对偏少。再次,机构与机构之间信任度不高,尤其是高层次的院校不相信低层次的院校的质量、职前教育不相信职后教育的质量,社会、政府、教育机构无法对不同层次的高等教育进行层次化的评价,按照特定的基准进行纵向比较,导致教育体系碎片化现象较为突出。基于上述原因,在现有的模式下推动学分银行建设,既无法得到大部分教育管理者的支持,也无法实质性地大规模进行学习成果的认证、积累与转换,造成了现阶段不能为学习者提供有序的学分认证。各类学分银行项目建立起来的学分银行系统要不流于形式,仅仅在终身学习账户建设等方面做一些工作;要不停滞不前,等待教育政策的改变和教育环境的变化。在现有的政策环境下,要实现这种转变还不具备条件,而积极作为是推进学分银行制度建设的应有态度。

二、组建联盟是学分银行发展的必然选择

在经过多年的学分银行建设探索之后,部分学分银行实践者发现,从局域入手、从部分入手、从熟悉对象入手建立学分互认长效机制,建立优势互补、风险共担、要素多向流动的联盟,促进学分银行在局部形成范例,推动学分银行的整体建设,是学分银行推进的必然选择。在这样的理解下,四川省、江苏省、上海市等省级学分银行提出了构建学分银行联盟以推进学分银行建设的做法,并取得了一定的成效。那么,组建学分银行联盟,推动学分银行建设,需要什么样的作用机理?应该遵循什么样的建构逻辑?

(一)何谓学分银行联盟?

联盟本质上是一种基于价值链的,设计多个主体之间的资源交换和共享的合作关系。[①]

具体到教育领域,实际上也建立了很多形式的联盟,这些联盟或者松散,或者紧密,影响到了教育体系的成效。比较著名的有广州大学城联盟、北京海淀大学联盟、五所省级交通大学联盟、五所教育部直管师范院校联盟等。

---

① 董俊武,陈震红.从关系资本理论看战略联盟的伙伴关系管理[J].财经科学,2003(5):81-85.

近年来，随着 MOOC 的迅速发展，以 MOOC 平台为沟通平台，实现了多所大学之间的资源共享共建联盟。这些联盟的成立，推动了教育的开放，降低了各类主题合作的障碍，在一定程度上为学分银行联盟的建设奠定了良好的基础。

我国的教育体系是一个异常复杂的体系，教育类型众多、教学模式迥异、目标诉求不同、办学历史不同，并且由于管理上的归属问题造成的纵向割裂和横向分离，建立普遍性的合作关系或者对学分银行形成应有的共识困难重重。作为旨在促进交流合作，打造学习者"立交桥"的终身学习体系的重要载体——学分银行，需要在尊重高校办学自主权和自身利益的基础上，进行学分流转规范管理和标准建设，难度极其巨大。因此，不少学分银行在推进自身工作时，采取结盟的方式缔结"小团队"，逐渐形成影响力，探索学分银行的实践模式和运行路径，我们称之为"学分银行联盟"。荷兰开放大学赫曼·博世教授指出，学分互认制度的实施必须加强各大学之间的联盟。①在学分银行框架下，联盟的相关机构既是学分的输出组织，也是学分的输入组织，因此，缔结一个局部开放的组织，通过建立合作、深化合作，实现教育要素的流动和优质资源的共享，势在必行。

（二）学分银行联盟价值何在？

1. 推动学分互认是学分银行联盟的直接价值

在目前的制度环境下，推进学分互认能显著降低学分银行合作沟通的成本。学分银行联盟的本质是理念、资源、质量等方式的相互认同，在这样的关系下，联盟成员可以通过讨论、协商等策略，实现最大限度的共识，探索学分银行业务的拓展，减少因化解分歧带来的不必要的人力、物力和时间的消耗，提高合作的效率，快速推进学分互认及其规则的运行。同时，联盟的成长性、拓展性和开放性可以将学分银行从局域逐渐扩大，符合事物从简单到复杂、从部分到全体的演变发展规律，实现阶段性的推进。当学分认证遇

---

① 郭富强. 以联盟为基础的学分银行推进模式研究与实践[J]. 中国远程教育，2015（2）：61-67.

到相应问题时，可以在较短时间内向联盟成员反馈，快速达成解决问题的共识，促进整体效能的扩大。

2. 促进联盟成员教育教学系统性变革是学分银行联盟的核心价值

学分银行的外在价值是建立开放共享的终身学习通道，内在价值是促进教育体系性的变革。学分银行的核心功能是学习成果的认证、积累与转换，前提是"有质量的学分"。要实现有质量的学分，首当其冲的是课程建设的质量；课程建设的质量意味着围绕课程建设的学科平台、教材建设、教学资源建设、教学运行管理、质量保证体系等一系列的变革，促使自身制度能支持学分银行"标准化、模块化、系列化、层次化"的学分兑换需求。需要指出的是，学分银行促进的学分银行联盟成员的系统性变革不会在太短的时间形成这种效益，而是随着对学分银行的理解逐步深入。因此，要在学分银行的价值得到自身的认同，学分银行所营造的合作关系逐渐深入的前提下，逐步改变现有高等教育的生态，实现"有质量的学分"，进而实现"有质量的教育"。

3. 实现联盟成员的优质教育资源共享，增进协同合作关系

联盟成员促进优质资源共享的成效是显而易见的。学习者可以按照自身的风格，选择联盟成员主动获取相应的学分。当某个联盟成员在课程领域或者学科领域有突出优势时，联盟成员可以思考特色发展、错位发展的问题，将更多的资源用于提升合作联盟的薄弱环节，或者采取与有特色、有优势的教育机构合作共享相关资源。联盟成员围绕学分互认进行的沟通接触，必须深入相应机构的内部，对方的优质资源和科学机制可以被使用或者借鉴，对方的特色优势可以被利用，还为协同合作创造了条件，尤其是处理一些共同面对的问题或者需要协同攻关的科技项目，在联盟的框架下实际上提供了一种相互沟通和合作的机制，联盟成员更有可能建立合作关系。

4. 促进学习者主动探索，培养终身学习习惯

联盟扩大了学习成果的范围，学习者可以从联盟各个单位选择自身喜欢的课程或者教师，这就拓展了学习通道，为学习者的多元化发展、自主发展和自适应发展创造了条件。学习者可以根据自身喜好、自身能力和学习习惯进行选择，学习的主动性再次回到学习者自身，"主动探索"替代"被动接受"成为学习者学习生活的主调，回应了终身学习体系建设所需要的学习者自觉自省，激活了学习者提升自我的"自带基因"，对提升学习者的终身学习参与能力有积极的作用。

5. 为自身发展扩大学习者资源池

没有学习者，就没有教育机构，一定数量的学习者是形成自身影响力的有效办法。首先，参与同盟的教育机构在同层级可以保证自身的特色资源、特色课程能得到源源不断的生源。学习者选择了某个教育机构，实际上是补充了教育机构的生源。其次，参与同盟的教育机构可以在向上输送生源上得到优先地位。联盟成员能按照一定的质量标准保证体系进行互认，自身的质量能得到一定的保证，联盟内的高层级学校在同等条件下容易优先选择联盟内机构进行生源上的合作。最后，参与同盟的教育机构可以通过衔接拥有下一层级的生源。对于高层级教育机构来说，参与学分银行联盟实际是为自身的优质生源创造条件。比如，江苏开放大学通过学分银行平台建立了大量的高职生源，为自身的本科专业储备了生源基础。

三、学分银行联盟战略的构建路径

联盟战略能有效推进学分银行的建设，促使各个教育主体从封闭走向开放、从观望走向合作、从不理解走向理解、从竞争为主走向合作为主，并降低了资源获取的难度，提升了学习者的学习舒适度，切实服务了学习者，成为国家提升人才竞争力的现实源泉，受到学分银行实践者和理论研究者的关注。

（一）构建目标

1. 纵向：构建多层级组织体系

学分银行联盟需要在政府的领导下，以共同的价值主张为逻辑核心，通过机制建设和资源投入，组织覆盖不同层级教育机构、行业、企业、学分银行，形成多层级的学分银行联盟。政府是终身学习体系的领导核心，学分银行建设是支撑终身学习体系的关键。现阶段学分银行联盟要形成影响力，政府的参与尤其重要。政府需要通过权力介入、政策供给、治理组织作用发挥等综合作用，促使学分银行联盟能顺利起步。学分银行的本质是学习成果在不同教育机构之间的流动，教育机构既是当仁不让的核心组成部分，承担学习成果的供给与接纳。行业、企业作为用人单位而存在，学习成果认证的需求最为核心的是所认证的学习成果能帮助学习者获取相应的资历和学历，进而为自身争取相应的地位和报酬，行业、企业的认可是关键。行业、企业的"用人方存在"，是保证教学成果质量的关键。学分银行是联盟建设的实际推动者，在联盟建设过程中通过主观能动性的发挥，促进联盟迅速推进工作，并在各类机构中发挥"联结作用"。在学分银行出现之前，上海、广州、重庆等地都建立了一些学分互认联盟，但最终不了了之，其核心缺陷就是缺乏一个稳定的组织持续地开展工作，推动学分互认以及背后教育教学系统性变革的产生。

2. 横向：组成多主体沟通机制

在纵向，考量的是多主体的参与，存在管理与被管理的关系；在横向，相同层级的教育机构是合作关系，实现的是主体之间的协作。在中国，由于教育拨款政策和教育机构的事业单位属性，高校成为政府的"派出机构"，教育机构之间很少通过合作作为一个主体为自身争取利益、提升人才培养质量。学分银行通过建立既能满足学分银行质量控制过程又方便学习者参与成果认证的系统，一方面加深了学分银行联盟机构的理解，另一方面为各类教育机构协同创新提供了一定的基础。围绕学分认证可以延伸到协同资源建设、协同科研与教学攻关、协同社会服务等，各个教育主体能在联盟中按照自身特色、自身优势参与进来，有可能组建一个更为广泛的合作联盟，促进教育教学质量的整体提升。

(二) 构建规则

规则是维护联盟团结、维持联盟顺利运转的基本条件，也是提升教育机构参与感的一种"仪式"。确立了目标，就需要建立相应的规则，使之成为学分银行联盟推进并发挥作用的核心机制。

1. 构建原则

首先,联盟构建应该遵守自愿原则。自愿是参与的前提条件,学分互认以及围绕学分互认的相关方面开展工作,参与机构有较大的灵活性,学分银行背后的教育教学系统性变革,更是需要教育主体在教育教学的日常工作中得到落实,这些没有自愿作为基础,很难得到切实执行。其次,联盟构建应该遵循权利与责任原则。参与即为认同,参与的主体要认可参与联盟的学习成果,同时也需要对自身提供的学习成果提供切实的资源支持和过程监控,保证学习成果的质量。再次,联盟构建需要遵循协商原则。联盟主体在纵向上具有层次性,但在机构中应该遵循平等原则,能以一定的话语权参与联盟,对重要事项、关键规则、核心环节等进行协商,并建立相应的协商机制。最后,联盟构建应该遵循共享共建原则。支持学分银行运行既需要教育机构提供课程及其相关资源,又需要新建各类认证标准等,还需要在学分银行标准下进行课程改造,这些都需要合作机构的协同作用。

2. 工作机制

工作机制指的是学分银行业务运作所需要的规范流程,是最重要的规则。首先,学分银行要保证学分认证结果的公信力,必须规范学分认证的运行流程,并在建立联盟之前的储备过程中就做好顶层设计,使联盟成员在参与之前就能按照学分银行的规则参与学习成果互认和其他相关协作。其次,要保证学分银行联盟的正常运行,学分银行参与者的责任与义务需要通过流畅化的表达清晰地展现出来。学分银行参与者需要明确自身的职责、参与的方式,需要在清晰的关系约束下进行沟通、协调、了解和信任,促进学分银行联盟关系资本的建设与形成,进而为关系资源的共享、关系资本的增值提供保障,最终实现增强联盟的绩效。最后,要形成学分银行的质量保证体系,并转化为参与机构的集体行动。学分银行联盟赖以存在的基础是"有质量的学分",要实现"有质量的学分"的目的,就需要学分银行联盟的参与者在质量保证机制的约束下,对专业与课程建设、教学运行过程、评价体系和学习支持服务体系进行全过程的介入、改造、优化,并将优秀的学习成果提供给联盟共享。

3. 入盟与退出规则

联盟的建设必须有开放的心态，建立相应的入盟与退出规则是完善联盟建制、保持联盟活力的有效方式。首先，对于入盟来说，参与者应该认可学分银行所代表的教育教学系统性变革理念的认可，认同标准化、阶段性、一致性的终身学习理念，并愿意通过加入联盟的方式寻求理论与资源的支持，进行自身的教育教学变革。因此，设置相应的申请与评审机制，通过在申请过程中对学分银行的深入理解，自身材料和资源的梳理，并在评审中对自身进行诊断，才更加符合学分银行建设主体的要求。其次，对于退出来说，也必须经过一定的程序。退出联盟有很多种情况，比如对联盟的进展不如自身期望、自身对相应的工作机制不满意等，一定的程序既是合法性的要求，也是联盟自身改善工作的起点。对于学分银行这类新的发展事务，不尽如人意是常态，但不能满足这种不尽如人意，而是应该积极作为，通过不断地优化提升自身的影响力。

（三）关系维护

学分银行联盟是一种基于终身学习理念的联盟，组建主体之间是合作和伙伴关系，其核心在于关系交换。要使学分银行能按照规则运行更好，必须在关系维护上有新的动作。通过实践发现，业务合作、文化交流等能在联盟关系中发挥积极作用。

1. 业务合作

首先，学分银行业务的合作。围绕学分认证和学分银行运行，可以产生大量的合作内容。比如，课程建设、不同层次专业衔接、资源建设等都可以帮助学分银行联盟成员增进关系。其次，其他业务的合作。学分银行联盟将各个主体紧密联系在一起，为了达到"多赢"的协同效应，可以在价值链的优势环节开展合作。比如，协同科研攻关、校企合作资源共享等通过业务的合作，将联盟的各个松散主体结合起来，在保持联盟灵活性的同时，提升伙伴关系的稳定程度，同时创造更多的优势。

2. 文化交流

文化交流可以增进组织的互信与理解，也可以在不同机构的文化交流中产生新的文化符号和内容，改变各自的文化状态。首先，学分互认促进的教学文化交流可以增强联盟成员的学分质量判断。学分银行联盟之间最常见的关系是学分互认，教育机构通过感知学习者的学分对其知识、技能和能力的促进作用，充分认识被认证的教育机构的教学质量，感知被认证的教育机构的教学文化，促进相互之间的文化理解。其次，学分银行联盟之间的文化交流可以促进联盟成员理解对方，进而为更广泛的文化交流奠定基础。

（四）构建保障

1. 政策支持

在宏观方面，我国教育类别难以沟通，比如普通高等教育与成人高等教育；在微观层面，不同教育机构难以沟通，比如985高校和地方本科院校。这是学分银行联盟存在的逻辑起点，也是其需要政策推动的原因。学分银行联盟在运作初期，除了政府主导下的学分银行管理机构的积极推动，相关的政策支持也不可少。比如，政府对学分制的推广，可以通过相应的政策引导、项目投放、法律法规建立等方式，推动学分银行联盟的发展。

2. 利益分配

参与学分银行联盟同样需要解决利益冲突的问题，比如某985高校有较强的师资和较为优质的课程，可以向学习者输送源源不断的优质学习成果，而某地方本科院校缺乏相应的能力，如果大面积的互认，必然导致较大的利益冲突。建立利益分配机制是保障学分银行联盟运行的有效办法；在现实情境下，收取学分银行联盟各个成员的费用有一定难度，政府拨付一定的款项用来购买相应的学习成果是有效办法，通过学分认证收取学习者部分认证费用，用于补偿弱势教育机构的收入缺陷也是有效的处理手段。当然，学分银行联盟的发起者还需要通过平台、提供拓展性产品，扩大自身的收入来源，进而保障学分银行的顺利运行。

学分银行联盟是学分银行建设突破的一种途径，既有理论理性，也有实践理性，是中国复杂教育体系下的有效选择，是社会教育意识和教育机构文化要素的促进性因素，能提升区域内教育机构的自豪感和凝聚力。实践证明，基于联盟可以有效推进学分银行的影响，实现学分银行的价值。但作为一种

"松散型的组织",学分银行联盟的持续发展一定要突破学分互认本身,向业务交流、文化交流,尤其是基于任务的协同创新拓展。需要指出的是,"有质量的学分"是学分银行联盟的存在条件,质量的瓦解必然会导致学分银行联盟的瓦解,因此,参与联盟的主体需要有高度的社会责任感,充分认识学分银行的内涵,通过学分银行对教育教学系统性的变革,提升学分银行体系的稳定性。学分银行组织者也需要发挥学分银行沟通的作用,使学分银行联盟能在共同的价值体系中不断提升业务合作和深度,在不断提升学分银行联盟影响力的基础上扩大学分银行,支持终身学习体系的构建。

第十四章 学分银行商业模式的讨论

一、什么是市场逻辑？什么是学分银行的市场逻辑？

要理解学分银行的市场逻辑，需要从市场的产生开始。什么是市场，市场本意是在固定时段的交易地点，是买卖发生的场所，是在社会分工和商品产生的作用下的产物。市场，最初是一小撮有这类需求的人聚在一起进行交易。比如小城镇还能见到的"赶场"，大城市有的地方还存在的"菜市场"，就是最初的市场。随着交易量的增加和交易地点的拓展，市场从场所到行为发生了转换，用来描述产权发生转移和交互的各种关系。交易主体不同，就产生了各种分类，比如消费者市场、生产商市场、转卖者市场、政府市场等。同时，还产生了其他各种分类，按照企业角色，可分为购买市场和销售市场；按照产品和服务的供给方状况，可分为完全竞争市场、完全垄断市场、垄断竞争市场、寡头垄断市场；按照商品最终用途，可分为生产资料市场、生活资料市场、技术服务市场、金融市场；按照交易对象是否有物质实体，可分为有形产品市场、无形产品市场；等等。市场经济本质是根据市场需求，通过调动资源，在广泛的空间范围内进行产品生产，并通过交易获取自身所需要的生产资料和生活质量的经济形态。要产生市场经济，首先要通过自有竞争，为他人创造价值；其次要分工合作。

所谓的市场逻辑，就是在市场经济条件下人们经济活动的基本方式，它反映和体现着市场经济的本质属性和特征。① 市场经济活动运行的规律是"需求—供给"关系，也就是按照需求和供给的方式，调节市场参与的资源。市场的初级动力是满足各类市场参与主体的需求，高级动力是创新的需求，扩大参与的主体。在这样的逻辑下，个体独立是前提，自由交易是根本内容，制度化是市场逻辑发挥作用的保障。

那么，学分银行的存在有没有市场特征呢？

第一，学分银行有"需求—供给"关系。近年来，高等教育市场化为教育领域注入了新的活力，学习者逐渐变成教育领域的主导地位，为学分银行建立供需关系奠定了基础。学分银行的供需关系是以学分银行为中介的学习成果提供者和学习成果需求者，学分银行平台作为第三方将各级各类教育机构与学习者联系起来，构建了"教—学分银行—学"的供需链条，并且扩大了教的类型和教的范围。在学分银行的业务逻辑下，学习者和教育机构未定的关系在相互支持下提升促进。

第二，学分银行的主体交换关系明确。在市场经济领域，市场的本质是自由交易，是权力的让渡与交换。对于学分银行而言，所面对的参与者是教育提供者和教育接受者，而终身教育近年来的整体表现是发展定位生活化、学习需求实质化等趋势②，这种趋势把所有社会人和学分银行体系产生联系起来。学习者付出金钱，获取学习成果，以提升自身的职场竞争力；教育机构付出指导实践和教学平台，获取学习者数据和教育经费。它们之间的关系随着学分银行的应用，剥离了原有的依附性和不平等，体现了更多独立性。它们有了更大的自主选择空间，比如教育机构不再是强势的供给方，而是接受市场检验的参与主体，当教学与资源不能切实解决学习者自身问题时，教育机构就失去了发展的能力；同时，学习者也没有像义务教育一样必须强制参与，其提升自身能力和资历是一种自发行为，可以根据自身喜好选择适合自身的学习资源。

---

① 何美然. 市场逻辑的内涵与基本特征论析[J]. 人民论坛，2010（36）：74-75.
② 张妍，张彦通. 终身教育在我国的独特涵义与研究趋势[J]. 教育研究，2016（8）：132-136.

第三,学分银行的健康运行需要受到法律制约。市场行为是一种自发行为,会产生许多漏洞,这些漏洞逐渐扩大,会引发周期性的衰退,更会让不当得利的行为产生。因此,市场经济的健康运行需要法律制度的支持。在学分银行的运行过程中,也有可能存在漏洞。比如,教育机构对产品的把关不严的问题,需要通过各类制度的建设,规避参与者"钻空子"的现象,阻碍了学分银行的正常运行。

第四,学分银行的有效治理需要多元话语。市场经济的正常运行,是多方博弈的结果,各利益相关体通过不断地与市场进行多层次、多方位的互动,保障相关主体的利益,实现多赢的效果。学分银行的正常运行也需要多元话语,比如学习者对教育产品的选择;教育机构对扩大自身竞争力所做的努力,用人市场通过人才的招聘对相关人才培养行为的甄别等。它们都会通过各种话语渠道,影响学分银行的运行。

既然学分银行存在市场特征,那么学分银行的市场逻辑是什么?

第一,学分银行需要很大的市场容量。在传统经济中,生产资料是最重要的物质资源;在网络经济中,网络当作社会主体的活动元素,与网络、信息和经济行为联系在一起,研究网络、行为与市场效率。[①] 信息成为生产要素并重新定义了市场——以往以"买单"作为市场交易的形式,被"参与"并留下信息也就是市场主体的理念所替代,所以互联网经济也称之为"屏读"经济、"数据"经济。简而言之,在互联网上的交易,不仅仅是购买行为本身,自身的浏览数据也是支撑网络运行的基础。因此,从互联网经济来看,学分银行的市场容量中,全体社会(作为终身教育体系覆盖的个体)和教育提供者(各级各类教育机构)都成了学分银行的市场主体。只要终身教育体系建设成功,学习者就可以通过系统教育、回流教育等形式进入学分银行体系,为学分银行市场的发展贡献数据,进而转化为学分银行的成长能力。

第二,利益主体的市场参与行为。随着经济学的研究以工业经济学的应

---

① 张永林. 互联网、信息元与屏幕化市场——现代网络经济理论模型和应用[J]. 经济研究,2010 (9): 147 - 161.

用框架来评价高等教育对竞争性市场的影响以来①，教育发展实际上具备了市场经济的行为，并受到普及。随着市场经济理念对高等教育市场的不断拓展，民营资本对教育市场的形成，以及高等教育领域中的投入机制逐渐清晰，尤其是终身教育的发展逻辑体系的逐步清晰，教育的市场特性逐渐受到重视，通过付出经济成本，获取教育机会成为生活常态；通过竞争，获取机构收入成为教育机构常态。随着社会转型发展速度加快，自我更新知识和技能成为个人发展的实际需求，自主投入资金意识增强。相对于依赖政府拨款的制度，通过学分银行遴选优质资源显得更具有价值，也更有主动性，教育机构也能根据学习者的选择不断做出适应学习者的调整，在市场驱动下，良性改善条件逐渐具备。

第三，广告等衍生产品能塑造实质性的经济生态。在互联网经济中，随着平台对受众黏性增加，广告成为支持平台发展不可或缺的资金来源。在平台类互联网公司，广告收入更是当仁不让的主要经济收入来源。按照终身教育体系建构的实际要求，每个人都是潜在的受教育者；按照学分银行的发展目标，如果通过学分银行获取资历和存储终身教育学习成果得以实现，整个社会都是学分银行的客户。加上其中蕴含的教育数据、学习者能力数据等，这是一笔无法估量的财富。在合理利用保护隐私的前提下，这些数据是大量企业公司的争夺对象。因此，对于学分银行来说，可能会通过一定的商业广告，以实现自身的持续发展；更为重要的是，教育机构会因为需要而加大竞争，从而产生了广告需求。尤其是学分银行所跟踪的学习者学习基础，能帮助教育机构精准地找到市场、人群和方向。除了广告，各种应用、大数据的数据价值以及围绕这些产生的各种衍生产品，能塑造一个完整的经济生态，支持学分银行的"市场生态"，促进学分银行的成长。

二、学分银行存在商业模式吗？

商业模式是市场经济环境下产生的一个概念，指的是企业创造价值的基

---

① Lipsey R. Steiner. Economics [M]. New York: Harper and Row, 1969: 272.

本机制，是企业的基本生意模型。① 也可以说，是企业投入营运过程中的基础性逻辑，是企业组织经营活动的依据和蓝本。② 研究与形成商业模式需要回答两个基本问题：第一，本模式有哪些基本要素？第二，如何设计要素的基本关系？

第一，我们需要梳理一下学分银行运行的商业模式相关要素。

第一要素：学分银行的价值主张。价值主张指的是事情推进的价值追求，回答的是组织介入市场的使命与愿景，是商业模式形成的灵魂。一个组织有什么样的价值主张，就会在此基础上发展业务。如"移动改变生活"，这种广告称之为外向价值角度，说明企业能给客户带去什么；还有一种称之为内向价值角度，如"我们的目标是成为市场占有率最高的品牌"就是一种内向价值主张。学分银行的价值主张显然要从学分银行的"准公益"性质去思考其定位，服务终身学习社会的每一个学习者应该是学分银行的核心价值追求。

第二要素：学分银行关键资源。关键资源指的是所拥有的核心资产，能吸引组织和个体的关键部分。学分银行的核心资源是"通道"与"资历架构"。首先，从制度设计来看，各级各类教育机构的学习成果要得到认定，需要通过学分银行，满足学分银行的标准要求；其次，从学习者来看，要获取相应的学历和资历，需要自身的学习成果得到认定。在与各级各类机构沟通和颁发相应资历与学习的意义上，学分银行平台对于学习者的黏性远比阿里巴巴等互联网平台对于消费者的黏性更强，这种黏性恰恰是平台类经营者的关键资源。

第三要素：学分银行商业过程。关键过程是指组织开展业务活动的核心流程，是产生价值的实施路径。学分银行的关键过程是学习者与学分银行的成果认定、积累与转换，以及教育机构按照学分银行的标准体系提供学习资源和支持服务，形成学习成果。学分银行关键过程的不可替代性在于随着学

---

① 程愚，孙建国. 商业模式的理论模型：要素及其关系[J]. 中国工业经济，2013(1)：141 – 153.

② 翁君奕. 介观商务模式：管理领域的"纳米"研究[J]. 中国经济问题，2004(1)：34 – 40.

习者对优质教育资源的追求,教育机构必须按照自身能力,形成特色资源,可以提供给学习者学习的资源会逐渐分散,教育机构对学分银行的依赖就会更加凸显,学习者要取得资历或学历,需要通过学分银行完成整合。

第四要素:学分银行的盈利模式。盈利模式指的是组织获取自身利益的模式,是组织能不能持续发展的关键。学分银行的盈利主要来源于两方面:首先,学习成果认证费用。从现有的学分银行试点过程来看,认证是没有收取费用的。但现有的学分银行模式是学校行为,而不是社会和政府行为,服务的范围也较为狭隘,一般不涉及学历与资历的获取。当学分银行成为终身学习体系"立交桥",需要真正发挥沟通作用,需要通过学分银行获取资历和学历时,收取恰当的费用,是学分银行较为固定的收益。其次,学分银行吸收了学习者和教育机构,为教育机构、外部企业获取利益提供了精准的目标人群。学习者在平台上留下了海量信息,相关学习信息是教育机构的市场起点;学习以外的数据是精准广告能为学分银行的发展提供支持,比如学习者的位置对纸质图书出版商选择地点和精准广告,学习者完成学习信息的庆祝为餐饮等场所的广告推动提供便利,获取学习成果之后可以有效地推送到需求企业,等等。通过学分银行及其背后的教育机构所留下的学习者信息,通过有效整合、提炼,使数据发挥价值,所衍生的商业利益可以有效地支持学分银行的发展。

第二,学分银行商业模式的运行过程。

首先,价值主张对学分银行运行体系的支撑性作用。学分银行的价值指向是形成接通各级各类教育的"立交桥",以服务学习者为己任,促使各级各类教育机构按照标准化、模块化、任务化的方式建设高质量课程,并在此基础上实现学习成果的认证、积累和转换。因此,在学分银行的商业模式中,服务学习者是首要的,学分银行及其围绕学分银行的市场必须以学习者为中心,建设关键资源,优化关键过程,在此基础上再考虑盈利问题。其次,关键资源建设是学分银行市场价值实现的基础,决定了商业模式的成败。学分银行之所以对潜在的学习者形成黏性,根本原因是通过学分银行标准对学习成果进行认定,降低了选择教育机构的成本。因此,资源建设是实现学分银行市场价值的基础。学分银行不能直接建设各类资源，而是通过兑换标准的建设，准入机制的设计，影响各级各类教育机构建设相关资源。

第三，关键过程是学分银行价值实现的途径，是吸引学习者的重要体系。

首先，资历和学历的价值是学分银行发挥作用的先决要素。学习者需要通过学分银行认证、积累和转换学习成果，其直接目的是获取相应的利益，比如学历和资历，以此获取更高的收入和地位。因此，学历和资历必须与市场和行业紧密联系，切实提升自身价值。其次，转换过程的便利性。学习者在转换学历或者资历时，学分银行及时、精准和完美的服务，使学习者更容易接受学分银行。同时，当面对学分银行的个性化推荐和引导性学习时，会降低其排斥感。

第四，盈利模式是学分银行可持续发展的关键，是商业模式的核心。

学分银行要能按照商业模式实现持续性运行和发展，就需要有一定的实际盈利。提供学分银行收益的主要是两块，第一块是认证、积累与转换。按照现在学分银行的试点情况，认证与积累不宜收取费用，在转换之后的证书是学习者的关键资源，可以考虑适当的收费。第二块是学习者和教育机构。对于学习者而言，主要是通过对学习者需求的大数据提炼、商业机构的精准广告，以及学习成果获取之后其连接的人才市场等环节获取盈利。对于教育机构，更多的是自身的产品通过在学分银行平台的有效宣传，获取更多学习者的学习成果，进而改进教育产品，通过广告展示、推荐等环节获取盈利。

显然，学分银行的市场逻辑并不会立刻转换为商业模式，实现自身的成长。市场的形成需要商业策划、运作和实施。要围绕学分银行形成商业圈并正常运行，不仅需要学分银行的建设者有目的地进行系统推动，还需要学分银行存在环境的进一步优化。

首先，要建立资历架构和标准体系，获取市场信任。学分银行要走向市场，需要学分银行平台所承载的载体自身有良好的质量和使用效益，也就是需要学习成果在转换过程中保证质量。对于学分银行来说，资历架构是学分银行的顶层设计，是实现成果积累与转换的参照标准和科学依据，也是学习成果标准体系建设的基本依托。一般来说，资历架构包含了知识、技能和能力等三个维度的学习成果评价指标,各级各类教育机构要使自身的教育产品有市场,实现在学分银行系统的转换,就必须按照所面向层次知识、技能和能力的需求,并以此建立标准体系,形成有质量的学习成果生态圈,以此建立学习者、用人单位以及教育机构的认同,逐步形成市场信任和自身的影响力。

其次,聚集学习者和教育机构,形成人群基数。学分银行商业模式正常运行的基础是学习者和教育机构的聚集,没有人,自然也就没有了市场。一般性的宣传、引导和激励手段是必要的,但是除了这些之外,学分银行学习成果的积累,还得有自身的办法。比如,国家近期密集关注终身学习账号的建立,就是一个可以做文章的节点,通过激励学习者建立、激活和使用终身学习账号,引导学习者登记终身学习成果,并鼓励学习者参与成果的转换,促进学习者形成自身的"获得感",建立与平台的联系。教育机构的聚集可以通过建立联盟规则,扩大学分银行联盟,鼓励联盟通过学分银行平台,按照学分银行的运行规则进行成果互认,逐渐形成机构聚集。

再次,建设学分银行制度体系,打造学分银行品牌。学分银行的生存,需要从国家层面到各级政府、行业企业的共同作用,形成系统性的体系。比如:国家需要和学分银行共建资历框架和标准体系,形成法律法规,发出全民进入终身学习的号角;各级政府需要按照国家的号召,根据地方发展情况,建立自身特色的制度体系;行业企业需要承认各类通过学分银行兑换的资历,并通过经常性的渠道与学分银行进行互动,促进标准体系的更新,使通过学分银行兑换的资历能很好地与学习者、行业企业产生良性循环。当然,这种良性循环并不会凭空产生,可能需要从多方面进行突破,比如落实终身学习经费、落实带薪进修制度等,不断地打造学分银行的品牌。

最后,提高技术可靠性,发挥技术对商业模式的支持作用。学分银行商业模式要发挥作用,不能忽视技术的作用。从本质上来说,学分银行商业模式的形成是市场和技术的双重支持,是典型的互联网经济体模式,这就需要积极使用互联网相关技术服务于学分银行商业模式的成长。其一,加强大数据技术对学习者人群状态的捕捉,增加商业机构在学分银行平台投入广告的积极性和精准性。其二，提升平台的信息化含量，使平台具有更多的智能性，为学习者提供个性化学习路径，提升平台对学习者的黏性。其三，通过对学习成果的分析，利用心理学技术，分析学习者的职业适应性，为学习资历与就业搭建桥梁，拓展学分银行的市场。

学分银行的市场逻辑出发点是人群，商业模式的精髓是盈利。要挖掘学分银行的市场价值，需要紧扣学习者的需求，提升学习者与学分银行的黏性，实现学习者与学分银行、教育机构的良性互动。从现实层面而言，要实现学分银行的市场价值，还需要从基础做起，建立全国性的资历框架，并促进立法。教育机构也要把自身的质量建设放在首位，毕竟在学分银行存在的基础上需要有质量的学习成果。同时，建立学分银行信息平台需要有大数据思维，促进学分银行成为一个信息捕捉、聚集和理解的体系，服务于终身教育实践。

那么，学分银行能成为纯粹的商业吗？结果仍然是否定的。若学分银行成为纯粹的商业，就站在了学习者的对立面，就会尽可能地利用学习者的相关信息进行利益的最大化，各类资历便会成为学分银行获取利益的手段。这样，我们又回到了最初的话题：学分银行存在商业模式吗？

参考文献

[1][法]保罗·朗格朗. 终身教育导论[M]. 腾星,等,译. 北京:华夏出版社,1988.

[2]陈亮,朱德全. 学习体验的发展结构与教学策略[J]. 高等教育研究,2007(11).

[3]高志敏. 关于终身教育、终身学习与学习化社会理念的思考[J]. 教育研究,2003(1).

[4]郝克明. 跨进学习社会——建设终身学习体系和学习型社会的研究[M]. 北京:高等教育出版社,2008.

[5]黄欣,吴遵民. 中国终身教育法为何难以制定——论国家终身教育法的立法思想与框架[J]. 开放教育研究,2014(12).

[6]黄欣,吴遵民,蒋候玲. 论现代"学分银行"制度的建设[J]. 开放教育研究,2011(6).

[7]刘晖,汤晓蒙. 试论各级各类教育融入终身教育体系的时序[J]. 教育研究,2013(9).

[8]联合国教科文组织国际教育发展委员会. 学会生存:教育世界的今天和明天[M]. 北京:教育科学出版社,1996.

[9]汤诗华,毕磊,朱祖林,郭允建. 我国学分银行研究与实践述评[J]. 中国远程教育,2013(5).

[10][意]特里·捷尔比. 生涯教育——压制和解放的辩证法[M]. 东京:创元社,1983.

［11］吴遵民．现代国际终身教育论［M］．上海：上海教育出版社，1999．

［12］吴南中，吴易雄．职教体系学分银行的建构理念与推进策略［J］．中国职业技术教育，2016（33）．

［13］吴南中．在线学习培育的顶层设计与推进机制研究［J］．电化教育研究，2016（1）．

［14］翁朱华．终身教育体系的整体再建构——中日学者三人谈［J］．开放教育研究，2010（5）．

［15］于文明，卢伟．治理理论的适用性及大学治理的中国实践方略［J］．高等教育研究，2016（10）．

［16］鄢小平．我国学分银行制度的模式选择与架构设计［J］．远程教育杂志，2015（1）．

［17］袁灵．构建终身教育体系的一种有效方法——资历架构法［J］．中国电化教育，2014（11）．

［18］褚宏启．建设终身学习体系：中国教育发展的重大战略选择——兼评《跨进学习社会》［J］．教育发展研究，2007（19）．

［19］褚宏启．教育治理：以共治求善治［J］．教育研究，2014（10）．

［20］张伟远，段承贵．终身学习立交桥建构的国际发展和比较分析［J］．中国远程教育，2013（9）．

［21］章玳．香港高校基于成效为本的课程改革与启示［J］．现代远程教育研究，2014（1）．

［22］Kathia E. Errano-Velarde. Quality Assurance in the European Higher Education Area: The Emergence of a German Market for Quality Assurance Agencies［J］. Higher Education Management and Policy, 2008（3）.

［23］Spady W. G. & Marshall K. J. Beyond Traditional Outcome-Based Education［J］. Educational Leadership, 1991, 49（2）.

［24］关世雄．美国成人教育一览［J］．成人教育，1982（1）．

［25］孔磊．学分银行制度：国际经验和本土探索——"中国远程教育学术论坛"综述［J］．中国远程教育，2012（5）．

[26]潘陶."学分银行"的启示[J].中国远程教育,2004(18).

[27]周晶晶,陶孟祝,应一也."学分银行"概念功能探析——基于国内理论研究的回顾和实践探索的梳理[J].现代远距离教育,2017(1).

[28]王宏.学分银行构建的初步尝试——上海普通高校成人高等教育非学历证书认证研究[J].开放教育研究,2012(4).

[29]郑晋鸣.用"学分银行"鼓励学生创新[N].光明日报,2011-02-24(06).

[30]杨晨.我国"学分银行"建设的三大问题[J].中国远程教育,2012(6).

[31]吴南中.学分银行建设阻力及其消解策略研究[J].成人教育,2018(2).

[32]UNESCO. Recommendation on development of adult education [R].1976.

[33]朱敏,高志敏.终身教育、终身学习与学习型社会的全球发展回溯与未来思考[J].开放教育研究,2014(2).

[34]高志敏,贾凡.展望新的征程,期待新的腾飞——关于学习型社会、学习型社区建设的师生对话(上)[J].当代继续教育,2013(2).

[35]学习型社会建设研究课题组.学习型社会建设的理论与实践:学习型社会建设研究子课题报告集[M].北京:高等教育出版社,2010.

[36]顾明远,石中英.学习型社会:以学习求发展[J].北京师范大学学报:社会科学版,2006(1).

[37]杨兰.对学分的再认识[J].成人教育,2015(7).

[38]陈丽,郑勤华,谢浩,沈欣忆.国际视野下的中国资历框架研究[J].现代远程教育研究,2013(4).

[39]邱俊鹏,孙百才.高等教育对经济增长的影响——基于分专业视角的实证分析[J].教育研究,2014(9).

[40][美]迪恩.钮鲍尔.全球化和教育:特征、动力与意义[J].教育研究,2009(7).

[41]郝克明.建设终身学习体系和学习型社会的研究报告[J].高等函

授学报：哲学社会科学版，2007（7）．

［42］杭永宝．中国教育对经济增长贡献率分别测算其相关分析［J］．教育研究，2007（2）．

［43］刘燕，高艳，等．大学生学习动力影响因素及作用机制研究［J］．思想教育研究，2013（7）．

［44］江颖．学分银行研究三大元问题探讨［J］．中国远程教育，2014（9）．

［45］柳士彬．继续教育"立交桥"：框架与行动［J］．教育研究，2016（8）．

［46］吴南中，李健苹．虚实融合的学习场域：特征与塑造［J］．中国远程教育，2016（1）．

［47］吴遵民．论建设国家学分银行的路径与机制［J］．开放教育研究，2016（1）．

［48］中国社会科学院语言研究所．现代汉语词典［Z］．北京：商务印书馆，2006．

［49］曾文婕，黄甫全，余璐．评估促进学习何以可能——论新兴学本评估的价值论原理［J］．教育研究，2015（12）．

［50］张德明．上海建设学分银行的基本构想和战略思考［J］．开放教育研究，2012（1）．

［51］Schultz T. W. Reflections on Investment in Man［J］．The Journal of Political Economy，1962，70（S5）．

［52］周晶晶，孙耀庭，慈龙玉．区域学分银行建设的困境与思考［J］．开放教育研究，2016（10）．

［53］程培杰，马健生．试论教育改革阻力的来源［J］．比较教育研究，2001（6）．

［54］吴钧．"学分银行"实施的困惑与思考［J］．教育发展研究，2011（Z1）．

［55］王海东，韩民．学习成果认证制度相关概念及问题探讨［J］开放

教育研究，2016（5）．

[56]贺林平．学分互认无人喝彩[N]．人民日报，2011-07-18（12）．

[57]顾明远．教育大辞典[Z]．上海：上海教育出版社，1992．

[58]袁本涛．依附发展——20世纪中国高等教育发展的重要特征[J]．教育发展研究，2000（6）．

[59]吴南中．创新创业教育的推进机制研究[J]．职业技术教育，2016（10）．

[60]张伟远，段承贵．英国实施各级各类教育衔接和沟通的实践与教训[J]．中国远程教育，2014（4）．

[61]匡瑛．英、澳国家资历框架的嬗变与多层次高职的发展[J]．高等工程教育研究，2013（4）．

[62]张伟远，傅璇卿．试论欧盟构建资历和学分跨国互认终身学习体系的运作[J]．中国远程教育，2013（11）．

[63]熊耕．美国高等教育认证制度的功能分析[J]．比较教育研究，2005（2）．

[64]覃兵，胡蓉．韩国高等教育学分银行制探析[J]．比较教育研究，2009（12）：65．

[65]林晓凤，安宽洙．韩国学分银行十五年：成就、挑战与未来[J]．职教论坛，2015（3）．

[66]王飞，林世员，浅议成人学员主体意识的回归[J]．成人教育，2007（2）．

[67]吴南中．数字化生活的教育意蕴[J]．现代教育技术，2015（7）．

[68]国务院办公厅．关于开展国家教育体系改革试点的通知（国办法〔2010〕48号）[EB/OL]．http://www.gov.cn/，2017-03-16．

[69]教育部．国家中长期教育改革和发展规划纲要（2010—2020年）[EB/OL]．http://www.moe.edu.cn/publicfiles/business/htmlfiles/moe/moe_838/201008/93704.html，2017-03-17．

[70]南方网．广州大学城12所高校成立高校联盟　将实现教育资源共享

[EB/OL]. http://kb.southcn.com/content/2014-12/30/content_115330089.htm.

[71] 殷双绪,姚文建. 我国高等教育领域学分互认的典型案例分析及启示[J]. 中国远程教育,2012 (11).

[72] 汤诗华,毕磊,朱祖林,郭允建. 我国学分银行研究与实践述评[J]. 中国远程教育,2013 (5).

[73] 吴结. 关于各级各类教育机构参入学分银行的时序判定[J]. 中国远程教育,2016 (1).

[74] 教育部. 关于推进高等教育学分认定和转换工作的意见[R]. 2016-09-18.

[75] 张维迎. 理解和捍卫市场经济[N]. 学习时报,2007.

[76] 何美然. 市场逻辑的内涵与基本特征论析[J]. 人民论坛,2010 (36).

[77] 张妍,张彦通. 终身教育在我国的独特涵义与研究趋势[J]. 教育研究,2016 (8).

[78] 张永林. 互联网、信息元与屏幕化市场——现代网络经济理论模型和应用[J]. 经济研究,2010 (9).

[79] Lipsey R., P. Steiner. Economics [M]. New York: Harper and Row, 1969.

[80] 程愚,孙建国. 商业模式的理论模型:要素及其关系[J]. 中国工业经济,2013 (1).

[81] 翁君奕. 介观商务模式:管理领域的"纳米"研究[J]. 中国经济问题,2004 (1).

[82] EUROPA. Ministry of Science technology and Innovation. A Framework for Qualifications of the European Higher Education Area [EB/OL]. http://xueshu.baidu.com/s?wd=paperuri:(7dc30b3f698260a6d12f183175cb0474)&filter=sc_long_sign&sc_ks_para=q%3DA+Framework+for+Qualifications+of+the+European+Higher+Education+Area&tn=SE_baiduxueshu_c1gjeupa&ie=utf-8&sc_us=9175047981056324210.

[83] 张伟远. 工作为本的学习：突破终身学习立交桥瓶颈[J]. 开放教育研究，2016（12）.

[84] 崔延强，吴叶林. 我国高等职业教育学位的制度功能及其构建[J]. 教育研究，2015（9）.

[85] 涂尔干. 教育思想的演进[M]. 上海：上海人民出版社，2003.

[86] 张陈. 我国当代学位制度的传统与变革[D]. 重庆：西南大学，2011.

[87] 董秀华. 教育资历框架的比较与思考[J]. 教育发展研究，2009（3）.

[88] 王素，浦小松. 异质性、教育发展与国家创新能力——基于面板分位数模型的研究[J]. 教育研究，2015（6）.

[89] 罗伯特·J. 斯腾博格，托德·J. 卢伯特. 创造力的概念：观点和范式[M]. 施间农，等，译. 北京：北京理工大学出版社，2007.

[90] 中国大百科全书编辑部. 中国大百科全书（教育卷）[M]. 北京：中国大百科全书出版社，1985.

[91] 张意. 文化与符号权力[M]. 北京：中国社会科学出版社，2005.

[92] 朱洵. 教育全球化中的影子教育与文化资本理论[J]. 清华大学教育研究，2013（8）.

[93] 刘生全. 教育批评的教育基础刍议[J]. 北京师范大学学报，2001（2）.

[94] 喻丰，彭凯平. 知识就是金钱：文化资本的经济价值与心理效应[J]. 心理学与创新能力提升——第十届全国心理学学术会议论文集，2013.

[95] Portes A. SocialCapital: Its Origins and Applications in Modern Cociology[J]. Annual Review of Sociology, 1998（24）.

[96] 郑淮. 社会资本：成人教育的基本功能和价值取向[J]. 华南师范大学学报：社会科学版，2009（4）.

[97] 庄洁. "社会资本"理论研究综述[J]. 发展论坛，2003（1）.

[98] 陈晶晶，陈龙根. 韩国学分银行制及其对我国构建完全学分制的启

示[J]. 高等农业教育, 2010 (8).

[99] 严芳. 香港资历框架及其质量保障机制[J]. 教育发展研究, 2006 (12).

[100] 吴南中. 基于学分银行的课程建设逻辑与运行体系[J]. 成人教育, 2017 (5).

[101] [美] E. 格威狄·博格, 金伯利·宾汉·霍尔. 高等教育中的质量与问责[M]. 毛亚庆, 刘冷馨, 译. 北京: 北京师范大学出版社, 2008.

[102] 王海东. 我国学习成果认证制度探索与自学考试制度创新[J]. 中国高教研究, 2015 (8).

[103] UNESCO. Institute for lifelong Learning, Guidelines for Recognition, Validation and Accreditation of the Outcomes of Non-formal and Informal Learning [EB/OL]. http://unesdoc.unesco.org/images/0021/002163/216360e.pdf, 2017 - 09 - 26.

[104] 张伟远. 资历框架的级别和标准研究[J]. 开放教育研究, 2017 (4).

[105] 吴南中, 夏海鹰. 以学分银行为支架的区域性终身学习体系构建研究[J]. 中国远程教育, 2017 (10).

[106] 刘燕, 高艳, 等. 大学生学习动力影响因素及作用机制研究[J]. 思想教育研究, 2013 (7).

[107] European Parliament. Glossary Recommendation of the European Parliament and of the Council on the Establishment of the European Qualifications Framework for Lifelong Learning [EB/OL]. http://www.eucen.eu/EQFpro/GeneralDocs/FilesFeb09/GLOSSARY.pdf, 2017 - 09 - 01.

[108] 孙冬喆. 通往终身学习的路径与机制——中国学分银行制度建设研究[M]. 上海: 华东师范大学出版社, 2015.

[109] 靳玉乐. 课程论[M]. 北京: 人民教育出版社, 2015.

[110] 张楚廷. 高等教育哲学[M]. 长沙: 湖南教育出版社, 2004.

[111] 王振龙. 陕西高等继续教育学分银行——终身教育立交桥的构架

与实践[M].北京:科学出版社,2015.

[112][日]青木昌彦,安藤静彦.模块时代:新产业结构的本质[M].周国荣,译.上海:上海远东出版社,2003.

[113]陈秉公,陈卓.论人文素质教育课程的功能定位、设计原理和教学规律性[J].思想教育研究,2008(4).

[114]杨幽红.能力导向的工科院校模块化课程体系设计与实施[J].高等工程教育研究,2011(3).

[115]国家开放大学.国家开放大学学分银行学习成果框架通用指标[EB/OL].http://cb.ouchn.edu.cn/gkcms/wwwroot/cbank2/kj/xxcgkj/index.shtml,2016-08-09.

[116]仲理峰,王震,李梅,李超平.变革型领导、心理资本对员工工作绩效的影响研究[J].管理学报,2013(4).

[117][美]威廉·G.鲍恩.数字化时代的大学[M].欧阳淑铭,石雨晴,译.北京:中信出版社,2014.

[118]吴南中.基于学分银行的课程建设逻辑与运行体系[J].成人教育,2017(5).

[119]王宏方.对欧洲学习制的概述与反思[J].比较教育研究,2008(12).

[120]European Parliament(2008).Glossary Recommendation of the European Parliament and of the Council on the Establishment of the European Qualifications Framework for Lifelong Learning[EB/OL].http://www.eucen.eu/EQF-pro/General Docs/Files Feb09/GLOSSARY.pdf,2016-11-10.

[121]邢秀芳,朱德全.基于模块化网络的职业技术教育主题式教学设计构想[J].电化教育研究,2009(12).

[122]李佳.学分银行背景下职业教育课程标准体系建设[J].职业技术教育,2017(11).

[123]崔延强,吴叶林.我国高等职业教育学位的制度功能及其构建[J].教育研究,2015(9).

[124] 黄福涛. 高等教育质量保证的国际趋势与中国的选择[J]. 北京大学教育评论, 2010 (1).

[125] 李雪飞. 高等教育质量话语权变迁——从内部到外部的历史路径探析[J]. 清华大学教育研究, 2006 (4).

[126] 李太平, 刘燕楠. 教育研究的转向: 从理论理性到实践理性——兼谈教育理论与教育实践的关系 [J] 教育研究, 2014 (3).

[127] 李志宏, 李岩. 加强高等职业教育质量保障体系建设再思考[J]. 中国职业技术教育, 2014 (3).

[128] 吴南中. 基于教育大数据的 MOOC 支持服务特质与形成研究[J]. 中国远程教育, 2015 (12).

[129] 张伟远, 谢青松. 资历框架的级别和标准研究[J]. 开放教育研究, 2016 (4).

[130] Commission of the European Communities. Commission Staff Working Documents Towards a European Qualification Frameworks for Lifelong Learning [Z].

[131] Spady W. G., Marshall K. J. Beyond Traditional Outcome-Based Education [J]. Educational Leadership, 1991, 49 (2).

[132] 邱秧琼, 孔寒冰. 集成创新的 DOCET 资历框架评述[J]. 高等工程教育研究, 2012 (1).

[133] 毕家驹. 进入 21 世纪的英国学术资格框架[J]. 中国高等教育评估, 2002 (2).

[134] Australian Qualifications Framework Council Secretariat. History of the AQF [EB/OL]. http://www.aqf.edu.au/AbouttheAQF/tabid/95/Default.aspx, 2017-12-03.

[135] Australian Education International. Country Education Profiles Australia [EB/OL]. https://aei.gov.au/Service-And-Resources/Services/Country-Education-Profiles-CEP/Documents/Australia.pdf, 2018-05-17.

[136] 黄健, 刘雅婷, 江丽, 郑慧仪. 资历框架的设计与运行: 香港的

经验其实及建议[J].开放教育研究,2017(6).

[137]吴南中.我国资历框架建设的渐进模式[J].成人教育,2018(3).

[138]邱秧琼.基于知识体的资历框架研究[D].杭州:浙江大学,2012.

[139]彭飞霞."互联网+"时代职业教育人才培养模式的转型升级[J].教育与职业,2018(5).

后 记

记得初稿完成的那一天是，我在海南三亚。离开海南多年，我内心深处还是喜欢那一片海，喜欢暖暖阳光，喜欢椰林飘香。在一个能遥望海的宾馆里，我完成了整本书的整理工作。

2014年，重庆广播电视大学建立了学分银行，作为重庆广播电视大学向重庆开放大学转型的重要一环和关键阵地，一直受到领导和同行的重视。我从2016年7月开始担任重庆广播电视大学学分银行负责人的工作，我们尝试从理论上去构建学分银行模式，并在实践中验证。面对学分银行这个非常复杂而又极其重要的课题，我们其实是不够自信的。但好在我们年富力强，又无知无畏，倒是还做了一些工作，回头看的时候，还看到了一些成果。本书是我们对学分银行实践中的相关组件进行的理论设计，得到了重庆社科联项目"重庆终身教育学分银行制度构建研究（项目编号：2018YBJY102）"的支持。

本书得以成册，得到了各个方面的支持。首先，重庆广播电视大学郭庆书记、李国校长、江涛副校长、南旭光委员、王剑华委员等领导非常支持学分银行的研究与实践工作，为本书的出版奠定了基础。其次，重庆广播电视大学各个二级学院领导和各个基层办学单位在实践上给予了大量的支持，使我们在形成理论的过程中增强了自信。同时，在本书的写作过程中，黄娥、赵倩、杜沙沙、孙权、张伟等同事以及课题组相关人员做了大量的前期材料收集和整理工作，并提出了许多宝贵的意见，倾注了他们的心血和智慧。尤

后 记

其是张伟对外文文献的收集和翻译,对书稿的写作做了大量工作。

重庆广播电视大学学分银行建设与实践,得到了国家开放大学、广西广播电视大学、江苏开放大学、上海开放大学、甘肃广播电视大学、湖南广播电视大学、浙江广播电视大学等相关领导和同行的支持,其中不乏同行多次送教入门,给了我们很多有益的支持、指导和鼓励。2018年11月在南昌举行的成人教育博士论坛上,我选取了一个章节向成人教育同行汇报,完成之后,得到了华东师范大学黄建博士等人的指导,给了我们很高的评价和鼓励。

本书在出版过程中还遇到了一些周折,感谢云南大学出版社陈曦老师对本书全力以赴的支持。我在语言使用上的一些习惯,给陈曦老师以及相关编辑带来了一些困扰。也正是他们的努力,本书的质量才能得到体现,这让我们十分感动。

学分银行建设的相关理论与实践的探索,是一个刚刚兴起的全新领域,更是一个复杂的综合体系,涉及各个方面,我们的研究和实践也才刚刚开始。在写作过程中,我们大量学习、吸取和借鉴了国内外同行的研究成果,在此深表谢意。由于学分银行本身的"新",我们自身水平又非常有限,不对之处在所难免,恳请各位同行的批评和指导。

吴南中
2019 年 4 月 14 日